E-World

Francis Kuhlen

E-World

Technologien für die Welt von morgen

Mit 21 Abbildungen

Francis Kuhlen
IBM Schweiz
Bändliweg 21
8010 Zürich
Schweiz

Bibliografische Information der Deutschen Bibliothek

Die Deutsche Bibliothek verzeichnet diese Publikation in der Deutschen Nationalbibliografie; detaillierte biografische Daten sind im Internet über http://dnb.ddb.de abrufbar.

ISBN 3-540-21471-2 Springer Berlin Heidelberg New York

Dieses Werk ist urheberrechtlich geschützt. Die dadurch begründeten Rechte, insbesondere die der Übersetzung, des Nachdrucks, des Vortrags, der Entnahme von Abbildungen und Tabellen, der Funksendung, der Mikroverfilmung oder der Vervielfältigung auf anderen Wegen und der Speicherung in Datenverarbeitungsanlagen, bleiben, auch bei nur auszugsweiser Verwertung, vorbehalten. Eine Vervielfältigung dieses Werkes oder von Teilen dieses Werkes ist auch im Einzelfall nur in den Grenzen der gesetzlichen Bestimmungen des Urheberrechtsgesetzes der Bundesrepublik Deutschland vom 9. September 1965 in der jeweils geltenden Fassung zulässig. Sie ist grundsätzlich vergütungspflichtig. Zuwiderhandlungen unterliegen den Strafbestimmungen des Urheberrechtsgesetzes.

Springer ist ein Unternehmen von Springer Science+Business Media

springer.de

© Springer-Verlag Berlin Heidelberg 2005
Printed in Germany

Die Wiedergabe von Gebrauchsnamen, Handelsnamen, Warenbezeichnungen usw. in diesem Werk berechtigt auch ohne besondere Kennzeichnung nicht zu der Annahme, daß solche Namen im Sinne der Warenzeichen- und Markenschutz-Gesetzgebung als frei zu betrachten wären und daher von jedermann benutzt werden dürften.

Einbandgestaltung: KünkelLopka Werbeagentur, Heidelberg
Satz und Herstellung: LE-TeX Jelonek, Schmidt und Vöckler GbR, Leipzig
Gedruckt auf säurefreiem Papier   33/3142YL-5 4 3 2 1 0

Vorwort

Unsere Kinder sind mit Computerspielen und Textverarbeitung, Internet, E-Mail und Mobiltelefon groß geworden; sie haben keine Scheu vor Geräten jedweder Art, die auf der Basis von Nullen und Einsen operieren. Der tägliche Umgang von früh auf scheint ihnen eine Art Grundvertrauen in die Technologie eingegeben zu haben. Manchmal beneide ich sie um ihren im positiven Sinne naiven Umgang mit diesen hochkomplexen Technologien. Andererseits bin ich zu sehr Techniker und habe nach 30 Jahren in der IT-Branche noch immer den Ehrgeiz, zu wissen, was sich hinter diesen Kästen verbirgt und was sie für mich und die Welt um mich herum bedeuten. Das gilt besonders für die Fülle an technologischen Errungenschaften, die sich heute am Horizont der Zukunft abzeichnen. In diesen Aufzeichnungen habe ich versucht, die Früchte dieser Neugier zu sammeln, zu konzentrieren und anderen zugänglich zu machen. Dabei soll dieses Buch nicht nur eine Aneinanderreihung und Aufzählung von Innovationen sein; es soll den Leser vielmehr dazu einladen, unter die Oberfläche einer manchmal allzu abstrakten IT-Begrifflichkeit zu blicken. Was er dort zu sehen bekommen wird, ist nichts anderes als eine ganz eigene Welt – ich habe sie E-World genannt.

Doch zurück zu den positiv-naiven Kindern. Ich frage mich oft, wie sie in 20 Jahren einmal die Technologien empfinden, die heute noch als Zukunftsmusik in unser junges Jahrhundert hereintönen? Oder haben unsere Kinder sich bereits eine Grundfähigkeit im Umgang mit Technologie erworben, die sie auch über künftige Entwicklungen souverän hinwegtragen wird? Hoffen wir auf letzteres, denn eines ist sicher: Auch wenn nach dem Boom der 90er derzeit eher ein Gefühl der Stagnation vorherrscht, geht die technische Entwicklung in rasantem Tempo weiter. Die Zukunftstechnologien stehen in den Startlöchern und werden eine immer größere Rolle für unseren Alltag, unser Berufsleben und die Geschäftsprozesse im Unternehmen spielen.

Aber die spannende Frage dabei ist: Wie sieht das en detail aus? Darüber darf spekuliert werden und auch dazu habe ich mich – in Maßen wie ich hoffe – hinreißen lassen; immer auf die Gefahr des sich „Verspekulierens" natürlich, das gehört dazu. Denn wer hätte im Jahre 1950 vorauszusagen gewagt, dass nur 19 Jahre später die ersten Menschen auf dem Mond landen werden. Solche Voraussagen Bergerac'scher Prägung werden die Leser hier vergebens suchen. Meine Ambitionen sind weitaus bescheidener, geht es mir doch „nur" um eine Art „Alltags"-Revolution (ohne dabei aber Mond- und Mars-Fantasien beschneiden zu wollen.)

Die Revolution spielt sich unter der Oberfläche ab. Sie kommt nicht auf einen Schlag, wird von keinerlei Sturm auf etwaige Bastionen eingeleitet und kostet schon gar keine Königsköpfe. Es ist eine Revolution, die schon längst begonnen hat und sich genau in diesem Augenblick an vielen Orten der Erde ereignet. Es ist eine Revolution, deren Ende noch nicht abzusehen ist. Fest steht nur eines: Sie wird unsere Welt noch einmal nachhaltig verändern, wie das in der Vergangenheit vielleicht nur im Zuge der industriellen Revolution mit unserer Welt schon einmal geschah. Und dann wird die industrielle Welt, wie wir sie kennen, abgelöst von einer E-World, in der der Computer – computergestützte Prozesse – in unserem Alltag nicht mehr nur die Rolle eines Werkzeuges auf höchster technologischer Ebene erfüllt; die Informationstechnologie wird vielmehr gleichsam als fünftes Element unseren gesamten Alltag mitbestimmen, ja, sogar mit-konstruieren in dem Sinne, dass dieses neue Element Realitäten schafft.

Wahr ist auch, dass man diese Revolution gar nicht unbedingt zur Kenntnis nehmen muss und vielleicht wird es in der Zukunft sogar sehr unmodern sein, sich mit den Dingen unterhalb einer gewissen Zugangsschicht zu befassen. Angesichts der wachsenden Komplexität der Technologien ist eine gewisser Reduktionismus der Wahrnehmung wahrscheinlich auch notwendig, um handlungsfähig zu bleiben. Es gibt jedoch ein menschliches Motiv, das diesem fraglosen Hinnehmen entgegensteht: das neugierige Interesse. Das Wissen-Wollen ist die conditio sine qua non des wissenschaftlichen Fortschritts und damit auch der E-World. Das ist wichtig für die heimlich auch im Hintergrund lauernde Frage der Moral dieser ganzen Entwicklung. Meine These lässt sich knapp auf die Formel bringen: Solange wir dieses Grundmotiv, diese Grundbedingung unser eigen nennen, bewahren wir uns auch die Kontrolle über diese Welt. Und die ist notwendig, damit es eine gute, das heißt menschliche Welt wird.

Ich möchte mich noch bei einigen Menschen bedanken, die mir mit ihrem Fachwissen und ihren Ideen, ihrem sprachlichen und technischen Verständnis eine große Hilfe waren. Mein Dank gilt meinen Kollegen Thomas Rüter, Rainer Sawall, Peter Schütt, Uwe Witulski, Dr. Stefan Radtke, Klaus Gottschalk, Nurcan Rasig, Peter Sauter, Richard Hermann, Andreas Schmengler, Jörg Ludwig, Kurt Gerecke, Dr. Martin Haardt, Christine Paulus und Hans-Jürgen Rehm, der Journalistin Daniela Patrzek sowie Jörg Lenuweit, Gabriele Wehner und Birgit Grassmann von der PR-Agentur Text 100 – und allen anderen, die mir mit Rat und Tat zur Seite standen. Last not least möchte ich auch meiner lieben Frau Elisabeth, meiner Tochter Dominique und meinem Sohn Michel danken. Sie haben mir mit Geduld, Verzicht und viel Toleranz die Zeit gelassen um all die wichtigen Erfahrungen und Erkenntnisse, die diesem Buch zugrunde liegen, zu erwerben und zu verarbeiten. Sie waren auch oft meine anspruchsvollsten Sparring Partner. Herzlichen Dank!

Zürich, Oktober 2004

Francis Kuhlen

Inhaltsverzeichnis

1 **Im Sturmwind der Marktbeschleunigung** 1
   1.1 Von der Fregatte zum Space-Shuttle 1
   1.2 Ressourcenplanung: Der Blick in die Glaskugel 3
   1.3 Ein gut verzahntes Getriebe 3
   1.4 Im festen Griff der Technologie? 4
   1.5 Der neue dienstbare IT-Geist 6
   1.6 Doppelrolle auf dem Weg in die Zukunft 9

2 **Die Basis legen** 11
   2.1 Das Zeitalter der Supercomputer 12
      2.1.1 Zuse, Mark und ENIAC 13
      2.1.2 Königsdisziplin der Informatik 14
      2.1.3 Viele Herzen oder ein großes Herz? 15
      2.1.4 Die Weltrangliste der Supercomputer 18
      2.1.5 Eine Simulation der Erde 19
      2.1.6 Von der Nukleartestsimulation zu „Blue Gene" 21
      2.1.7 Einsatz an den Brennpunkten des Weltgeschehens 23
      2.1.8 Supercomputing zwischen Wissenschaft und Kommerz 25
      2.1.9 Ein neues Supercomputing-Zeitalter 26
      2.1.10 Mensch und Computer 28
   2.2 Man besitzt nur, was man weitergibt 31
      2.2.1 Den Software-Markt revolutionieren - Just For Fun 33
      2.2.2 Die Wiederbelebung des protestantischen Arbeitsethos durch den Hacker 34
      2.2.3 Verlust der Unschuld oder neue Chance? 38
      2.2.4 Reifestadium erreicht 39
      2.2.5 Offenlegung als Entwicklungsmotor 39
      2.2.6 In der Kritik 41
      2.2.7 Keine Grundsatzentscheidung 42

3 **Hindernisse beseitigen** 47
   3.1 Der gordische Knoten 48
      3.1.1 Komplexe Welten oder das autonome, fahrradfahrende Bewusstsein 48
      3.1.2 Autonomie, IT-Komplexe und Managementfähigkeiten 49

	3.1.3	Autonomic Computing – eine Technologie des Selbstmanagements 52
	3.1.4	Computer, erkenne Dich selbst 57
	3.1.5	Das Peres-Gesetz 58
	3.1.6	Vertrauen, Verantwortung, Autopiloten 60
	3.1.7	Ängste... 62
3.2	Das Versorgungsnetz der Zukunft 63
	3.2.1	Der Innovationsbeschleuniger 63
	3.2.2	Was Grid ist und was Grid sein könnte 64
	3.2.3	Das Ganze ist mehr als die Summe seiner Teile 66
	3.2.4	Schlummerndes Potenzial ausschöpfen 70
	3.2.5	Potenzial vervielfachen 71
	3.2.6	Übersichtlichkeit für die Teamarbeit 72
	3.2.7	Zauberer einbinden 74
	3.2.8	Spitzenzeiten 74
	3.2.9	Sicherheit 77
	3.2.10	Wo Grid bereits eingesetzt wird 78
	3.2.11	Wir sind das Grid 80

4 Sich organisieren 81
4.1 Simplify your Life, your Work, your IT 82
    4.1.1 Die Komplexitätsevolution 82
    4.1.2 Der Simplifizierungstrend... 83
    4.1.3 Konsolidieren statt nur vereinfachen.................................... 85
    4.1.4 Konsolen und Konsolidierung 87
    4.1.5 Die Konsolidierung der Dienerschaft 88
    4.1.6 Von der Konsolidierung zur Virtualisierung 94
4.2 Die Auslagerung des Hauptspeichers und die Folgen 96
    4.2.1 Von der Explosion des Wissens 96
    4.2.2 Antiquierte Vorurteile 97
    4.2.3 Das unterschätzte Leben der Festplatte 100
    4.2.4 Informationen stets auf Abruf 101
    4.2.5 Feenstaub, Lichtspiele und Tausendfüssler 103
    4.2.6 Reale und virtuelle Speicher 107
    4.2.7 Das Haltbarkeitsdatum von Informationen 108
    4.2.8 Speicher und kein Ende 109

5 Vernetzt arbeiten 111
5.1 Ein Puzzle, das sich selbst zusammenfügt 112
    5.1.1 Software wird intelligent 114
    5.1.2 Alter Wein in neuen Schläuchen 115
    5.1.3 Sicherheit muss garantiert sein 117
    5.1.4 Web Services werden erwachsen 118
    5.1.5 Zukunftsvisionen: Esperanto für die B2B-Kommunikation. 119
    5.1.6 e-business für jedermann 120
    5.1.7 Vom Netzwerk zum Schwarm 121
5.2 Ohne Draht auf Draht 122
    5.2.1 Von Null auf Siebzig – in zwölf Jahren 123

		5.2.2	Unterwegs zuhause	125

	5.2.2	Unterwegs zuhause	125
	5.2.3	Maschinen werden intelligenter	128
	5.2.4	Kleine Chips kontrollieren große Logistik-Ketten	128
	5.2.5	Bequemlichkeit auf Knopfdruck	130
	5.2.6	Das intelligente Haus – Wohltat oder Terror?	131
5.3	Soviel Information wie nötig, soviel Wissen wie möglich		133
	5.3.1	Moderne Schatzsuche	134
	5.3.2	Von der eierlegenden Wollmilchsau zum Lego-Baustein	135
	5.3.3	Wissen zugänglich machen	136
	5.3.4	Flurfunk in neuen Kanälen	137
	5.3.5	Instant Messaging: Echtzeitkommunikation ohne Störfaktor	137
	5.3.6	Web-Konferenzen sparen Zeit und Geld	139
	5.3.7	Von der Insel zum vernetzten Konglomerat	141
	5.3.8	Intelligenter Arbeitsplatz in der Versicherung	142
	5.3.9	Technik als Ergänzung	143

6 Der Mensch und seine Zeit **145**
  6.1 Die Stunde des Wissensarbeiters 145
      6.1.1 Franz K. als Zeitmanager 150

Glossar **153**

Literaturverzeichnis **167**

1 Im Sturmwind der Marktbeschleunigung

1.1 Von der Fregatte zum Space-Shuttle

Wenn Franz K. am Morgen die Pforte zum Gebäude seines Arbeitgebers öffnet, mit dem Aufzug in den fünften Stock fährt und schließlich die Tür zu seinem Büro aufschließt, ist ihm kaum bewusst, wo er sich befindet und was er hier eigentlich macht. Franz K. ist leitender Angestellter eines Unternehmens und arbeitet zusammen mit einem Team daran, dieses Unternehmen wirtschaftlich erfolgreich zu machen. Er trägt dazu bei, dass das Unternehmen durch die Herstellung und den Verkauf von Produkten Geld verdient. Er investiert dieses Kapital wieder, um noch bessere Produkte noch effizienter auf den Markt zu bringen und versucht gleichzeitig, den Bedarf für die Produkte zu halten – und so weiter und so fort.

An all diese Dinge denkt Franz K. natürlich nicht, wenn er jeden Morgen ins Büro geht. Stattdessen begrüßt er einige Kollegen auf dem Gang und setzt sich dann vor den Bildschirm oder greift zum Telefonhörer. Diese Griffe und Hantierungen sind ihm zur Gewohnheit geworden, er denkt dabei nicht daran, was das ist, ein Unternehmen, diese wirtschaftliche Einheit aus Arbeit und Kapital zum Zwecke der Gewinnerzielung.

Ein Soziologe würde Franz K. als typisches Produkt unserer modernen postkapitalistischen, jetzt globalen Wirtschaftsordnung typisieren. Und trotz mancher Ärgernisse und auch wenn das tägliche Aufstehen manchmal schwerfällt, würde Franz K. es wahrscheinlich zugeben: Er fühlt sich ganz wohl bei seiner Arbeit und im Unternehmen. Franz K. hält das freie Spiel der Märkte für den besten Motor von Wohlstand und Zufriedenheit und ist bereit, sein Scherflein dazu beizutragen. Er mag Unternehmen, wie sie heute sind. Für viele bieten sie ein zweites Zuhause, einen erfüllten Lebensinhalt und gesellschaftliche Anerkennung. Sie sind heute nicht mehr die Fabrik-Moloche, wie sie noch am Anfang des zwanzigsten Jahrhunderts durch Filme wie Metropolis gemalt wurden. Unternehmen erfüllen schon längst nicht mehr nur wirtschaftliche Aufgaben, sondern sind im globalen Zeitalter die Säulen nicht nur für die Gesellschaftsordnung, sondern häufig auch für das Individuum.

Niemand wird bezweifeln, dass sich das Bewerbungsprofil des Menschen seit der industriellen Revolution im 18. und 19. Jahrhundert ziemlich gewandelt hat. Aus einem System der Ausbeutung menschlicher Ressourcen ist – was die westliche Industriegesellschaft betrifft – ein eher partnerschaftliches geworden. Die Kompetenznachfrage hat sich von manuellen Fähigkeiten hin zu Fähigkeiten des

Geistes verlagert. Gleichzeitig ist der Anspruch an jedes Individuum im Unternehmen gewachsen. Ein Angestellter muss flexibel, belastbar und hochqualifiziert sein – jede Bewerbungsausschreibung wiederholt diese Schlüsselwörter wie ein indisches Mantra.

Die Stellenanzeigen spiegeln nicht nur den hohen Anspruch wieder, der in der globalen Gesellschaft für Bewerber und Mitarbeiter akut wird. Die Kriterien gelten genau so auch für die Qualifikationen, die ganze Unternehmen brauchen, wenn sie unter der globalen Großwetterlage mitspielen wollen. In früheren Jahrhunderten gingen Marktveränderungen meist so gemächlich voran wie eine koloniale Fregatte, die von den westindischen Kolonien bei trägem Wind in den Themse-Hafen segelte. Ursprünglich kannte der Londoner Großbürger den Bedarf nach Gewürzen, Tee und Tabak gar nicht. Diese Genussmittel wurden ihm als erstes Mitbringsel von den fernen Kolonien sozusagen als *Teaser* unter die Nase gehalten. Als dann eine lukrative Nachfrage entstand, dauerte es Jahre, bis ihr nachgekommen werden konnte – eben immer so lange, wie die Schiffe von einem Ende der Welt zum anderen unterwegs waren. Und dabei konnte noch keiner sicher gehen, dass die wettersensible Ware auch vollständig, unbeschadet oder überhaupt ankam.

Und doch infizierte das „Tempo-Virus", wie es Peter Borscheid in seinem gleichnamigen Buch nennt, gerade den Handel als Erstes. Im Spätmittelalter, als sich bei Händlern und Fernhändlern erstmals eine Art der Konkurrenz- und Marktwirtschaft durchsetzte, entdeckten einige, dass sie höhere Gewinne erzielen konnten, wenn sie schneller waren als die Konkurrenz. Eine neue Wirtschaftsform war geboren, eine Form, in der Schnelligkeit einen Vorteil und damit Fortschritt bedeutet. Als sich diese Idee erst einmal durchgesetzt hatte, war der Beschleunigungstrend nicht mehr aufzuhalten. Das geht so weit, dass wir uns heute sogar schneller bewegen als unsere Vorfahren und mit schnellen Bildern in Kino und Fernsehen zurechtkommen, die noch unsere Großeltern komplett überfordert hätten.

Die Marktgeschwindigkeit gestern unterscheidet sich von heute wie die Langsamkeit der Segelschiffe von der Hochgeschwindigkeit eines Space-Shuttle. Trends und Konsumentenwünsche wechseln heute nicht mehr in Zyklen von Jahren und Jahrzehnten sondern in Monats-, gar Wochenzyklen. Viele Güter haben nur noch saisonalen Haltbarkeitswert auf dem Markt. Flexibilität ist für ein Unternehmen heute nicht nur ein Erfolgsfaktor, sondern einer des Überlebens.

Ähnlich haben sich die Geschäftszeiten der Unternehmen verändert. Das heißt, eigentlich gibt es sie gar nicht mehr. Ein Unternehmen hat heute 24 Stunden am Tag erreichbar und verfügbar zu sein, sonst wandert der Kunde bei erster Gelegenheit zum Konkurrenten ab. Das bringt natürlich auch neue Anforderungen an die Mitarbeiter mit sich. Flexible Arbeitszeiten und immer kürzere Reaktionszeiten ziehen uns alle mit in die gigantische Beschleunigungsbewegung.

1.2 Ressourcenplanung: Der Blick in die Glaskugel

Die Probleme, die diese Beschleunigung für Mensch und Unternehmen birgt, sind bekannt. Auf beiden Ebenen geht es um die sinnvolle, also ökonomische Auslastung der Ressourcen. Den einzelnen Mitarbeiter stellt dieser Prozess immer wieder vor Herausforderungen an das Selbst-Management. Denn das Perfide an der Beschleunigung ist, dass sie nicht gleichmäßig vonstatten geht, sondern wechselt zwischen Sturm und Flaute. Der Mitarbeiter muss zu jeder Zeit sein volles Potenzial verfügbar halten, auch wenn es momentan nicht ausgeschöpft wird. Gleiches gilt für die Unternehmen: Die Balance zu halten zwischen Stakkato und Pause, zwischen Zeiten, in denen kaum genug für die Nachfrage produziert werden kann und solchen, in denen die Produkte in den Regalen verstauben, ist die große Kunst im Unternehmens-Management. In Ruhephasen alle Kapazitäten herunterzufahren ist erstens nicht so einfach und zweitens auch keine Lösung. Schließlich ist kaum abzusehen, wann die nächste heiße Phase kommt und wieder alle verfügbaren Ressourcen fordert.

Das Vorhaben, aus der Marktsituation relevante Daten für die Ressourcenplanung ablesen zu wollen, gleicht in den Unternehmen oft dem Blick in die berühmte Glaskugel. Dieses Problem betrifft nicht nur die Personalplanung, sondern auch die Ausstattung mit Produktionsmitteln und vor allem auch die IT-Infrastruktur eines Unternehmens. Investitionen in diesem Bereich zahlen sich meist erst viel später aus. Gerade der mittelständische Unternehmer sitzt hier oft in der Zwickmühle: Um einen Auftrag zu bewältigen benötigt er unter Umständen eine neue IT-Ausrüstung, die sich aber mit diesem Auftrag noch nicht amortisiert. Und noch besteht keine Gewissheit darüber, dass sie das in Zukunft wird. Den Auftrag kann er aber nur annehmen, wenn er sich die Investition leistet – und das Spiel beginnt von vorn.

1.3 Ein gut verzahntes Getriebe

Treiber der Marktbeschleunigung sind immer schnellere Innovationszyklen und die gesellschaftlichen und wirtschaftlichen Veränderungen, die damit einhergehen. Eine Entschleunigung mag sich zwar Franz K. ab und zu wünschen, wenn Telefon und Handy schrillen, das E-Mail-System überlastet ist und Projekt-Deadlines drängen, doch wäre sie weder umzusetzen noch wirtschaftlich vorteilhaft. So fordern die beschleunigten Marktverhältnisse heute Unternehmen und Beschäftigten ein Äußerstes ab.

In diesem Prozess sind Unternehmen natürlich keine isolierten Gebilde im amorphen Markt. Im Gegenteil, die Verzahnungen mit Kunden, Partnern und Lieferanten – und zwar ganz konkret mit jedem einzelnen – sind der entscheidende Faktor. Wer am schnellsten auf Kundenwünsche reagiert, hat im Wettlauf mit der Konkurrenz vielleicht die entscheidenden Zentimeter gut gemacht. Zum

Ohr am Markt sollten deshalb am besten auch noch beide Augen kommen – ganz zu schweigen von analytischem Verstand und einem gewissen sechsten Sinn. Auf die Beziehung zu ihren Lieferanten sind Unternehmen nicht erst seit den Zeiten der Just-in-time-Produktion angewiesen. Und ein solides Partnernetzwerk kann momentan Schwache vor dem Untergang bewahren oder wieder auf die Füße helfen. Die Synergieeffekte von Partnerschaften sind bekannt: ein Team aus Radfahrern fährt immer schneller als jeder für sich.

In diesem kompliziert gestrickten Netz von Beziehungen stellt jede Veränderung eine Herausforderung dar. Und hier kommen wir zu einem ganz entscheidenden Punkt: Veränderungen, egal von welcher Seite sie kommen, müssen in Unternehmen blitzschnell verarbeitet und richtig bewertet werden. Falls Anpassungen nötig sind, müssen alle Teile des Unternehmens diese möglichst gleichzeitig mitmachen. Das ist es, was hinter dem Schlagwort von der Flexibilität steckt.

Wer im Wechselspiel der schnellen Märkte bestehen will, braucht deswegen effiziente Kommunikationswege und Zugriff auf aktuelle Informationen zum Markt und zum Stand der Dinge im eigenen Betrieb. Unabdingbar ist auch, dass alle Teile des Unternehmens, von Vertrieb und Produktion, Marketing und Einkauf, bis hin zu den unterstützenden Funktionen der Buchhaltung und der IT-Abteilung, wendig genug sind, die notwendigen Schwenks und Pirouetten mitzumachen.

Spätestens an dieser Stelle wird es Zeit, die IT-Gretchenfrage zu stellen: Unternehmer, wie hältst Du's mit der Informationstechnologie?

1.4 Im festen Griff der Technologie?

Die Frage ist so dringend geworden, weil sich die IT mittlerweile als eigene tragende Säule eines wirtschaftlichen Unternehmens etabliert hat. Kein Unternehmen kann ohne moderne Systeme und Anwendungen im Wettbewerb mithalten. Kein Unternehmen kann es sich leisten, wichtige Entwicklungen zu ignorieren. Kein Unternehmen darf sich Mitarbeiter gönnen, die nicht fit sind am PC oder Notebook, im Netz oder auch nur auf den Tasten ihres Mobiltelefons.

Seit der industriellen Revolution hatte der technologische Fortschritt vor allem eine Aufgabe: Er sollte die Produktion beschleunigen. Das ist ihm weitestgehend gelungen und es gelingt jeden Tag aufs Neue. Nur die Spielverderber des Fortschritts verweisen hin und wieder – jedoch mit immer leiserer Stimme – auf die matte Kehrseite dieser so glänzenden Medaille, denn Maschinen sind die erbarmungslosesten Konkurrenten des Menschen um die Ressource Arbeit. Wo immer Maschinen etwas besser können als der Mensch, droht ihm die blanke Entbehrlichkeit, der schlimmste Makel, mit dem eine Gesellschaft einen aus ihrer Mitte brandmarken kann. Dieser Mechanismus greift um so härter, da die menschlichen Faktoren vielerorts bereits ins Hintertreffen geraten sind. Es ist noch nicht lange her, dass Verkäuferinnen im Supermarkt die Preise per Tastatur in Registrierkassen eingegeben haben. Kann sich überhaupt noch jemand daran erinnern, wie diese Kästen ausgesehen haben? Jetzt regieren überall die Scanner-Kassen, die sich niemals vertippen und die Person an der Kasse zu einem mechanischen Werkzeug machen, reduziert auf eine Handbewegung, den Austausch der korrekten Zahlungsmittel und – wenn es hoch kommt – auf ein freundliches Lächeln. Aber freuen wir uns über dieses Lächeln, denn es wird unseren Einkauf nicht mehr lange versüßen. Es ist nur noch ein Frage der Zeit, bis auch die Verkäuferin verschwunden ist und Barcode-Scanner und die RFID Technik das gesamte Geschäft abwickeln.

Dabei war das doch ursprünglich ganz anders gedacht mit dem technischen Fortschritt. Der irische Philosoph Betrand Russel, Nobelpreisträger der Literatur, hat es mit seinem Text „Das Lob des Müßiggangs" auf den Punkt gebracht: Die technische Entwicklung ist dazu da, den Menschen aus seiner Sklavenexistenz zu befreien. Idealerweise reduziert sie seine Arbeitszeit um mehr als die Hälfte und macht ihn dadurch frei für sich selbst. Im Sinne des Humanismus, dem Russel verpflichtet war, heißt das, frei „gute Werke" zu schaffen, schöpferisch und kreativ tätig zu werden, den Künstler in sich zu entdecken, das Paradies auf Erden mitgestalten zu helfen. In diesem Bild ist es die Maschine, die im Hintergrund die Arbeit erledigt.

Von der Spitze des technologischen Gipfels aus betrachtet, auf dem wir uns heute befinden, muten beide Bilder naiv an: Die Verkäuferin kann womöglich nach einer Umschulung eine Arbeit finden, die ihr mehr Spaß macht. Und viele der Teilzeitbeschäftigten des Russelschen Ansatzes sollten ihre Kreativität in den Dienst ihres Brotherrn stellen, wo sie auch am besten eingesetzt werden kann. Ich habe das Beispiel aber zitiert, um deutlich zu machen, welches menschliche Potenzial der Technologie in ihren Ursprüngen zugedacht war und wo wir uns hinzubewegen drohen.

Trotz aller Naivität lohnt es, Russels Lob des Müßiggangs noch einmal anzustimmen, nun aber unterstützt von den ernsten Untertönen, die uns ein Jahrhunderte währender Umgang mit Technologie gelehrt hat. Wohl gemerkt, es geht hier nicht darum, dem Nichtstun oder der Faulheit Vorschub zu leisten. Aber es ist endlich an der Zeit, dass die IT ihren Auftrag erfüllt: Sie soll die simplen, rein mechanischen Tätigkeiten vom Menschen fern halten, damit er unabgelenkt sein kostbarstes Gut für den wirtschaftlichen Erfolg eines Unternehmens nutzbar machen kann – seinen Geist, seine Kreativität, seine Ideen. Die IT ist in diesem Prozess lediglich ein Hilfsmittel, wenn auch ein hoch leistungsfähiges.

Im Großen und Ganzen geht es beim Einsatz von Informationstechnologie um die Organisation von Wissen und Daten. Prinzipiell fangen diese Organisationsversuche mit dem Entstehen der Schrift in den frühen Hochkulturen an, als Sumerer, Babylonier oder Ägypter mit Hilfe von Tontäfelchen und einem rudimentären Zeichensystem versuchten, ihre Ernteerträge zu verwalten. Papier und Handschreibgerät verbunden mit einem für heutige Maßstäbe trägen Logistik-System und einer gigantischen Ablage blieben über Jahrhunderte die einzige Organisationsform. Erst mit dem Einzug der Elektronik im zwanzigsten Jahrhundert änderte sich das: Mechanische Schreibmaschinen und Rechenschieber mussten elektrischen Maschinen und Rechnern weichen, es folgten raumfüllende Großrechner, dann die PCs. Heute kann jeder sein Arbeitsgerät mobil mit sich tragen und sich über Fernfunkverbindung mit dem großen Informationsspeicher seines Unternehmens kurzschließen.

Parallel zur Entwicklung im Bereich der Informationsorganisation hat sich auch die Form der Arbeit verändert. Der heutige Wissensarbeiter zeichnet sich nicht so sehr durch große Gedächtnisleistungen aus, sondern durch seine Fähigkeit Informationen schnell und flexibel zu beschaffen und zu verarbeiten. In anderen Worten: Er kennt zwar noch nicht die Antwort auf alle Fragen, aber er weiß jederzeit, wo er sie sich beschaffen kann.

Ende des letzten Jahrhunderts hat sich das Verhältnis zwischen Mensch und IT im Unternehmen gewandelt. Der vormals „dienende" IT-Bereich wuchs sich mehr und mehr zu einem Pflegefall aus, der nicht nur enorm viel leistete, sondern auch ziemlich viel Fürsorge beanspruchte. Angesichts der Komplexität der IT reagierten die Menschen im Unternehmen zunehmend mit Hilflosigkeit. Immer mehr Spezialisten für die entlegensten Anwendungen mussten abgestellt werden, damit das ganze System funktionstüchtig blieb. Die Ressourcen, die dafür benötigt wurden, schürten die Ungewissheit darüber, ob sich die einzelnen Leistungen der IT überhaupt noch rentierten. Gleichzeitig hängt von der IT sogar oft die Produktivität aller Mitarbeiter ab, die gnadenlos in die Knie gezwungen wird, wenn die Telefonanlage ausfällt, oder der Mail- oder Daten-Server seinen Dienst versagt.

1.5 Der neue dienstbare IT-Geist

Mittlerweile hat in den Unternehmen ein Umdenken stattgefunden: Keiner kann sich heute den ganzen IT-Schnickschnack mehr um seiner selbst Willen leisten, jedenfalls kein Unternehmen, das auf dem beschleunigten Markt mithalten will. Überall gehen jetzt Controller durch die Abteilungen und prüfen, was alles wirklich notwendig ist von der komplexen Hightech und ob sie sich auch rechnet. Investitionen liegen erst einmal auf Eis, die Schlagworte Optimierung und Konsolidierung bestimmen den Umgang mit der Informationstechnologie. Technologie soll wieder nützlich sein – sowohl für das Unternehmen, als auch für jeden Einzelnen.

Vor allem muss die heutige Informationstechnologie wie jede Arbeitskraft und jedes Unternehmen unter Beweis stellen, dass sie die Verhältnisse auf dem beschleunigten Markt auch wirklich in ihrer Struktur abbildet und unterstützt. Mehr noch als für den Menschen und die Unternehmen gelten für sie die Postulate der Flexibilität und Schnelligkeit. Ein schwerfälliges System kann sich heute kein Unternehmen mehr leisten. Die IT muss auf Kundenanforderungen reagieren können, die sich schneller ändern als je zuvor; die IT muss zu einem Markt passen, dessen äußere Form sich ständig ändert wie in einem Kaleidoskop, das niemals zur Ruhe kommt. Und was nach außen gilt, das gilt noch viel mehr für interne Prozesse: Aus den stehenden Gewässern komplexer Ablagesysteme müssen wieder sprudelnde Informationsquellen werden, die jeden durstigen Wissensarbeiter sättigen. Denn nichts lähmt den kreativen Mitarbeiter mehr, als das Stochern im Trüben. Für ihn und damit für das Unternehmen und seine Chancen im Mitbewerb wäre es sowieso das Beste, die IT machte sich überhaupt nicht erst bemerkbar, anstatt sich mit schweren Ausnahmefehlern unangenehm in die konzentrierte Aufmerksamkeit zu drängen. Sie soll daher nicht nur funktionieren, sondern am besten gleich unsichtbar werden.

Erst seit jüngster Zeit gibt es Modelle, die diese Forderungen abbilden. On demand lautet beispielsweise die Zauberformel bei IBM: Ziel von on demand ist es, der Marktbeschleunigung mit nicht nur immer schnelleren, sondern tatsächlich flexiblen und an das jeweilige Problem im Unternehmen angepassten Geschäftsprozessen zu begegnen. Der IT kommt im Rahmen dieser Entwicklung im Extremfall die Rolle eines Versorgungsservice zu, ähnlich wie dem für Wasser oder Elektrizität. Diese Quellen nutzen wir ja auch täglich ohne uns Gedanken darüber zu machen, woher sie durch welche Kanäle zu uns kommen. So sollen Unternehmen nicht wie bisher nur Informationen, sondern auch IT-Dienstleistungen flexibel über ein Netzwerk beziehen können und dabei nur für die tatsächlich genutzte Leistung bezahlen müssen. Aber auch intern soll die Umstellung auf on demand den Unternehmen mehr Flexibilität geben: Zusätzliche Rechenleistung und Speicherkapazität, die auf vorhandenen Systemen prinzipiell schon vorhanden ist, aber erst auf einen Telefonanruf hin freigeschaltet bzw. auch wieder abgeschaltet wird, ist nur ein Beispiel dafür, wie Unternehmen sich lösen können von der starren Struktur in ihrem Rechenzentrum. Dort bedeutete Veränderung bisher hohe Investitionen, die Bündelung hoch qualifizierter Arbeitskraft und eventuell sogar ein kurzzeitiges Lahmlegen des Geschäftsbetriebs.

Insbesondere bei kleinen und mittleren Unternehmen besteht ein großes Interesse am neuen flexiblen Modell. Ein Mittelständler, dessen Rechner nur an wenigen Tagen im Monat voll ausgelastet sind, könnte für diese Spitzenlasten künftig auf das Angebot eines Dienstleisters zurückgreifen. Bei der Planung seiner internen Ressourcen kann er dann vom durchschnittlichen Bedarf ausgehen und muss die IT nicht für die Maximalanforderungen ausbauen. Dadurch sinken die Investitionskosten, die Auslastung der internen Server steigt und die Spitzen können trotzdem flexibel abgedeckt werden.

Die technologische Struktur, die für on demand Business notwendig ist, spiegelt dabei die Anforderungen wider, wie wir sie für den Einzelnen oder für das Unternehmen aufgestellt haben:

Integriert. Wie die Mitarbeiter, die heute in Teams eng integriert zusammenarbeiten, müssen Hardware und Anwendungen untereinander so verbunden werden, dass die selben Daten problemlos und schnell in den unterschiedlichen Anwendungen zur Verfügung stehen und jederzeit Zugang zu den relevanten Informationen besteht. Nur so lässt sich sicherstellen, dass interne und externe Ressourcen auf die gleichen Datensätze zugreifen und optimal miteinander zusammenarbeiten.

Offen. Voraussetzung für die Integration der Anwendungen und die Kompatibilität mit den Leistungen eines Versorgers ist, dass alle Systeme dieselbe Sprache sprechen. Die Basis, um die Vielzahl unterschiedlicher Systeme und Datenbestände miteinander zu vernetzen, sind offene Standards wie Linux, Java, XML oder Grid-Protokolle. Insbesondere Grid, der Nutzung von verteilter Rechenleistung, kommt hier eine hohe Bedeutung zu. Heterogene Systeme mit unterschiedlichen Servern und Betriebssystemen können durch ein darüber liegendes Grid-Netzwerk miteinander verbunden werden. Offenheit ist aber nicht nur ein Kriterium für die IT, sondern auch für den Mitarbeiter: Wer nach dem proprietären Muster sein Leben lang an einer einzigen Perspektive klebt und alle anderen Faktoren seiner Erlebniswelt diesem System unterordnet, für den ist die Gefahr groß, dass er früher oder später ausgemustert wird.

Virtuell. Virtuelle Systeme bieten die Möglichkeit, die physikalische von der logischen Sicht zu trennen. So können beispielsweise auf einem einzigen physikalischen Server mehrere logische Server existieren, was eine wichtige Voraussetzung für eine effiziente Serverkonsolidierung ist (vgl. Kapitel Serverkonsolidierung). Moderne Server- und Speichersysteme stellen ihre Leistung virtualisiert zur Verfügung. Der Vorteil ist eine wesentlich höhere Flexibilität bei notwendigen Änderungen und eine bessere Ausnutzung der vorhandenen Ressourcen, da Leistung dort geliefert wird, wo sie gerade gebraucht wird – entsprechend flexiblen Arbeitsmodellen, die es dem Unternehmen leichter machen, den wechselnden Anforderungen seiner Kunden zu begegnen.

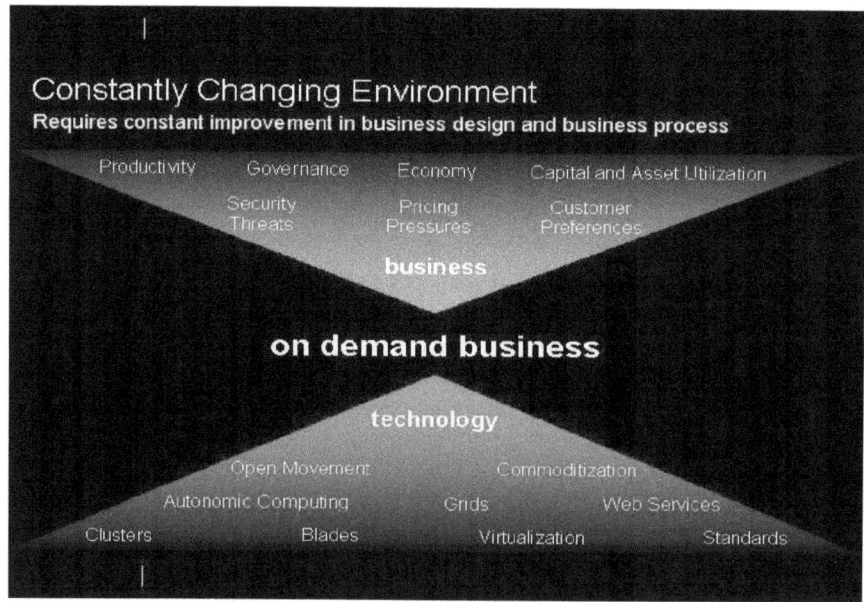

Abb. 1. Sowohl die Gegebenheiten auf dem Markt als auch die neuen technischen Möglichkeiten treiben die Entstehung eines on demand Geschäftsmodells voran

Eigenständig. Die starke Komplexität und der bessere Ausnutzungsgrad machen in der IT eine besonders hohe Ausfallsicherheit notwendig. Für on demand ist eine Infrastruktur notwendig, deren Bausteine Fehler selbstständig diagnostizieren und beheben können, die sich selbstständig optimieren und selbstständig schützen. Nur so lässt sich ohne enormen Personalbedarf der reibungslose Betrieb gewährleisten. Über die Selbstverantwortung jedes Einzelnen im Sturmwind der dynamischen Märkte muss hier wohl kein Wort mehr hinzugefügt werden.

Einige Stichworte technologischer Art sind nun schon gefallen. Natürlich ist es aber nicht mit ein paar Schlagworten wie „IT aus der Steckdose" getan, wenn man wissen möchte, wie IT-Systeme wirklich aussehen, die mit den neuen Marktanforderungen zurechtkommen. Notwendig sind neue Grundlagentechnologien, um die Rechner integrierter, offener, virtueller und eigenständiger zu machen. Notwendig sind auch neue Wege der Kommunikation, des Umgangs mit Informationen und der Zusammenarbeit mit Kunden und Partnern. Und diese Neuerungen haben Auswirkungen darauf, wie Unternehmen am Markt agieren, und wie Franz K. und jeder einzelne von uns in Zukunft arbeiten wird. Die nächsten Kapitel sind deshalb eine Reise durch die Technologien der Zukunft – immer mit offenen Augen dafür, was diese Technologien für uns alle verändern werden.

1.6 Doppelrolle auf dem Weg in die Zukunft

Eines zumindest ist klar: Die Technologie spielt auf dem Weg in die E-World eine klassische Doppelrolle. Zum einen ist sie Katalysator für eine ganze Reihe der Veränderungen, die wir derzeit erleben und die uns noch bevorstehen. Mancher würde wohl sogar sagen, sie ist der Grund dafür. Zum anderen hilft sie uns aber auch erst dabei, mit dieser Welt zurechtzukommen, Beschleunigung, Flexibilisierung und Dynamisierung nicht nur heil zu überstehen, sondern als Chance zu begreifen und zu nutzen.

Diese zwei Schneiden hatte das Schwert der Technologie allerdings schon immer. Bereits die Eisenbahn trat ja nicht als Deus ex Machina auf den Plan und entfaltete zusammenhangslos ihre Wirkung als einer der größten Katalysatoren für die Beschleunigung und Veränderung von Wirtschaft und Gesellschaft im 19. Jahrhundert. Vielmehr fiel ihre Erfindung in eine Zeit, als die Beschleunigung bereits relativ weit fortgeschritten war. Auch wenn uns das Leben zur damaligen Zeit angesichts der heutigen Hektik lächerlich langsam erscheinen mag: Die industrielle Revolution war bereits im vollen Gange, vollmechanische, dampfbetriebene Webstühle ratterten in den Fabriken – geradezu im Geschwindigkeitsrausch verglichen mit den Manufakturen früherer Zeiten. Als die erste Eisenbahn Deutschlands 1835 zwischen Nürnberg und Fürth hin und her schnaufte, kam den Menschen deren Geschwindigkeit übrigens mindestens genauso beängstigend vor, wie den Fortschrittspessimisten von heute die Beschleunigung im Zuge von Datenautobahn & Co. Die halsbrecherischen Geschwindigkeiten von 30 km/h und mehr mussten doch schädlich sein für die körperliche und geistige Gesundheit der Reisenden ...

Doch zurück zur Doppelrolle: Als Katalysator und Fangnetz zugleich, werden Technologie und Innovation wohl immer ein strittiges Thema bleiben, Anlass genug für hitzige Diskussionen zwischen blind Fortschrittsgläubigen und Ewiggestrigen jeder Epoche. Und noch ein weiterer Dualismus ist der Technologie praktisch mit in die Wiege gelegt: der zwischen zerstörerischem Potenzial und schöpferischer Kraft, zwischen der Destruktion alter Werte und dem Aufbau des Neuen auf den Trümmern des Alten, den der Ökonom Joseph Schumpeter als Prozess der schöpferischen Zerstörung beschrieben hat. Laut Schumpeter sind Innovationen technische oder ökonomische Neuerungen, mit denen sich Unternehmer auf dem Markt durchsetzen wollen. Sie sind der eigentliche Auslöser für den Prozess der schöpferischen Zerstörung, der alte Strukturen zerbricht um Neues zu schaffen und so wirtschaftliche Entwicklung erst möglich macht.

Tauchen wir nun also ein in die Technologien, die uns helfen werden, die E-World zu meistern ... oder die sie herbeiführen werden? Egal, darauf kommt es schließlich nicht an! Die Frage ist vielmehr, was wir daraus machen. Um das herauszufinden, werden wir auf der Reise durch die E-World immer wieder Franz K., dem typischen angestellten Wissensarbeiter unserer Tage, über die Schulter schauen.

2 Die Basis legen

Die Wurzeln gesellschaftlicher Veränderung reichen tief. Gutenbergs Buchdruck, James Watts Dampfmaschine, die Eisenbahn, Henry Fords Fließbandarbeit: Sie stehen für große bahnbrechende Erfindungen, für Ereignisse, die die Macht in sich trugen, unsere Gesellschaft bis in ihre tiefsten Regionen hinein zu verändern. Und doch scheint es gewagt, die darauf folgende Veränderung der Welt jeweils auf dieses eine, singuläre Ereignis zurückzuführen. Eine neue Grundlage zu legen, eine Basis zu schaffen für eine ganze, neue Welt – das ist eben keine Sache von einer einzigen guten Idee. Da spielen Vorläufer der Erfindung und parallele Entwicklungen eine Rolle, da kommen gesellschaftliche Strömungen hinzu und die Zeit muss reif sein ... Und selbst im Nachhinein scheint es oft nicht einfach zu entscheiden, wo die Basis nun wirklich liegt, wo die Kausalkette begonnen hat.

Was also sind die Wurzeln der neuen Welt, die wir E-World nennen? Wir wollen nicht in der Steinzeit beginnen und doch: Ohne gewisse Entwicklungen der Vergangenheit ist auch die E-World nicht denkbar. Zu den Grundstoffen gehören zweifelsohne Elektrizität und Elektronik, sie sind sozusagen der Äther, welcher der ganzen neuen Schöpfung Atem und Leben einhaucht. Diese Basis gibt es schon geraumer Zeit. Sie beginnt irgendwo in der Renaissance mit dem Magnetismus, erfährt mit Benjamins Franklins Blitzableiter erste Konturen, wird lustig-makaber mit den Fröschen Galvanis, der 1780 entdeckte, dass deren Schenkel zu zucken begannen, wenn eine Elektrisiermaschine in der Nähe betätigt wurde. Sie führt über ruhmreiche Namen wie Lichtenberg, Volta, Piot, Ampère, Gauss, Poisson, Ohm und Faraday irgendwann einmal zu Hertz, mit seinen bahnbrechenden Experimenten zu elektromagnetischen Wellen ...

Franz K. steht schon auf diesen Grundlagen. Er steckt bereits mitten im Computerzeitalter, Elektrizität ist hier schon so normal wie Erde, Feuer, Wasser und Luft. Das ist der Startpunkt, von dem wir ausgehen.

Was also ist die Basis, die uns von diesem Startpunkt aus weiterführen wird, hin zur E-World? Da sind als erstes Technologien vonnöten, die die Beschleunigung mittragen und dadurch auch beherrschbar machen. Franz K. und seine Kollegen alleine könnten in ihrem Unternehmen jedenfalls nicht mehr dafür sorgen, dass blitzschnell auf Wünsche und Anforderungen der Kunden reagiert werden kann – sie wären schlicht überfordert mit der Menge an Daten, die zu verarbeiten sind, und der geforderten Geschwindigkeit. Selbst einfache Dinge, wie neueste Tabellen zu aktuellen Vertriebszahlen lassen wir uns ja vom PC erstellen, schneller und effektiver als wir das selbst je könnten. Doch was wirklich schnelle Computer, ja die schnellsten Rechner der Welt, mit ihrer Rechenkraft zustande bringen, das übersteigt fast die menschliche Vorstellungskraft – und schafft völlig neue Möglichkeiten für die E-World.

Ist die IT damit erst einmal auf Geschwindigkeit gebracht, dann geht es an die nächste Grundlage der E-World: In der Offenheit, nicht im besitzstandwahrenden, verschlossenen Denken liegt die Zukunft. Das stellt Franz K. fest, wenn er versuchen sollte, sein Wissen für sich zu bewahren und dabei feststellt, dass er im informellen Netzwerk seines Unternehmens bald außen vor bleibt. Und das gilt für den IT-Manager von heute und vor allem von morgen, für den die Offenheit seiner Systeme die Voraussetzung dafür ist, dass sie mit anderen in Kommunikation treten können, sich integrieren, etc.

Aber hier soll nicht schon vorgegriffen werden auf die nächsten Stufen der E-World. Wie es sich für Informationstechniker gehört, beginnen wir unsere Reise also nun mit den beiden Grundlagen jedes modernen Computersystems. Da ist auf Seiten der Hardware der Prozessor als Motor der Rechner – ein möglichst schneller Prozessor wohlgemerkt. Und auf Seiten der Software birgt das Betriebssystem auf exemplarische Weise die Chance auf Offenheit.

2.1 Das Zeitalter der Supercomputer

Betrachtet man sich die Entwicklung der Informationstechnologie, dann scheint die IT ganz gut mit dem aktuellen Beschleunigungstrend mitzuhalten. Mancher mag in ihr, wie bereits angedeutet, sogar einen der treibenden Faktoren für die immer schnellere Welt sehen. Das alte sportliche Wettkampfmotiv des „höher, schneller, weiter" jedenfalls lässt sich leicht abgewandelt auch auf die Technologie übertragen: Kleiner und schneller lauten hier die zwei zentralen Motive des technologischen Fortschritts: Die Schnelligkeit zielt auf Wettbewerbsfähigkeit; die Größe auf Flexibilität und Integrationsfähigkeit. Beide Motive hängen mit der Evolution unserer Gesellschaften zusammen: Die Ressourcen werden knapp, nur der schnellste am Brunnen kann sich noch satt trinken. Und kleine Ausmaße bedeuten weniger Platzbedarf, mehr Mobilität und damit eben Flexibilität. Das zeigt sich an Smart statt Limousine, PDA statt PC und Scooter statt Tandem. Größe und Geschwindigkeit lassen sich in barer Münze aufwiegen: Schnelligkeit spart Zeit und Zeit ist Geld. Und wer klein ist, spart Raum und der ist noch teurer als Zeit.

Bei der Entwicklung der Computer sind Größe und Geschwindigkeit die beiden Hauptmotivatoren. Nicht umsonst misst man die Rechenleistung eines Computers nach der Taktfrequenz seines Arbeitsspeichers. Unzählige Entwickler arbeiten deshalb an der Quadratur des Kreises: Wie bekommt man die maximale Rechenleistung auf minimalen Raum unter? Seit Jahrzehnten ist diese Frage einer der größten Antreiber in der Geschichte der Informationstechnologie.

Wir steigen zunächst einmal tief hinab zu den Anfängen der Computergeschichte und betrachten einige Dinosaurier.

2.1.1 Zuse, Mark und ENIAC

Seinen Anfang nahm alles in den dreißiger Jahren des vorigen Jahrhunderts mit den Rechenautomaten von Karl Zuse. Die ersten von Zuse gebauten Rechenautomaten Z1 und Z2 waren in ihren rein äußerlichen Ausmaßen noch bescheiden, brachten es aber auf recht anständige Rechenleistungen. Vier Sekunden brauchte ein Zuse-Rechner, um zwei siebenstellige Zahlen zu multiplizieren.

Ein wahrer Gigant in Sachen Größe war dagegen der Relaisrechner Mark I aus Amerika (1941): 16 Meter war die Maschine lang und 2,5 Meter hoch. Mark I brachte ein Gewicht von 35 Tonnen auf die Waage. Nur ENIAC übertraf dieses Gewicht einige Jahre später um das doppelte.

Und nicht nur was Gewicht und Ausmaße anbelangt, war der „Electronic Numerical Integrator And Computer" – in Kurzform ENIAC – schon so etwas wie ein Supercomputer. Seine Entwicklung ist auch beispielhaft für das, was wir heute darunter verstehen, und für die Art von Aufgaben, bei denen ihre Rechenkräfte helfen können: Ursprünglich sollte ENIAC zur möglichst genauen und vor allem schnellen Berechnung ballistischer Tabellen eingesetzt werden. Dies war zuvor vor allem Aufgabe speziell geschulter Kriegshelferinnen: Während des zweiten Weltkriegs war ein „Computer" eine Person, die Schusstafeln mit Hilfe einer Tischrechenmaschine kalkulierte. Im Ballistic Research Laboratory (BRL), dem Forschungslabor der US-Army für ballistische Untersuchungen, machten sich der Physiker John W. Mauchly und der Ingenieur John Presper Eckert Jr. von der Universität Pennsylvania Gedanken darüber, wie man diese Aufgaben mittels eines Rechenautomaten erleichtern könnte. Ihr Konzept von ENIAC überzeugte die amerikanische Regierung. Allerdings kam der mächtige Apparat für seine ursprünglich Aufgabe zu spät: Erst am 15. Februar 1946, nach dreijähriger Bauzeit, gab es den ersten Probelauf dieses ersten elektronischen, vollautomatischen Rechenautomaten der Welt. 17.468 Elektronenröhren, 70.000 Widerstände und 10.000 Kondensatoren wurden mit über einer halben Million Lötstellen verbunden. ENIAC war ein Gigant: Der Rechner belegte eine Fläche von rund 140 Quadratmetern und wog etwa 30 Tonnen. Mit seiner Höhe von 5,5 Metern und der Länge von 24 Metern war er zwar doppelt so groß wie Mark I, arbeitete aber 1.000 Mal schneller. Und nicht nur die Ausmaße des Rechners waren enorm: Um die Hitze der Röhren abzuleiten, errichteten die Forscher eine Kühlanlage von der Größe eines zweistöckigen Hauses. ENIAC brauchte mehr Energie als 3.000 Glühbirnen und kostete über eine Million Dollar.

Dieser erste mechanische Computer rechnete für damalige Verhältnisse unglaublich schnell: Er multiplizierte zwei zehnstellige Zahlen in rund 3 Tausendstelsekunden oder führte 5000 Additionen in nur einer Sekunde durch. Eine Aufgabe, die 100 Ingenieure ein Jahr lang beschäftigt hätte, benötigte nun eine Rechenzeit von zwei Stunden bei einem Programmieraufwand von zwei Wochen. Das war ein Quantensprung in Sachen Produktivität.

Auch wenn er den hohen Bedarf an ballistischen Tabellen während des Zweiten Weltkrieges nicht mehr befriedigen konnte, hatten die Militärs im beginnenden Kalten Krieg eine neue Aufgabe für ENIAC parat. Er half bei der Entwicklung der Wasserstoffbombe und später bei der Berechnung der Flugbahnen von Interkontinentalraketen. Erst 1955 wurde er für friedliche Aufgaben eingesetzt, so etwa beim Design von Windkanälen, bei der Wettervorhersage und zur Erstellung von Zufallszahlen. Anwendungsgebiete, die auch den heutigen Supercomputern nahe stehen.

Heute weisen selbst die Geräte, die unter unseren Schreibtisch passen, ein Vielfaches der Kapazität der damaligen Hochleistungsrechner auf. Nur noch die Rechenboliden des High Performance Computing (HPC) haben die gigantischen Ausmaße der Rechenmaschinen der Frühzeit. Supercomputing nennt sich die IT-Disziplin, in der sich in unseren Tagen die Rekordjagd nach größeren und schnelleren Computern abspielt.

2.1.2 Königsdisziplin der Informatik

Supercomputer sind die schnellsten Computer der Welt. Sie verfügen heute über mehrere Gigabyte Hauptspeicher und etliche Terabyte Massenspeicher. Ihre Rechenleistung übertrifft die normaler PCs um einen Faktor von einigen tausend bis zu mehreren Millionen.

Der legendärste seiner Art war der nach seinem Schöpfer Seymour Cray benannte Cray-1. Cray (1925–1996) entwickelte diesen ersten Supercomputer mit Vektorverarbeitung im Jahr 1976. 160 Megaflops (Millionen Gleitkommaabrechnungen pro Sekunde) schaffte die Maschine. Ein Vergleich mit den heute gängigen Marktrechnern macht deutlich, wie weit man seither vorangeschritten ist: Ein 3-Gigahertz-Pentium-Prozessor, den es heute im Supermarkt zu kaufen gibt, bringt es auf ein Zehnfaches der Performance.

Eine Redensart besagt, ein Supercomputer sei „jeder Computer, den Seymore Cray entwickelte". Der legendäre Hardware-Konstrukteur Cray war bis zu seinem Tod tatsächlich von dem Gedanken besessen, den schnellsten Computer der Welt zu bauen und entwickelte viele Architekturkonzepte, um die Rechengeschwindigkeit zu erhöhen.

Vor 25 Jahren ging es bei diesen Supercomputern ausschließlich um Vektorrechner, sie standen am Beginn der Entwicklung. Die Vektorrechner waren ihren skalaren Gegenstücken damals bei wissenschaftlichen Problemen um ein Vielfaches überlegen. Die Rechner verarbeiteten ihre Rechenoperationen nicht mehr skalar eine nach der anderen sondern nach dem einfach anmutenden Pipeline-Prinzip: Eine arithmetische Operation wird in beispielsweise sieben Teilschritte zerlegt. Der Vektorrechner führt dann gleiche Rechenoperationen auf vielen Operanden aus, die hintereinander im Speicher stehen. Wie bei einer Ölpipeline liefert er bei jedem Takt ein Ergebnis. Zum Vergleich: Bei einem Skalarrechner dauert jede Operation jeweils sieben Takte. Und weil die entstehenden Zahlenkolonnen in der Programmiersprache Fortran („FORmular TRANsistor") als Vektoren und Matrix gespeichert werden, bildete sich der Name Vektorrechner heraus.

Mehr Rechenleistung erreichte man durch die Koppelung mehrerer Prozessoren. Wieder war Cray in den 70er Jahren mit seinem Cray X-MP und dem Cray 2 mit vier CPUs (Abk. für Central Processing Unit = Zentralprozessor) Vorreiter der Entwicklung. Auch IBM legte mit dem System/360 Mainframe im Jahr 1964 ein Multiprozessorsystem mit sechs CPUs vor. Schnell fanden diese Systeme ihren Markt: Denn nur im Zusammenspiel mehrerer oder vieler Prozessoren können große kommerzielle und wissenschaftliche Aufgaben und Anwendungen schneller bearbeitet werden. Mittlerweile hat sich bei den Multiprozessorsystemen eine ganze Reihe unterschiedlicher Architekturen entwickelt: massiv-parallele Rechner, bei denen einige tausend Prozessoren an einem Problem arbeiten, wobei jeder Prozessor seinen eigenen Hauptspeicher hat; symmetrische Multiprozessorsysteme (SMP, Abk. für Symmetric Multiprocessor), die zusätzliche Prozessoren einsetzen, welche einen gemeinsamen Hauptspeicher nutzen und sich durch Skalierbarkeit, Zuverlässigkeit und Ausfallsicherheit auszeichnen; und Workstation-Cluster, also Zusammenschlüsse mehrerer Einzelrechner zu einem Hochgeschwindigkeitsnetz. Außerdem können auch größere SMP-Systeme zu Clustern zusammengefasst werden. Dabei arbeitet jedes System mit einem gemeinsamen Speicher und ist mit den übrigen Systemen über eine schnelle interne Verbindung vernetzt. Je nach Herkunft kommen hier ganz unterschiedliche Netzstrukturen, sog. Topologien, zum Einsatz, wie Netz, Würfel oder Torus. Einige Prozessoren greifen auf eigene Festplatten zu, bei anderen stehen ganze Plattenmengen zur Verfügung. Massiv parallele Architekturen (MPP, Abk. für Massive Parallel Processing) sind fast beliebig erweiterbar, je nach Bedarf kann man einfach neue Prozessoren und sogar neuere Typen von Prozessoren ergänzen.

Will man noch mehr Prozessoren miteinander koppeln, um noch größere Rechenleistungen zu erzielen, dann kann man SMP-Systeme oder moderne Vektorrechner auch über schnelle Verbindungen zu sogenannten Multinode-Systemen zusammenstellen. Über die Grenzen der einzelnen Rechner hilft eine spezielle Cluster-Software. Die gesamte Rechnergruppe erscheint dann als ein einziger Rechner.

Immer mehr Wissenschaftler und Forschungseinrichtungen entdecken derzeit kostengünstige Linux-Cluster für ihre Zwecke. Das Zentrum für Wissenschaftliches Rechnen der Universität Heidelberg arbeitet etwa mit dem Rechenzentrum der Universität Mannheim mit einem parallelen Hochleistungs-PC-Cluster namens HELICS (Heidelberg Linux Cluster System) zusammen. 512 Standard-Athlon-MP-Prozessoren von AMD mit 1400 MHz Takt erbringen dabei eine Spitzenleistung von 1.4 Teraflop/s. Im Juni 2002 erreichte dieser Rechner in der Top500-Liste der Supercomputer sogar Platz 35 und lag damit in einer Klasse mit einer IBM p690 („Regatta") mit 512 1,1-GHz-Prozessoren.

2.1.3 Viele Herzen oder ein großes Herz?

Treibende Kraft der Supercomputing-Evolution ist die Prozessortechnologie. Hiermit sind wir beim Grundprinzip des modernen Computers angelangt. Auch Ihr PC und Ihr Notebook arbeiten auf Basis der Mikroprozessortechnologie, die bereits vor über 50 Jahren erfunden wurde. Der Grundaufbau eines Computers hat nach dem Budapester Mathematiker John von Neumann vier Hauptkomponenten: Rechenwerk, Steuerwerk, Speicher und Input/Output-Einheit. Für die Verbindung zwischen den Blöcken sorgen Bussysteme. Die beiden wichtigsten Elemente – Rechenwerk und Steuerwerk – sind heute im Prozessor vereint. Dieser führt die Befehle aus und steuert alle hierfür notwendigen Abläufe.

An der Komponentenverteilung von Neumanns hat sich bis heute nichts geändert. Das im Speicher abgelegte Programm löst das jeweilige Problem, das dem Computer gestellt wird, und bestimmt, wie der Rechner gesteuert wird. Der Prozessor arbeitet sequentiell, d.h. Schritt für Schritt, alle Befehle und Daten ab, die ihn aus dem Speicher erreichen. Je leistungsfähiger der Prozessor, desto schneller kann er dies tun. Bei Supercomputern sind die zu verarbeitenden Datenberge gigantisch. Der Flaschenhals der sequentiellen Verarbeitung musste deshalb geweitet werden. Die Speicherhersteller entwickelten hierfür eine hierarchisch gegliederte Speicherstruktur mit Registern und verschiedenen Cache-Ebenen. Dadurch kann der Prozessor mehrere Operationen parallel bearbeiten, mehrere Funktionseinheiten und Ausführungsebenen stehen zur Verfügung. Von nun an hängt die weitere Entwicklung von der Größe und Leistungsfähigkeit der Prozessoren ab.

Der erste Miniaturprozessor auf nur einem Chip war der 4004 von Intel, der über eine Datenbreite von vier Bit verfügte. Seit IBM Anfang der 80er Jahre seinen legendären PC mit dem 16-Bit-Nachfolger 8088 von Intel ausgerüstet hatte, löst alle drei bis vier Jahre eine neue Prozessorgeneration von Intel die alte ab. Alle 18 Monate verdoppelt sich nach dem von Intel-Mitbegründer Gordon Moore beobachteten Mooreschen Gesetz die Taktrate. Mit jeder Entwicklungsstufe steigt die Anzahl der auf dem Chip untergebrachten Transistoren, die Schaltstrukturen werden immer winziger, während die Leistung stets zunimmt. Und auch wenn die Frage schon oft diskutiert wurde, wie lange die Prognose von Gordon Moore wohl noch gelten wird – bis jetzt zeigt sich seine in den 60er Jahren gemachte Aussage als wahrhaft weitsichtig. Seit etwa 50 Jahren ist es tatsächlich ungefähr alle anderthalb Jahre möglich geworden, die Taktrate zu verdoppeln. Die US-Branchenvereinigung Semiconductor Industry Association (SIA) geht in einer „Roadmap", also einem Fahrplan für die Chipindustrie, davon aus, dass „Moore's Law" bis 2015 gültig bleiben wird. Kritische Stimmen erwarten, dass sich die Integrationsdichte dann verlangsamen wird. Zum einen werde eine technische Grenze erreicht, wenn ein Transistor die Ausdehnung weniger Atome erreiche. Zum anderen wachse der finanzielle Aufwand zur Entwicklung und Herstellung integrierter Schaltkreise schneller als die Integrationsdichte, so dass es einen Punkt geben werde, an dem die Investitionen sich nicht mehr rentieren. Doch wer weiß, mit welchen Tricks und neuen Technologien bis dahin vielleicht noch weitere Steigerungen möglich sein werden. Der Zukunftsforscher Raymond Kurzweil jedenfalls ist anderer Meinung: Er vertritt die Ansicht, dass das Mooresche Gesetz nur ein Spezialfall eines allgemeineren Gesetzes sei und technologische Evolution immer exponentiell verlaufe. Ist ein technologisches Paradigma am Ende, dann wird es demnach von einem anderen abgelöst. Dazu passt die Entwicklung von der mechanischen Rechenmaschine über Röhren und Transistoren, die ebenfalls eine in etwa exponentielle Steigerung der Leistungsfähigkeit aufweist. Und demnach wäre kein Ende von Moore's Law zu erwarten, höchstens völlig neue Methoden, mit denen die Rechengeschwindigkeit weiter steigt.

In den letzten Jahren wurde die Steigerung der Prozessorleistung zu wesentlichen Teilen dadurch ermöglicht, dass die Abarbeitung von Befehlen in viele Einzelschritte unterteilt wird und diese wie auf einem Fließband (oder durch eine Pipeline) durch mehrere hintereinander liegende Funktionseinheiten verarbeitet werden. Die einzelnen Funktionseinheiten sind dadurch weniger komplex und ermöglichen einen höheren Prozessortakt. Dieses Prinzip funktioniert allerdings nur dann gut, wenn die Pipeline immer vollständig gefüllt ist. Lücken entstehen, wenn sich Befehle gegenseitig beeinflussen und es zu Verzweigungen im Programmablauf kommt. Um solche unproduktiven Lücken zu vermeiden, werden bei Verzweigungen beide möglichen Wege gleichzeitig auf einer zweiten, parallelen Pipeline verfolgt. Später wird dann die „falsche" Pipeline einfach verworfen. Es können sogar mehr als zwei Pipelines im Prozessorkern vorhanden sein, um noch komplexere Situationen parallel behandeln zu können. Wird aber nur ein Pfad benötigt, liegen diese zusätzlichen Pipelines brach. Viele mehrfach ausgeführten Funktionseinheiten im Prozessor sind deswegen oft unausgelastet.

Hier setzt das so genannte SMT an: Wenn in einem Prozessor die Pipelines mehrfach vorhanden, aber nicht ausgelastet sind, dann kann man diese in den ungenutzten Phasen anderweitig verwenden. Beispielsweise kann die CPU „simultan" zur normalen Befehlsabarbeitung einen zweiten, unabhängigen Befehls-„Faden" (Thread) mit genau diesen ungenutzten Ressourcen abarbeiten. Daraus leitet sich dann auch der Name dieser Technologie ab: Simultaneous Multi-Threading.

Der physikalische Prozessor arbeitet beim simultaneous Multi-Threading aus Sicht des Betriebssystems wie mehrere (virtuelle) Prozessoren und teilt die vorhandenen Ressourcen intern auf, ohne dass das Betriebssystem dies „merkt". Die in den einzelnen CPUs vorhandenen Kapazitäten können so wesentlich effektiver ausgenutzt werden. Dank SMT können beispielsweise die Betriebssysteme AIX und Linux bis zu 128 virtuelle CPUs nutzen.

SMT ist übrigens nicht zu verwechseln mit „Multi-Threading", mit dem man üblicherweise die Fähigkeit eines Betriebssystems meint, innerhalb eines Prozesses quasi-gleichzeitig mehrere Ablauffäden (z.B. User-Interface, Business-Logik und Hintergrundaufgaben) abzuarbeiten. Mit „quasi-gleichzeitig" ist gemeint, dass die einzelnen Ablauffäden vom Betriebssystem nacheinander auf einem Prozessor oder falls vorhanden auch auf mehreren Prozessoren ausgeführt werden. Der Unterschied liegt grundsätzlich darin, dass SMT sich auf den Prozessor und damit auf die Hardware bezieht, während Multi-Threading Betriebssystem-, also Software-bezogen ist.

Einen anderen Software-Ansatz, das Problem der brachliegenden Funktionseinheiten im Prozessorkern zu umgehen, verfolgt übrigens Intel mit dem Itanium II Prozessor und dessen EPIC (Explicit Parallel Instruction Company)-Architektur. In dieser ordnet der Compiler bereits im Vorfeld die Befehle für den Prozessor so an, dass solche Lücken erst gar nicht entstehen.

Eine weitere Möglichkeit, die Leistung des Prozessors zu erhöhen und ihn gleichzeitig klein zu halten, besteht in der Vergrößerung des Zwischenspeichers direkt auf dem Chip. So führt der Power5-Prozessor von IBM beispielsweise sogar den Level-3 Cache direkt auf dem Multichip-Modul aus. Die größeren und näher am Prozessormodul (statt Mainboard) liegenden Caches führen zu einer immer schnelleren Verarbeitungsgeschwindigkeit.

Beim Opteron-Prozessor von AMD wird ähnlich wie beim Power5 zusätzlich noch die Anbindung an den Hauptspeicher verbessert. Dazu wird der Memory Controller, der sich klassischerweise außerhalb des Prozessors befindet, direkt in den Prozessor integriert, um noch höhere Speicherleistung zu erreichen.

Wer nun einen leistungsfähigen oder gar einen Super-Rechner bauen will, hat die Wahl: Er kann auf wenige extrem leistungsfähige Prozessoren setzen oder viele Prozessoren in Form von Clustern zusammenschalten. Im Bereich der Supercomputer geht es derzeit um die Frage, welche dieser Vorgehensweisen der Weg in die Zukunft ist.

Anschaulich wird dies zum Beispiel bei den regelmäßigen TPC-Benchmarktests, bei denen die unabhängige Organisation Transaction Processing Performance Council die Leistung von Servern nach genau festgelegten Kriterien unter die Lupe nimmt und vergleicht. Bei den Ergebnissen fällt auf, dass die Systeme der vorderen Ränge fast alle aus einem sehr großen Prozessorcluster bestehen, also vielen zusammengeschalteten Prozessoren. Fujitsu Siemens etwa belegte Ende 2003 den ersten Platz mit einem 128-Prozessor-Server. Eine Ausnahme bildet der IBM p690 Server aus der Power-basierten Server-Reihe, der den zweiten Platz erzielte: Er kommt mit nur 32 Prozessoren aus. Der Rechner auf dem dritten Platz verwendet dann schon wieder doppelt so viele Prozessoren.

Die Leistungsfähigkeit der einzelnen Prozessoren zu steigern hat den Vorteil, dass man eine höhere Zuverlässigkeit erreicht und Energie-, Wartungs-, Betriebs- und Systemadministrationskosten spart. Damit verbunden sind außerdem niedrigere Gesamtkosten für den Nutzer, da Lizenzgebühren wichtiger Softwareprodukte auf Basis der physikalischen Prozessoranzahl berechnet werden. Aber auch Cluster aus Standard-Bausteinen haben derzeit Konjunktur. Sie können sich als billige, aber clevere Alternativen für schnelles Rechnen erweisen, wie sich in der Top500-Liste der Supercomputer immer wieder zeigt. So ist der Kampf zwischen einzelnen Kraftprotzen und „gemeinsam starken" Clustern noch lange nicht entschieden.

2.1.4 Die Weltrangliste der Supercomputer

Wer schnell rennen kann, will auch einen Wettlauf machen. Seit 1993 stellen die Universitäten von Mannheim und Tallahassee zusammen mit dem NERSC (National Energy Research Scientific Center) in Berkeley zwei Mal jährlich die bereits erwähnten Top500 der leistungsstärksten Supercomputer der Welt auf einer eigenen Webseite zusammen (www.top500.org).

Die weltbesten Computer werden dabei auf Basis der so genannten Linpack-Datenbank bewertet und in eine Rangfolge gebracht. Dabei füttern die Forscher die Rechner mit einer Anzahl linearer Gleichungen und stoppen, wie viele Billionen Rechenoperationen – „Fließkommaoperationen" – sie dabei in der Sekunde leisten. Im Laufe der Zeit hat sich die Top500 als spannendes Who-is-Who der Computerbranche etabliert, in der sich die Hersteller mit unterschiedlichen Technologien und Ideen einen spannenden Wettkampf um die vorderen Plätze liefern. Für die Frage, welche Technologie sich durchsetzen wird – die Cluster, die immer mehr Prozessoren oder ganze Rechner verbinden, oder die Gesamtlösungen, die speziell für Supercomputing-Aufgaben geschaffen wurden und auf die Leistungsverbesserung der einzelnen Chips bauen – ist die Liste ein wichtiger Indikator.

Die halbjährige Mitteilung der neuen Top500 ist immer wieder ein großes Ereignis. In ihr spiegeln sich alle technischen Trends, Big Player und hin und wieder einige Kuriositäten wie beispielsweise der ad hoc-Sprung auf Platz 3 des Big Mac-Clusters im November 2003. Für knapp sieben Millionen Dollar montierten 160 Studenten 1.100 Apple-Power-Macs zum drittschnellsten Supercomputer der Welt. Die Kosten herkömmlichen Megarechner dieser Größenordung belaufen sich auf weit mehr, Big Mac bietet einen Preisvorteil von etwa 200 Millionen Dollar. Dieses Projekt zeigt, dass man alleine mit Rechnern, die in jedem Laden zu kaufen sind, ein Supercomputing-Netzwerk aufbauen kann. In diesem Fall ist die Rede von einer Leistung von 10,3 Billionen Rechenoperationen in der Sekunde – doch echte Supercomputer haben immer noch Vorteile gegenüber solchen Konstruktionen, schon allein weil sie einfacher aufgebaut und damit leichter zu handhaben sind. Zudem spielt ihr Vorsprung bei anderen Faktoren wie Datendurchsatz, Bandbreite, Latenzzeit und so weiter eine ebenso wichtige Rolle wie die Prozessleistung.

2.1.5 Eine Simulation der Erde

Spitzenreiter in der Liste vom Juni 2004 war bereits im dritten Jahr in Folge eine Maschine, die im Tokioter Zentrum für Erdsimulation steht und von NEC in der Stadt Yokuhama gebaut wurde. 33,9 Teraflops leistet dieser bis dahin größte Rechner der Welt, der erst im Oktober 2004 von einem IBM Blue Gene/L-Supercomputer überholt werden konnte. Mit seinen Ausmaßen erinnert er an die Dinosaurierzeiten des Computings: Mit einer Höhe von 20 Metern und einer Fläche von 3.000 Quadratmetern ist der so genannte Earthsimulator auch in seinen Dimensionen der Größte.

Mit der gigantischen Rechenleistung sollen komplizierte Vorgänge der Natur berechnet werden. Bisher waren die Wissenschaftler der Ansicht, dass kein Modell wirklich exakt genug sein konnte, um all die kleinen und kleinsten Erscheinungen in der Atmosphäre mathematisch abzubilden. In Japan soll mit diesem Rechner versucht werden, Naturphänomene berechenbar zu machen. So kann der Mensch vielleicht besser vor Naturkatastrophen wie Erdbeben oder tropischen Wirbelstürmen geschützt werden.

Gerade in Japan ist die Gefahr von Erdbeben besonders groß. Das liegt vor allem daran, dass unter dem japanischen Archipel die Eurasische, die Philippinische und die Pazifische Platte aufeinanderstoßen. Am 25. August 1995 löschte in der japanischen Stadt Kobe ein Erdbeben 6.000 Menschenleben aus. 37.000 Menschen wurden verletzt. Auch um solchen Gefahren in Zukunft zu begegnen hat das Elektronik-Unternehmen NEC den Earthsimulator entwickelt. Der Rechenriese ist dabei nicht einfach nur in ein Haus eingebaut, er ist das Haus selbst. Die Konstruktion ist übrigens erdbebensicher auf schwingenden Pfeilern gelagert.

Der Earthsimulator soll aber nicht nur Erdbeben voraussagen, mit ihm verbinden sich wahrhaft faustische Ambitionen: Er verfügt über das weltweit größte und genaueste Computermodell der Erde. Mit Hilfe eines Gitternetzes simuliert er die gesamte Erde, um präzise Umweltprognosen zu erstellen. Der Computer errechnet dabei die Schnittpunkte des Gitternetzes. Bisher betrug die Maschenweite 100 Kilometer, viele Naturphänomene fielen durch dieses Raster, weil in dem abgesteckten Raum mehrere Naturphänomene parallel ablaufen können, die Rechner sich aber nur auf ein einziges Problem konzentrieren konnten. Mit dem Earthsimulator sind jetzt Kantenlängen von 10 Kilometern möglich, das feinmaschigste Netz, das je zuvor für eine Erdsimulation verwendet wurde. Über 5.000 Prozessoren arbeiten hier mit einer Geschwindigkeit von 40 Billionen Rechenoperationen pro Minute. Ein normaler PC würde mehr als ein Jahrhundert benötigen, um diese Rechenleistung zu erzeugen – mit menschlicher Leistung lässt sich das schon gar nicht mehr vergleichen. 640 Prozessorknoten werden mit rund 3000 Kilometer Kabel verbunden, damit die Prozessoren gemeinsam an einem Rechenproblem arbeiten können. Die Forscher erhoffen sich von dem Superrechner detaillierte Informationen über das Zusammenwirken von Klimafaktoren und Prognosen zu Klimaveränderungen in den nächsten Jahrzehnten oder Jahrhunderten. Dabei spielen menschliche Umweltsünden eine große Rolle. Durch die Veränderung der Parameter, die diesem menschlichen Verhalten entsprechen, können mittels Simulation künftige Entwicklungen erkannt werden.

Der Earthsimulator ist eine Gelegenheit für den Menschen, seine Lebensweise und seinen Umgang mit der Natur zu überdenken. Erste Ergebnisse liegen bereits in einmalig genauer Auflösung vor: Das Auf und Ab der Temperaturen auf Höhe des Meeresspiegels, die Niederschlagsmengen, die Luftfeuchte und der Luftdruck in Meereshöhe. Die einzelnen Simulationen sollen zu einer Gesamtsimulation zusammengeführt werden. Ziel ist es, möglichst exakt zu berechnen, wie die einzelnen Faktoren zusammenwirken, die unser Klima ausmachen.

Tabelle 1. Die Top10 der Supercomputer vom Juni 2004

Rank	Site Country/Year	Computer / Processors Manufacturer	R_{max} R_{peak}
1	Earth Simulator Center Japan/2002	Earth-Simulator / 5120 NEC	35860 40960
2	Lawrence Livermore National Laboratory United States/2004	Thunder Intel Itanium2 Tiger4 1.4GHz - Quadrics / 4096 California Digital Corporation	19940 22938
3	Los Alamos National Laboratory United States/2002	ASCI Q - AlphaServer SC45, 1.25 GHz / 8192 HP	13880 20480
4	IBM - Rochester United States/2004	BlueGene/L DD1 Prototype (0.5GHz PowerPC 440 w/Custom) / 8192 IBM/ LLNL	11680 16384
5	NCSA United States/2003	Tungsten PowerEdge 1750, P4 Xeon 3.06 GHz, Myrinet / 2500 Dell	9819 15300
6	ECMWF United Kingdom/2004	eServer pSeries 690 (1.9 GHz Power4+) / 2112 IBM	8955 16051
7	Institute of Physical and Chemical Res. (RIKEN) Japan/2004	RIKEN Super Combined Cluster / 2048 Fujitsu	8728 12534
8	IBM - Thomas Watson Research Center United States/2004	BlueGene/L DD2 Prototype (0.7 GHz PowerPC 440) / 4096 IBM/ LLNL	8655 11469
9	Pacific Northwest National Laboratory United States/2003	Mpp2 Integrity rx2600 Itanium2 1.5 GHz, Quadrics / 1936 HP	8633 11616
10	Shanghai Supercomputer Center China/2004	Dawning 4000A, Opteron 2.2 GHz, Myrinet / 2560 Dawning	8061 11264

Quelle: http://www.top500.org

2.1.6 Von der Nukleartestsimulation zu „Blue Gene"

Mindestens 8,06 Teraflops an Leistung waren im Juni 2004 notwendig, um in die glorreichen 10 aufgenommen zu werden. In Analogie zu Moore stiegen im Zeitraum von sechs Monaten seit der Liste vom Herbst 2003 die Leistungen der Rechner in allen Bereichen der Top500. Die Gesamtleistung aller 500 Computer auf der Liste übertraf ein Niveau von 813 Teraflops pro Sekunde. Sechs Monate zuvor waren es „nur" 526 Teraflops gewesen.

Auch in der Prozessorfrage zeichnete sich ein neuer Trend ab: Die Zahl von Systemen, die Intel-Prozessoren verwenden, stieg von 189 auf 287. Standard-Prozessoren nehmen somit inzwischen die dominierende Position im High Performance Computing ein. PA-RISC-Prozessoren von Hewlett-Packard und IBMs Power-Architektur folgen auf den Plätzen. Auch die neue Nummer 2 vom Juni 2004, ein Itanium-2-basiertes Cluster-System des Lawrence Livermore National Laboratory in Kalifornien mit Namen Thunder, besteht aus solchen Standard-Bauelementen.

Die Liste zeigt, dass sich im Supercomputing-Markt mittlerweile alle großen Hersteller tummeln. Sortiert man die Rechenkraft nach den Herstellern der Systeme, dann ergibt sich ein klarer Führungsanspruch von IBM in dieser Disziplin: 50,12 Prozent der Computerpower insgesamt stammen von IBM-Computern, HP folgt mit 18,5 Prozent. Kein anderer Hersteller kommt über 6 Prozent.

Außerdem zeichnet sich ein neuer geographischer Trend ab: Zwar haben die USA immer noch die absolute Vormachtstellung im Supercomputing-Geschäft. Doch die asiatischen Länder – auch außerhalb des traditionell starken Japan – sind seit einigen Jahren im Kommen. 89 Systeme in der Liste kommen aus Asien, 55 davon aus den asiatischen Ländern ohne Japan. Trotzdem liegt Europa mit seinen 124 Systemen derzeit noch davor.

Abb. 2. Der Blue Gene/L DD2 Prototyp Supercomputer im T.J Watson Research Center der IBM in Yorktown Heights, New York (USA) hat bereits heute eine Peak-Leistung von 16 Teraflops und integriert mehr als 8000 PowerPC-Prozessoren

Einen weiteren Trend bestätigte eine Neuheit: Bereits im November 2003 nannte sich eine der Sensationen der Liste „Blue Gene Baby" und führte eine komplett neue Größenklasse in den erlauchten Club der Computergiganten ein. Zwar landete Blue Gene Baby bei seinem Debüt lediglich auf Rang 73, doch bei seiner Größe war das schon eine Art Wunder: Blue Gene Baby war nämlich nicht größer als ein Kühlschrank, brachte aber immerhin eine Rechenleistung von zwei Teraflops – zwei Billionen Fließkommaberechnungen in der Sekunde. Neben dem Geschwindigkeitswettkampf entbrennt somit in der Supercomputing-Liga jetzt auch die Konkurrenz um das Kriterium Größe bzw. Kompaktheit. Bei Blue Gene Baby handelt es sich nämlich um einen Prototyp für ein noch viel ambitionierteres Vorhaben: „Blue Gene" – die „Mutter" des „Babys" – wird im Lawrence Livermore National Laboratory in Kalifornien gebaut und soll einmal 128 mal größer sein als der Prototyp. Spätestens für das Jahr 2005 wird erwartet, dass Blue Gene mit einer Spitzenleistung von 360 Teraflops auf Platz Eins der Top500-Liste der Supercomputer steht – und das mit der zehnfachen Leistung des legendären Earthsimulator mit seinen 33,9 Teraflops. Zwei Vorläufer des Systems eroberten sich bereits im Juni 2004 die Plätze 2 und 4 der Liste, im Oktober 2004 konnte ein Blue Gene/L-Rechner im IBM Watson Research Center den Earthsimulator gar mit einer Leistung von 36,01 Teraflops übertreffen.

Für die Unterbringung der Supercomputer wäre diese Entwicklung übrigens ein großer Schritt. Zu sehr gleichen die Superrechner von heute in ihren Ausmaßen noch den ersten Computern der Welt, die sich über ganze Etagen ausbreiteten. Die Kühlschrankdimension von Blue Gene Baby beweist, dass es auch zwanzig Mal kleiner gehen wird. Womit die Technologie gleichsam ein Mal mehr eine jener Atemwenden geschafft hat, mit denen sie erneut zum großen Innovationsschub ausholt.

2.1.7 Einsatz an den Brennpunkten des Weltgeschehens

Schon das Beispiel des ambitionierten Earthsimulator-Projekts zeigt, dass Supercomputer nicht nur ein elitäres Spiel um Zahlen und Macht sind. Vor allem leisten sie Rechendienst an den neuralgischen Punkten des Weltgeschehens – sei es in der Klimaforschung, in der Kernenergie oder in der Medizin, um dem Wesen der Krebserkrankungen auf die Spur zu kommen.

So kann in der Medizin mit Hilfe von Supercomputern viel erreicht werden. Da harren beispielsweise die Milliarden von Daten des Human Genome Projects einer Auswertung. 1990 hatte das amerikanische National Institute of Health mit der vollständigen Entschlüsselung des menschlichen Erbgutes begonnen. 3,2 Milliarden Basen, die „Buchstaben des Lebens" sollten bis zum Jahr 2005 entziffert werden. Supercomputer sind dabei ein unverzichtbares Hilfsmittel. Gerade für die Krebsforschung versprechen sich Wissenschaftler auf Basis der ausgewerteten Daten neue Therapiemethoden. Die Forscher am Winship-Krebsinstitut in Atlanta arbeiten beispielsweise eng mit Bioinformatikern zusammen, die mit Hilfe spezieller Software und IBM-Supercomputern die Daten auswerten. Auch der Superrechner Blue Gene soll in der Krebsforschung aktiv werden.

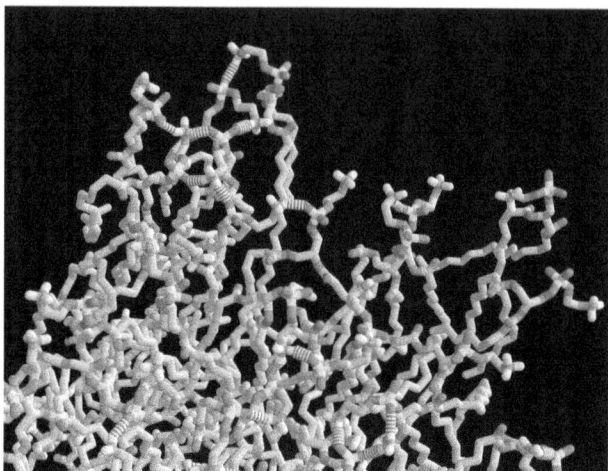

Abb. 3. Die Rechenkraft von Blue Gene soll zunächst für die Berechnung von menschlichen Protein-Faltungen eingesetzt werden. Mediziner erhoffen sich davon ein besseres Verständnis von Krankheiten und neue Heilmöglichkeiten

Auch in Deutschland beteiligen sich Supercomputer an der Entschlüsselung der Datenberge aus dem Human Genome Projekt. Im Rechenzentrum des in Heidelberg ansässigen Deutschen Krebsforschungszentrums nutzt das damit betraute Supercomputing-System die Rechenkraft von insgesamt 95 Power-Prozessoren. Sie leisten zusammen 330 Gigaflops, also 330 Milliarden Operationen pro Sekunde. Mit ihrer Hilfe untersucht das Institut die Mechanismen und Risikofaktoren, die zur Entstehung bösartiger Tumore führen.

Für die immer komplexeren Anwendungen sind die Wissenschaftler des DKFZ auf eine kontinuierliche Steigerung der Rechenleistung angewiesen. Auch bei diesen leistungsfähigen Systemen können sich Simulationen häufig über mehrere Wochen erstrecken. Genutzt werden Programme, die beispielsweise den Aufbau von Molekülen und Molekularbewegungen simulieren. Die Ergebnisse der Strukturanalyse menschlicher Gene und Proteine werden in verschiedenen DNA- und Proteinsequenz-Datenbanken gespeichert und international regelmäßig ausgetauscht.

Vom Mikrokosmos des menschlichen Körpers kommen wir jetzt zum Makrokosmos des Klimas. Auch der deutsche Wetterdienst setzt auf die Rechenpower von Supercomputern und will damit Wetterkatastrophen wie die Jahrhundertflut vor wenigen Jahren besser vorhersagbar machen. Der im Jahr 2002 in Betrieb genommene und 2003 erweiterte IBM Unix-Rechner vom Typ pSeries umfasst knapp 2000 Prozessoren und erreicht eine Performance von etwa 3 Teraflops pro Sekunde, was zum jetzigen Zeitpunkt etwa der Leistung von 30.000 handelsüblichen PCs entspricht. Damit gehört der Rechner zu den dreißig größten Supercomputern der Welt.

Mit Hilfe des Rechengiganten will der Deutsche Wetterdienst die Wetterverhältnisse der vorausliegenden Tage und Stunden noch genauer berechnen. Man will so die Öffentlichkeit besser vor Wetterkatastrophen wie den sich häufenden

Fluten und Orkanen warnen. Mehr Genauigkeit bei der Datenauswertung soll vor allem die sogenannte Kurzfristvorhersage verbessern. Der Computer rechnet dabei aus, ob der drohende Sturm sich als laues Lüftchen oder pausbäckiger Orkan entpuppt. Außerdem soll das Aufmerksamkeitsgebiet der Vorhersage auf ganz Europa ausgeweitet werden. Dadurch verlängert sich die Vorhersagefrist von 48 auf 78 Stunden. Die Erfahrungen der letzten Jahre haben gezeigt, wie viel von einer frühzeitigen Warnung im Katastrophenfall abhängt. Eventuell kann man im Vorfeld einer Katastrophe Stauseen leeren, Dämme verstärken oder instabile Gebäude oder Kräne befestigen.

Und doch stellt unser Planet selbst Supercomputer heute immer noch vor schier unlösbare Aufgaben. Bei den verheerenden Waldbränden Ende Oktober 2003 in Kalifornien konnten die Supercomputer des „Wildfire Hazard Center" die Ausbreitung des Feuers nicht vorhersagen und damit die Bekämpfung besser steuern. Noch sind die Simulationsmodelle zu ungenau, und die vielen Daten, die herangezogen werden müssten, stehen einfach nicht zur Verfügung. Die wichtigste Ursache des Versagens liegt jedoch in der Langsamkeit der Systeme. Die Verarbeitung der vorhandenen Daten nimmt immer noch mehrere Tage in Anspruch, eine Prognose in wenigen Stunden ist nicht möglich. Bisher können die Wissenschaftler Messdaten aus der Atmosphäre, zum Wettergeschehen in der Region, zu Höhenlagen, Boden- und Pflanzenfeuchtigkeit heranziehen und verarbeiten. Mit mehr Rechenleistung wäre etwa eine Vorhersage darüber möglich, in welche Richtung sich einzelne Brände ausbreiten werden. Das wäre wichtig für die Entscheidung zur Evakuierung von Siedlungen oder zur Verteilung der Feuerwehren.

Künftig will das „Southern California Wildfire Hazard Center" aber auch Messwerte zur Beständigkeit der Winde berücksichtigen, die Nadelgröße von Baumbeständen und exaktere Landschaftsprofile auswerten, damit die Brandentwicklung besser eingeschätzt werden kann. Forscher, Behörden und Einsatzkräfte können dann vor Ort mit Hilfe von Notebooks immer die neuesten Prognosen einsehen und ihre Entscheidungen danach richten.

2.1.8 Supercomputing zwischen Wissenschaft und Kommerz

Am Start der Top500-Liste sind neben Forschungseinrichtungen in jüngster Zeit verstärkt auch kommerzielle Anwendungen aus unterschiedlichen Industriezweigen. Durch diese Ausweitung ist in den letzten Jahren eine wachsende Dynamik in die Top 500-Liste der Supercomputer gekommen. Das Supercomputing-Geschäft wird schnelllebiger und diversifizierter, wie der rasante Wechsel in der Rangordnung der weltschnellsten Rechner belegt – auch wenn es bisher noch kein industriell genutzter Superrechner auf das höchste Podest der Top500 geschafft hat.

Die Ursache für den Wandel findet sich in neuen Einsatzgebieten und neuen mathematischen Algorithmen für Supercomputer. In die Domäne der wissenschaftlichen Rechenzentren und universitären Forschungseinrichtungen sind industrielle Anwendungen eingedrungen. Hochleistungsrechner werden auch in zunehmendem Maße zur Lösung von nicht-numerischen Aufgaben eingesetzt. Die rasant wachsende Menge an Daten, die in Unternehmen heute anfallen, macht Supercomputer mehr und mehr auch für die Industrie interessant.

Für kleinere Firmen und mittelständische Unternehmen sind Supercomputer allerdings noch immer unbezahlbarer Luxus. Doch auch sie erhalten Zugang zum Höchstleistungsrechnen, wenn wissenschaftliche Einrichtungen ihre Pforten öffnen. Gerade Universitäten suchen verstärkt die Nähe zur Industrie und stellen Supercomputing-Power kostengünstig zur temporären Nutzung zur Verfügung. Allerdings läuft diese Art der Kooperation in Deutschland eher zaghaft. Im internationalen Vergleich mit den USA oder Großbritannien hat Deutschland hier Nachholbedarf.

Doch auf einem Gebiet hat auch in Deutschland das Hochleistungsrechnen den Weg von der Forschung in die Industrie bereits vor Jahren erfolgreich vollzogen. Die Automobilindustrie unterhält seit 15 Jahren Forschungseinrichtungen mit Supercomputern. Sie kommen bei Crash-Simulationen und für Strömungsberechnungen zum Einsatz und helfen den Unternehmen, Kosten und Risiken in der Fahrzeugentwicklung zu minimieren.

Die Vorgehensweise der Automotive-Hersteller hat in der Fertigungsindustrie Schule gemacht. Alle Gegenstände, die einer mechanischen Belastung standhalten müssen, werden heute in zunehmendem Maße durch Computersimulation auf Herz und Nieren getestet. Die Festigkeitsberechung für Gebrauchsgüter, vom Staubsauger bis zur Küchenmaschine, ist nicht mehr Unternehmen der Daimler-Klasse vorbehalten. Durch das veränderte Preis-Leistungsverhältnis und die Diversifikation von Modellvarianten im Hochleistungs-Computing profitieren heute auch kleinere Firmen von den Vorteilen: Die Simulation am Rechenmodell verkürzt Entwicklungszyklen neuer Produkte, da aufwändige Versuche mit Prototypen wegfallen, und ermöglicht so substanzielle Kosteneinsparungen.

2.1.9 Ein neues Supercomputing-Zeitalter

Neben diesem „Computer Aided Engineering" hat die Rechenleistung der Supercomputer in weitere Industriezweige Einzug gehalten. Branchen, die von intensiven Kundenbeziehungen leben, etwa Banken und Versicherungen oder Telekommunikation und Einzelhandel, suchen mit Hilfe hoher Rechenpower nach Wegen der Kosten- und Prozessoptimierung. Als Grundlage des Customer Relationship Managments (CRM) werden Kundendaten aus allen Kanälen, über die das Unternehmen mit seinen Kunden interagiert, in Data Warehouses gesammelt und untersucht.

Supercomputer errechnen auf Basis der enormen Datenmengen im Rahmen von Data Mining-Prozessen Modelle zur Klassifizierung von Kunden. Die pure Rechenleistung und spezifische Algorithmen helfen, die großen Datenbestände nach bestimmten Mustern zu durchforsten. Als Ergebnis werfen die Berechnungen Gruppen von Kunden mit einem gemeinsamen Nenner aus. Diesen Kundengruppen kann dann mit höherer Wahrscheinlichkeit ein Interesse an bestimmten Produkten oder Dienstleistungen zugewiesen werden. Durch ein zielgerichtetes Vorgehen auf Basis dieses Wissens sparen Firmen Kosten und verringern Streuverluste, da sie Kundengruppen mit angepassten Maßnahmen ansprechen können.

Gerade dem Einzelhandel, der von Umsatzeinbußen durch intensiven Preiskampf und geringe Margen gebeutelt ist, werden durch diese Analysen neue Wege der Kundenbindung ermöglicht. Rabattsysteme und Bonusprogramme sind das Ergebnis eines Optimierungsprozesses, der das gesamte Supply Chain Management betrifft. An den Kassensystemen entstehende Daten über Warenströme, Kundenbedürfnisse und Zahlungsmodalitäten sind nur der Endpunkt einer langen IT-gestützten Prozesskette, die Hersteller, Zulieferer und Lagerhaltung umfasst. Unternehmen haben die Zeichen der Zeit erkannt: Bereits heute haben laut Meta Group 59 Prozent der deutschen Unternehmen im Zuge des CRM Data Warehouse und Data Mining-Anwendungen im Einsatz, um sich noch enger an den Anforderungen ihrer Kunden zu orientieren.

High Performance Computing wird darüber hinaus in Geschäftsfeldern verstärkt nachgefragt, wo Hochverfügbarkeit und Ausfallsicherheit höchste Priorität haben. Beim Betrieb von geschäftskritischen Anwendungen im Banken-Umfeld kommen hochperformante und skalierbare Data Warehouse-Lösungen zum Einsatz. Der US-Online-Broker Charles Schwab hat es im Jahr 2001 mit seiner Supercomputing-Installation mit Rang 20 bisher auf die höchste Position einer kommerziellen Anwendung unter den Top 500 gebracht. Die Simulation der Dynamik von Aktien- und Devisenkursen oder Zinsen hilft Führungskräften von Banken beim Risiko-Management. Mit dem Aktien-Boom im Privatkundengeschäft der letzten Jahre wurde es für Charles Schwab nötig, die Strategie der Kundenbetreuung zu überdenken. Heute werden mehr als 80 Prozent aller Aktienhandelsbewegungen über das Internet abgewickelt. Für das Bankunternehmen steht die Kundenorientierung im Mittelpunkt: Services, die in der Vergangenheit nur mit einem hohen Aufwand an Mitarbeitern, Zeit und Geld für ausgewählte Kundengruppen angeboten wurden, können mit Supercomputing-Rechenpower für eine größere Kundenschicht individualisiert zur Verfügung gestellt werden. Kunden erhalten Online-Zugang zu leistungsstarken Analysewerkzeugen und Marktinformationen zur Evaluierung ihrer Investitionsentscheidung.

Im Low-End Bereich unterscheiden sich die Anforderungen an die Rechenboliden in Industrie und Forschung zunehmend. Neben dem begrenzten Platz, der komprimierte Rechenleistung auf kleinstem Raum erforderlich macht, steht für Unternehmen die schnelle Einsatzfähigkeit ohne lange Vorlaufzeiten und die Flexibilität der Rechenarchitektur im Mittelpunkt. Das zur Verfügung stehende Investitionsvolumen lässt die Firmen nach innovativen Lösungen für die geforderte Rechenleistung suchen. Durch den günstigen Kostenfaktor haben RISC-Rechner Einzug ins Supercomputing im kommerziellen Umfeld gefunden. Ergänzt wird diese Lösung in den letzten Jahren durch Linux-Cluster, die durch die Nutzung von Standard-Hardware-Komponenten eine Reduktion der Investitionskosten mit sich bringen. Für die Hersteller von Supercomputern liegt die Zukunft in der Industrie, die verstärkt nach preisgünstigen und performanten Rechnern verlangt. Prinzipiell geeignet sind Supercomputer für alle Transaktionen und rechenintensiven Anwendungen, die Vorgänge mit hohem Wiederholungsfaktor abarbeiten und wenig I/O-Leistung benötigen. Als limitierender Faktor erweist sich bisher oft die Applikationsseite. Nur mit zusätzlichen parallelen Algorithmen und Programmen ist ein Fortschritt denkbar, um neue komplexe Simulationsberechnungen zu bewältigen.

Einige ungelöste Probleme der Naturwissenschaft hat die Industrie gemeinsam mit Forschung und Wissenschaft ins Visier genommen. Als Trendforschungsgebiet der nächsten fünf bis zehn Jahre entwickelt sich der Life-Science-Bereich rasant. In der Medizin werden Anforderungen aus Forschung und Industrie verschmelzen, wenn es beispielsweise um die Entwicklung von Medikamenten geht, oder Forschungseinrichtungen und Krankenhäuser ein Netz zur Erforschung und Früherkennung von Brustkrebs aufbauen.

Verfolgt man die Entwicklung der letzten Jahre, kann es nur noch eine Frage der Zeit sein, bis die Wissenschaft einer kommerziellen Installation auf Rang 1 der Top 500 Liste weichen muss. Schon heute wird gemunkelt, dass eine Anwendung im Bankbereich es in den nächsten 2 Jahren schaffen könnte. Hoch im Kurs steht dabei ein neuer Supercomputer für Finanztransaktionen im Steuerparadies der Caymans ...

Aber nicht jedes Unternehmen verfügt über so viel Kapital, dass es sich einen eigenen Supercomputer für seine Belange leisten könnte. Die Anschaffung eines Supercomputers ist auch nur sinnvoll, wenn man die Maschine auslasten kann. Doch es gibt Konzepte, wie Unternehmen Supercomputing nutzen können, ohne die damit verbundenen enormen Fixkosten tragen zu müssen. So können beispielsweise Kunden von IBM die Computerkraft auch auf Abruf beziehen, müssen dazu die auf Power- oder Intelprozessoren basierenden Rechner-Cluster nicht kaufen. Sie bezahlen nur für die benötigte Kapazität und Dauer der Rechnerleistung.

Dies ist interessant für Branchen wie die Erdölindustrie, die Biowissenschaften oder sogar die Filmindustrie, die Rechenkraft von Supercomputern nur für begrenzte Zeiten innerhalb ihrer Produktionszyklen benötigen. Dazwischen liegen lange Perioden, in denen der teure Superrechner ungenutzt brach liegen würde. Beim Film braucht man die massive Rechenleistung für Animationen, also eine künstlerische Variante der Simulation. Wenn der Film dann fertig ist, besteht auch kein Bedarf mehr. Und das amerikanisches Erdöl-Explorationsunternehmen Petroleum Geo-Services nutzt Supercomputing on Demand – wie IBM das neue Konzept nennt – zur Lokalisierung und Erforschung von Erdölfeldern. Das Unternehmen simuliert mit der Supercomputing-Power auf Zeit seismische Daten im Tiefwasser des Golfs von Mexiko.

2.1.10 Mensch und Computer

Nach all diesen Unternehmensanwendungen – wie steht sich nun eigentlich der Mensch im Vergleich zu den Dimensionen des Supercomputers? Hat er mit den Supercomputern Maschinen geschaffen, die ihm früher oder später Konkurrenz machen werden? Zwar machen die Anwendungsgebiete deutlich, dass es bei der

Entwicklung von Supercomputern immer noch darum geht, der Menschheit zu helfen. Die großen Erfolge der Supercomputer liegen im Bereich der Humanität und im Großen und Ganzen scheinen sie wie mächtige und willige Diener der menschlichen Spezies. Trotzdem schwingt bei einem Machtverhältnis mit derart heterogener Kräfteverteilung – hier die menschliche Kreativität und Intelligenz, dort die schiere Rechenkraft und -geduld – immer auch ein unterschwelliges Konkurrenzverhältnis mit. Es ist die alte Angst des Zauberlehrlings, die Kontrolle über die Geister zu verlieren, die er rief.

Abb. 4. Zwei Mitarbeiterinnen des Entwicklungsteams für ASCI Purple betrachten ein Modell des menschlichen Gehirns. Die beiden Supercomputer ASCI Purple und Blue Gene/L bewältigen gemeinsam 500 Teraflops (Billionen Rechenschritte pro Sekunde). Einige Wissenschaftler glauben, dass sich damit zum ersten Mal Supercomputer der Denkleistung des menschlichen Gehirns annähern

Hat denn der Computer den Menschen inzwischen schon eingeholt, was die Leistungsfähigkeit und „Intelligenz" angeht? Mensch und Maschine sind natürlich nur schwer zu vergleichen, denn der zahlenmäßig eindeutig bestimmbaren Geschwindigkeit und Kapazität des Computers steht das schwer zu erfassende Rätsel des menschlichen Denkapparates gegenüber. Doch Schätzungen von Hans Morvec von der Carnegie Mellon University gehen davon aus, dass bereits der Supercomputer ASCI Purple in etwa die Leistungsfähigkeit eines durchschnittlichen menschlichen Gehirns wie dem von Franz K. aufweist. Allerdings noch wesentlich ineffektiver, wenn man sich vor Augen hält, dass der ASCI Purple für die Leistung von 100 Teraflops 197 Kühlschrank-große Kästen benötigt, während Franz Ks. Gehirn die ungefähr gleiche Leistung auf einem Raum von ca. 920 Kubikzentimetern erbringt.

Doch hält man sich Moore's Law noch einmal vor Augen, wird klar, dass es rein kapazitätsmäßig nicht mehr lange dauern wird, bis wir alle eine Art zweites Gehirn auf unserem Schreibtisch stehen haben. Der bereits erwähnte Zukunftsforscher Raymond Kurzweil geht davon aus, dass im Jahr 2023 die Leistungsfähigkeit eines menschlichen Gehirns für 1.000 US-Dollar zu haben sein wird – und im Jahr 2037 für einen Cent. Er vertritt auch die Ansicht, dass die immer weiterlaufende exponentielle Kurve, mit der sich die Technologie entwickelt, zu einem Punkt führen wird, den er als Singularität bezeichnet. Zu einem Punkt, an dem der Mensch mit seiner natürlichen Intelligenz den technologischen Fortschritt nicht mehr verstehen wird. Für das, was danach kommt, stellt er übrigens recht abenteuerliche, nach Science-Fiction klingende Thesen über die Verschmelzung von menschlicher und maschineller Intelligenz auf.

Es gibt ein Betätigungsfeld des menschlichen Geistes – und der Superrechner – in dem die Fragen zum Verhältnis zwischen Mensch und Computer wie in keinem anderen durchexerziert wurden und werden: das Schachspiel.

Schon die mit der Entstehung des Schachspiels verbundene, immer wieder gerne zitierte Reiskornlegende gibt Einblick in die schiere Unerschöpflichkeit, die in dem einfachen Spiel auf 64 schwarzweißen Feldern mit 32 schwarzen und weißen Figuren steckt: Der kluge Brahmane Sissa erfand um seinen tyrannischen Herrscher Schachram zu mäßigen das Schachspiel, das in seinem Aufbau als eine Art Simulation des Staats- und Militärwesens angelegt ist. Als er seinen Gebieter mit dieser Simulation vertraut machte, wies er ihm an Hand dieses Spieles nach, wie der König auf die Hilfe jedes Untertan angewiesen sei und diese keinesfalls verschmähen dürfe, denn oft könne ein einfacher Bauer dem König den Thron retten. Diese Lehre ging dem Herrscher auf und er gestattete dem Weisen, sich eine Belohnung auszubitten: Alles, was er wünsche, würde er ihm gewähren. Da bat Sissa zum Lohne um soviel Weizenkörner, als sich ergeben, wenn auf das erste der 64 Felder des Schachbrettes ein Korn, auf das zweite 2 Körner, auf das dritte 4, auf das vierte 8 uns so fort, bis zum 64., auf das nächstfolgende Feld die doppelte Zahl der auf dem vorherigen Feld liegenden Weizenkörner gelegt wird. Dem König kam das Ansinnen auf den ersten Blick zu banal vor, aber der Weise beharrte darauf. Als nun zur Ausführung geschritten wurde, kamen die Kornkämmerer und Schatzmeister zum König und klagten, der Reichtum Indiens, ja der ganzen Welt würde nicht ausreichen, um den Brahmanen zu belohnen. Gemäß geometrischer Progression (Reihe) beträgt nämlich die Summe ausgerechnet 2 hoch 64 minus 1, gleich 18.446.744.073.709.551.615, das sind: 18 Trillionen, 446744 Billionen, 73 Milliarden, 709 Millionen, 551 Tausend, 6 Hundert und 15 Körner. Aufs höchste verblüfft, musste der König sein Versprechen zurücknehmen und sagte, die Bitte des Weisen habe ihm fast noch größere Achtung eingeflößt, als selbst die Erfindung seines geistreichen Spiels ihm abgezwungen habe.

Was das Schachspiel für das Thema Computer so interessant macht, ist eine philosophische Frage, nämlich die nach der Endlichkeit der Möglichkeiten. Erschienen zu Sissas und Schachrams Zeiten die Möglichkeiten, die die Simulation Schach erlaubte, für den damaligen Rechner – das menschliche Hirn – noch schier unendlich, so lässt sich heute das tatsächliche Ende absehen. Mit der begrenzten Anzahl an Variabeln und dem überschaubaren Regelsatz ist es nur noch eine Frage der Prozessorstärke, wann das Schachspiel ausanalysiert ist. Dass dies bisher noch nicht der Fall ist, liegt sicher zum größten Teil daran, dass die Supercomputer mit wichtigeren Aufgaben betraut sind. Andererseits wirft diese Tatsache einen Schatten auf die wesentlich komplexeren Probleme einer Erdsimulation: Wenn es den Computern von heute noch nicht möglich ist, das – gemessen an der Varaiablenvielfalt einer Erdsimulation – relativ „einfache" Schachspiel auszuanalysieren, wie steht es dann erst mit so komplexen Themen wie Wetter, Klima oder Krankheiten?

Im Licht des Supercomputing-Zeitalters erscheinen nicht nur Probleme endlich, die früher für unendlich gehalten wurden. Faszinierend ist vor allem die direkte Konkurrenz, der Kampf der Systeme gegeneinander. Das Schachspiel bietet bislang die einzige Plattform, auf der sich die unterschiedlichen Denkstrukturen von Mensch und Maschine messen lassen. Galt es bis vor wenigen Jahren noch als wenig wahrscheinlich, dass Computer gegen Meisterspieler gewinnen können, gelang es dem IBM-Rechner Deep Blue, einem Vorläufer des oben erwähnten Blue Gene, 1998 den bis dato von keiner Maschine je geschlagenen Schachweltmeister Garri Kasparow zu besiegen. Die Schachwelt hatte damals angenommen, dass sich mit diesem Sieg die endgültige Wende vollzogen habe. Dennoch bleibt das Duell spannend, und dies, obwohl der menschliche Geist der Rechenleistung seines maschinellen Gegners so weit unterlegen ist. Offensichtlich kompensiert er diesen Mangel durch Eigenschaften, die dem Computer fehlen: Kreativität, Intuition, visuelle Erfahrung. Der Schachspieler mag ein vergleichsweise schlechter Rechner sein. Doch er glänzt durch das Auffinden neuer Möglichkeiten abseits der ausgefahrenen Pfade der Theorie und durch die Kombination bekannter Mittel mit dem Ziel, überraschende, bis dato noch nie gesehene Lösungen zu bieten, während der Computer stur seine Varianten abarbeitet. Außerdem verfügt der Mensch über Leistungsreserven, die jenseits der strengen Logik liegen und die etwas mit Erfahrung und Talent zu tun haben: Vor allem Meisterspieler haben ein untrügliches Gespür dafür, was in einer Stellung steckt. Hier hilft ihnen ihr visuelles Gedächtnis, das ihnen anhand von visuellen Details einer Position signalisiert, was in einer Position vorteilhaft ist.

Allerdings sind es gerade auch die Mängel des menschlichen Denkapparates, die den Menschen auf lange Sicht benachteiligen: Seine Anfälligkeit für Fehler und Blackouts. Im Schachspiel kann das schlimmsten Falls eine Partie kosten. In Zeiten vieler globaler Bedrohungen kann sich die Menschheit solche Patzer nicht mehr leisten. Da seien die Supercomputer vor.

2.2 Man besitzt nur, was man weitergibt

Dass der menschliche Geist bei aller Verschiedenheit auch Ähnlichkeiten mit dem Computer in Aufbau und Arbeitsweise aufweist, mit diesem Ansatz haben vor allem Neurolinguisten in den 90er Jahren große Erfolge erzielen können. Natürlich drängt sich der Vergleich auch in unserem Gebiet immer wieder auf, wo es uns doch darum geht, zu zeigen, wie das Menschliche – *die Gesellschaft* – und das Technische – *die Computerwelt* – interagieren und in Zukunft interagieren werden.

Einer der spannendsten Aspekte der Mensch-Computer-Analogie betrifft das Betriebssystem. Wenn wir im Menschen nach dem Betriebssystem suchen wollen, dann werden wir es allerdings im Gehirn nicht so genau verorten können wie andere Komponenten. Das liegt daran, dass das Betriebssystem vor allem als Arbeits- oder Verhaltensweise in Erscheinung tritt. Das Betriebssystem ist eine Mischung aus Gelerntem und Angeborenem; von seiner Leistungsfähigkeit ist abhängig, welche Probleme unser Hirn wie gut verarbeiten kann. Da gibt es Standard-Funktionen wie Fein- und Grobmotorik, die Beherrschung der Grundrechenarten, Sprache allgemein und einen riesigen Satz von Vorstellungen über die Welt, was gut und böse ist, was erlaubt ist, was tabu. Hinzu kommen Spezialprogramme, die auf das Betriebssystem aufsetzen und die uns zu Spezialisten für bestimmte Tätigkeiten des Körpers oder des Geistes machen. Der eine verfügt über ein glänzendes Schachmodul, der andere über eine filigrane Feinmotorik im Umgang mit Leder- oder Filzbällen, der nächste verarbeitet Sprachen unglaublich schnell und wieder ein anderer interessiert sich brennend für Eisenbahnen und speichert und selektiert alle möglichen Informationen über Lokomotiven, Fahrpläne, Schienenverlauf und ICE-Höchstgeschwindigkeitstrassen.

Die „Betriebssysteme" der meisten Menschen sind von der Grundsubstanz und den Kernfähigkeiten sehr ähnlich, unterscheiden sich aber in ihrem Leistungsspektrum. Neben Grundeinstellungen und Bandbreite gibt es ein drittes wichtiges Unterscheidungsmerkmal: Es geht darum, wie sich das Betriebssystem nach außen hin verhält. In der IT-Welt verläuft hier ein Grenzgraben, dessen Tiefe sich im Laufe der letzten Jahre demjenigen des Marianengrabens, der tiefsten Stelle der Erdoberfläche im Pazifischen Ozean, angenähert hat und die IT-Fachwelt spaltet wie kaum ein anderer Gegenstand. Gemeint ist der Unterschied zwischen offenen und geschlossenen Betriebssystemen.

Das Prinzip proprietärer Systeme kennt jeder, der das erste Mal mit der Ersatzpatrone für seinen überaus preiswerten Tintenstrahldrucker an der Kasse steht. Weil der Drucker so gebaut ist, dass nur diese eine Patrone dieses einen Herstellers hineinpasst, muss er dafür einen horrenden Preis entrichten. Der Trick ist alt, älter als die moderne Informationstechnologie. Proprietär meint, dass eine Technik, ein System, einen Steckkontakt, eine Softwareschnittstelle oder ein Dateiformat so konstruiert ist, dass nur der Hersteller (oder ein bestimmter Verband von Herstellern) Einblick in Bauweise und Dokumentation hat, für die Benutzung Lizenzgebühren kassiert und ganz allein an der Weiterentwicklung beteiligt ist. Mit anderen Worten: Proprietäre Systeme versuchen Kundenbindung über die Zwangsjacke zu erreichen.

Der Streit zwischen den Verfechtern unterschiedlicher Betriebssysteme hatte von Anfang an religiöse Züge. Das ging vor Jahren los, als es auf der einen Seite die „protestantisch" geprägten DOS-Puristen gab und auf der anderen die „katholischen" Ikonen-Anhänger Applescher Prägung. Heute verläuft die Demarkationslinie zwischen der proprietären Philosophie von Microsoft und Bill Gates, die die meisten Schreibtische beherrscht, und der liberalen Feierabendprogrammier-Gemeinde, die sich um das Pinguin-Maskottchen des freien Linux-Betriebssystems scharen. Mittlerweile hat dieser Kampf sogar politische Dimensionen angenommen. Dabei ging es vor allem um den Gewinn prestigeträchtiger Aufträge wie die Desktop-Ausstattung des Bundestages oder der Stadt München.

2.2.1 Den Software-Markt revolutionieren - Just For Fun

Jede Partei braucht ihre Helden, jeder Konflikt hat seine Protagonisten. Auf der einen Seite steht Bill Gates, einmal reichster Mann der Welt, Visionär und beste Verkörperung des American Dream seit der Unabhängigkeitserklärung. Auf der anderen Seite steht der Linux-Erfinder Linus Torvalds, der mit seinem Betriebssystem eines der interessantesten Produkte der Computerindustrie geschaffen hat – nicht nur aus technischer Sicht, sondern vor allem auch aus sozialtechnischer Perspektive: Ohne all die Errungenschaften modernen Managements tüfteln tausende Programmierer an Linux. Dabei wird freimütig Wissen an andere weitergegeben, mit der einzigen Auflage, es ebenfalls wieder an Dritte weiterzureichen. Und dabei hat alles nur so aus Spaß angefangen, wie der Titel der 2001 erschienen Torvalds-Biografie *Just for Fun – Wie ein Freak die Computerwelt veränderte* suggeriert.

Linus Torvalds wuchs auf als Sohn einer etwas wilden Studenten- und Journalistenehe. Der Vater nimmt ihn hin und wieder zu KP-Schulungsreisen nach Moskau mit, das Leben in Finnland ist ärmlich. Einzige Zuflucht aus dem eher deprimierenden Milieu gewährt Linus Torvalds sein erster Computer – ein Commodore VIC-20. Der Rest gleicht unzähligen Hacker-Biografien: Als Mathefreak ohne Sozialkontakte untersucht der Finne seinen Computer bis in die letzten Einzelheiten und lernt ihn von Grund auf kennen. Dabei spielt die Faszination, Herr über diese Maschine zu werden, laut eigenen Aussagen eine wichtige Rolle. Am grünen Bildschirm feiert der einsame Junge die Triumphe, die ihm in der rauen Außenwelt von Finnlands Unterschicht noch verwehrt bleiben. Nach dem Schulabschluss und dem Militärdienst absolviert er konsequent sein Informatik-Studium. An einem Standard-Intel-PC experimentiert er mit einem zugekauften experimentellen Betriebssystem herum, entwickelt einen Terminal-Emulator für den Zugriff zum Universitätsrechner, dann Festplattentreiber, dann ein Dateisystem. Stück für Stück entstehen so Teile, die man im Prinzip nur noch zusammensetzen muss, um ein Betriebssystem zu erhalten. Der eigentliche Clou an der folgenden Erfolgsgeschichte ist die Demokratisierung dieses neuen Programms: Linus Torvalds berichtet in Internet-Foren über sein Projekt und lädt andere zur Mitarbeit ein. Anfänglicher Kritik, sein System sei unmodern, da es sich nicht auf andere Rechner übertragen lasse, entgegnet er selbstbewusst, dass es dafür kostenlos sei und von jedem selber weiterentwickelt werden könne – Vorzüge, die proprietäre Systeme nicht haben. Es dauert nicht lange, da schicken die ersten Programmierer ihre Bugfixes. 1992, ein Jahr nach Projektbeginn, läuft Linux auf Intel-x86er-Prozessoren und verzeichnet 1000 Anwender. Ein weiteres Jahr später sind es 20.000. 1994 wird Linux netzwerkfähig, die Anwender gehen in die 100.000. Seit 1997 erscheint wöchentlich eine aktualisierte Version von Linux, viele Millionen Anwender vertrauen darauf, sei es auf dem Server, auf dem Desktop oder mittlerweile sogar in Handheld-Computern.

Ein besonderes Merkmal dieser Geschichte rund um die Entwicklung von Linux ist der Enthusiasmus, mit dem die Beteiligten zu Werke gehen. Hier offenbaren sich die sozialen Auswirkungen des Projekts – und dessen Spaß-Dimension. Torvalds unterscheidet drei Stufen sozialer Entwicklung: Erst geht es um das nackte Überleben, danach um das Einüben von Sozialverhalten in großen Clans oder Nationen, wobei auch Kriege geführt und große Allianzen geschmiedet werden. Auf der höchsten Stufe verkehrt sich die ganze Informationsgesellschaft in die Unterhaltungsgesellschaft, in der alles zu Fun wird, selbst der Krieg am Bildschirm. Linux-Entwickler machen mit, ihr Leben ist eine große Party.

In diese eher etwas naiv anmutende Sicht der Gesellschaft spielt noch viel New Economy-Optimismus mit herein. Ohne Zweifel sind wir heute über die reine Spaß-Phase hinweg. Nüchtern und ernst geht es angesichts von leeren Kassen, globalen Konflikten und Reformnot zu. Doch immer noch hat uns die Linux-Geschichte etwas zu sagen, wenn auch etwas anderes als Fun und Unterhaltung. Und diese Botschaft ist ungleich wichtiger.

2.2.2 Die Wiederbelebung des protestantischen Arbeitsethos durch den Hacker

Eine ganz andere Sicht auf das Linux-Phänomen veröffentlichte im Jahr 2001 der Finne Pekka Himanen in seinem Buch *The Hacker Ethic and the Spirit of the Information Age*. Der Soziologieprofessor, der zwischen Berkley und Helsinki hin und her pendelt, beschreibt die Open Source-Bewegung rund um Linux mit den Begriffen des soziologischen Übervaters Max Weber. Nicht Spaß sei es, was die Programmierer antreibe, sondern eine Art moderne protestantische Pflichterfüllung. Programmierer und Hacker sind dabei Protagonisten einer neuen Ethik. Als Avantgarde setzen sie die Standards für Arbeitsmoral, kollaborative Organisation und Kommunikation. Ein Modell, dem gerade in der modernen vernetzten Gesellschaft Vorbildfunktion zukommen könnte.

Linus Torvalds persönlich stellt dem Buch von Pekka Himanen ein Vorwort voran, in dem er die Arbeitsweise von Programmierern (oder „Hackern" im ursprünglichen Wortsinn; erst später verengte sich hierzulande der Begriff auf illegales Programmieren) charakterisiert. Nach Torvalds biete schon der Computer an sich pure Unterhaltung. Der Hacker programmiere, weil er das Programmieren als intrinsisch interessant, aufregend und erfreulich erlebe. Mit anderen Worten – die Belohnung des Programmierers steht weniger auf seiner monatlichen Gehaltsabrechnung oder in der Überweisung für Lizenznutzung, sondern sie steckt in der Tätigkeit selbst.

Pekka Himanen findet die Arbeitseinstellung Torvalds auch bei vielen anderen Koryphäen des modernen Computerzeitalters wieder: So kommentiert etwa Vinton Cerf, der gelegentlich als Vater des Internets bezeichnet wird, die eigene Faszination am Programmieren mit den Worten, es sei eine unglaublich verlockende Tätigkeit. Der Schöpfer des ersten Personalcomputers, Steve Wozniak, gibt an, das Programmieren sei für ihn einfach die fesselndste Welt. Aus demselben Stoff scheint der allgemeine Geist der Bewegung beschaffen zu sein. Pekka Himanen führt aus: „Hacker programmieren, weil Programmierherausforderungen für sie von intrinsischem Interesse sind. Probleme, die durch das Programmieren entstehen, wecken die genuine Neugier im Hacker und stacheln ihn an, mehr darüber herauszufinden."

Der Begriff intrinsische Motivation stammt aus dem Bereich der Leistungsmotivation und meint die Motivation, sich einer Tätigkeit um ihrer selbst willen zu widmen. Aktivitäten, die wir einfach deshalb treiben, weil wir sie genießen – wie Computerspiele spielen, Fahrradfahren oder unter der Dusche ein Liedchen anstimmen – sind intrinsisch motiviert. Das Beispiel der Hacker zeigt, dass auch Arbeit intrinsisch motiviert sein kann, wenn der Mensch sich für die Aufgabe, die er zu erledigen hat, wirklich interessiert. Diese Motivation hält uns notfalls bis in die tiefe Nacht hinein bei der Arbeit, einfach, weil wir noch ein Problem lösen oder etwas so gut wie möglich machen wollen – selbst wenn niemand anders am Ende Notiz davon nehmen mag.

Intrinsische Motivation – das ist die Droge, die so manchem Hacker – angefangen vom MIT in den 60ern bis heute – Energie gibt. Manche Programmierer verfallen dabei in einen regelrechten Arbeitsrausch. Pekka Himanen zitiert eine 16-jährige Programmiererin, die nächtelang über der Kodierung eines schwierigen Algorithmus saß, mit den Sätzen: „Ich war sehr aufgeregt ... Ich arbeitete ganze Tage durchgehend ohne Pause und es war geradezu erheiternd. Es gab Zeiten, da wollte ich niemals wieder damit aufhören." Wer würde nicht gerne so von seiner Arbeit reden können?

Diese Art zu Arbeiten scheint vom Spiel her zu kommen. Spielerische Versuche und Erkundungen spielen eine große Rolle bei vielen Errungenschaften der Computerwelt. Torvalds Linux-Entwicklung begann als Spielerei mit einem neu angeschafften Computer. Linux ist nichts anderes, als die Konsequenz aus dem Spaß an der Sache. Tim Berners-Lee, der Mann hinter dem Internet, wollte einfach nur Spielprogramme miteinander verbinden. Heraus kam das World Wide Web. Der Apple-Computer entstand aus dem Ehrgeiz, ein Computerspiel möglichst eindrucksvoll vor dem Computerclub präsentieren zu können. Die junge irische Programmiererin, die mit der Entwicklung der Verschlüsselungstechnologie beschäftigt ist, gibt an, dass ihre Arbeit durch stundenlanges, spielerisches Ausprobieren von in der Bibliothek aufgestöberten Theoremen entstanden sei.

Manchmal färbt die intensive Beschäftigung der Hacker mit ihrer Arbeit auf den Lebensstil im Alltag ab. Hacker sind bekannt für ihr exzentrisches Auftreten. Anekdoten darüber gibt es wie Sand am Meer. Sandy Lerner zum Beispiel, einer der Programmierer hinter den Internet-Routern, reitet gerne nackt auf Pferderücken; Hackerguru Richard Stallmann fällt auf Computer-Zusammenkünften durch seine lange Robe auf und durch seinen Spleen, von Maschinen, die man ihm unterbreitet, kommerzielle Programme via Exorzismus zu bannen. Auch einer der bekanntesten Verteidiger der Hacker-Kultur, Eric Raymond, lebt den spielerischen Aspekt seiner Arbeit: Der Fan von Rollenspielen durchstreift die Straßen seiner Heimatstadt und die angrenzenden Wälder manchmal als antiker Krieger, römischer Senator oder als Kavalier des 17. Jahrhunderts.

Von Raymond stammt auch eine sehr gute und hoch-pathetische Zusammenfassung des allgemeinen Hackergeistes, wenn er die Philosophie der Unix-Programmierer beschreibt:

„Um die Unix-Philosophie richtig zu praktizieren, musst du loyal gegenüber dem Gebot der Leistung sein. Du musst daran glauben, dass Software ein Stück Handwerk ist, das all deine Intelligenz und Leidenschaft wert ist ... Die Entwicklung und Implementierung von Software soll eine freudvolle Kunst sein, eine Art Spiel auf höchstem Niveau. Wenn dir diese Einstellung absurd oder gar peinlich vorkommt, dann halte einen Augenblick inne und denke darüber nach, was du vergessen hast. Warum entwickelst du Software und machst nicht irgendetwas anderes um Geld zu verdienen und die Zeit tot zu schlagen? Du musst doch einmal selbst daran geglaubt haben, dass Software deine ganze Leidenschaft wert ist ... Um die Unix-Philosophie umzusetzen, musst du diese Einstellung wiedergewinnen. Du musst dir etwas daraus machen. Du musst damit spielen. Du musst den Willen haben, etwas zu entdecken."

Zugegeben, da ist viel Pathos drin, das einem nüchternen Menschen wie Franz K. infantil oder naiv erscheinen mag. Dennoch zeigt das Beispiel, wie viel Energie von der für Außenstehende sicherlich relativ unspektakulären Tätigkeit des Programmierens auf die Menschen abstrahlt. Vielleicht ist es eben nur möglich, in einem solch leidenschaftlichen Gestus von der Hingabe an eine Tätigkeit zu sprechen, die intrinsisch motivierend, inspirierend und freudvoll ist.

Natürlich haben die Hacker und Programmierer diese Einstellung nicht für sich gepachtet. Sie findet sich in vielerlei Lebenswelten wieder, sei es bei Künstlern, Managern oder Erfindern. Burrel Smith, der Programmierer des Mac, benutzt beispielsweise den Begriff Hacker gleichsam als Vorsilbe für alle möglichen intrinsisch motivierten Tätigkeiten: „Hacker können alles mögliche tun und dabei Hacker sein. Man kann zum Beispiel auch ein Hacker-Schreiner sein – Hacken muss nicht unbedingt mit High-Tech zu tun haben. Ich denke, es muss jedenfalls mit Handwerk zu tun haben und damit, dass man sich wirklich etwas daraus macht." Und Guru Raymond räumt ein: „Es gibt Menschen, die die Hacker-Einstellung auf andere Dinge als Software anwenden wie Elektrotechnik oder Musik – man kann sie überall auf den höchsten Gipfeln der Wissenschaften oder der Künste antreffen".

Pekka Himanen leitet von diesen Beispielen eine allgemeine Arbeitsethik ab – eben *die Arbeitsethik der Hacker*. Er entwirft damit erstmals eine Arbeitsethik für die vernetzte Gesellschaft, in der IT-Profis und Programmierer eine immer wichtigere Rolle spielen. Himanen macht aber ebenfalls deutlich, dass es hier nicht um eine Spezialethik geht, sondern um einen neuen Arbeitsstil, der verbindlich sein sollte für die gesamte Gesellschaft. Es geht ihm um nichts anderes als die Wiederbelebung der protestantischen Arbeitsethik in moderner Gestalt.

Er beruft sich dabei auf Max Webers berühmte Schrift *Die protestantische Arbeitsethik und der Geist des Kapitalismus* von 1905. Max Weber beschreibt darin, wie im 16. Jahrhundert der Gedanke, Arbeit sei Pflicht, zum Wesen des Kapitalismus aufsteigt. Unter Soziologen gilt Webers Untersuchung als grundlegende Analyse der Wurzeln des Kapitalismus in religiösem Urgrund, speziell in der protestantischen Prädestinationslehre. Das damit einhergehende Arbeitsethos zeichnet sich dadurch aus, dass Arbeit als Sinn an sich gesehen wird, dass Menschen ihr Leben um ihre Arbeit zentrieren und alle anderen Aspekte des Lebens in den Hintergrund treten lassen. Der Unterschied zu Himanen ist der, dass bei Weber die eherne Pflicht nicht unbedingt mit Erfüllung, Freude und Spaß einhergehen muss. Himanens Hackerethik dagegen zielt darauf ab, dass Programmierer sich in jeder Situation so verhalten, dass alle Tätigkeit innere Befriedigung, Lust und Spaß – Unterhaltung im weitesten Sinne – abwerfen muss. Wo bei Weber die Pflicht steht, da steht bei Himanen die Passion.

Der Unterschied ließe sich auch in die Begriffe der intrinsischen und der extrinsischen Motivation fassen. Während erstere ihr Glück in der Tätigkeit an sich findet, sucht letztere die Belohnung von Außen – wirtschaftlicher Erfolg ist in der protestantischen Ethik der sichtbare Beweis dafür, dass man seinen Dienst pflichtbewusst erfüllt hat und damit in Gottes Gnadenstand getreten ist. Tätigkeiten werden also nicht um ihrer selbst willen ausgeübt, sondern um etwas anderes zu erreichen. Belohnende Aktivitäten, Vergabe von Noten und Strafen für Misserfolg oder Fehlverhalten erwachsen aus der Ansicht, der Mensch sei von Grund auf extrinsisch motiviert und mache etwas nur um der Konsequenzen willen.

Aus dem Ansatz von Pekka Himanen und aus der Hitzigkeit der gesamten Diskussion um das Thema Open Source wird ersichtlich, dass hier Themen zusammenkommen und auf den Punkt gebracht werden, in der sich auch unsere Gesellschaft in ihrem Transformationsprozess wiedererkennt. Natürlich geht ein solcher Wandel nie ohne Vereinfachungen und plakative Zuschreibungen vonstatten. Auf der einen Seite das Alte und Rückständige, auf der anderen Seite das Neue und Revolutionäre. Das einfache Schema „Proprietär = böse, Open Source = gut" greift jedoch zu kurz; Programmierer proprietärer Systeme erscheinen auf der einen Seite wie extrinsisch motivierte Tüftler an einer veralteten digitalen Welt, während sie intrinsisch motivierten Hacker die neue Welt so nebenbei aus Lust und Laune erschaffen, ohne dabei an die Millionen zu denken, die den Entwicklern proprietärer Systeme am Ende ihrer Laufbahn winkt. Natürlich ist die Realität anders. Das zeigen nicht zuletzt Studien, die Microsoft regelmäßig zu einem der beliebtesten Arbeitgeber deutschlandweit küren.

Dennoch sollte man noch einmal festhalten, was einem diese Bewegung rund um Linux und Open Source heute sagen kann: Zum einen ermöglicht der Ansatz von Himanen einen neuen Blick auf das Thema Arbeit in einer Gesellschaft, in der die Arbeit als Leitmotiv zunehmend verschwindet, einer Gesellschaft, die andererseits aber merkt, dass hier das Ende der Fahnenstange mittlerweile erreicht ist. Das Beispiel lehrt, dass Arbeit immer noch mehr ist als Ökonomie, mehr ist als betriebswirtschaftlicher Einsatz und volkswirtschaftliche Gesamtrechnung. Arbeit ist ein wesentlicher Aspekt unserer Kultur, der Mentalität unserer Gesellschaft. Angesichts von über vier Millionen Erwerbslosen, von Frührentnern und „Brückentagen" mögen Ökonomen nach dem Verlust der Arbeit in Deutschland während der vergangenen Jahre fragen. Doch das ist nur die eine

Perspektive. Denn es besteht durchaus die Möglichkeit, dass hierzulande die Arbeit nicht nur ökonomisch, sondern auch mental abhanden gekommen ist – in ihren Utopien und Idealen, vor allem aber im Alltagsleben.

Die moderne Freizeitgesellschaft hat die Arbeit zusehends an den Rand von Kultur und Gesellschaft gedrängt, dies vor allem, weil man von der Stabilität der wirtschaftlichen Verhältnisse ausging. Es zeigt sich aber mehr und mehr, dass dieser Weg sich zur ökonomischen Sackgasse entwickelt hat. Wenn man hier zurückrudern will, reicht es nicht aus, das Rentenalter um zwei Jahre oder die tarifliche Wochenarbeitszeiten um zwei Stunden zu erhöhen. Es gilt vielmehr, die leichtfertig preisgegebene Mentalität einer Arbeitsgesellschaft zurückzuerobern. Die Wiedergewinnung von Arbeit muss sich zuerst in den Köpfen vollziehen und erfordert eine kulturelle Anstrengung. Die Programmierer rund um Open Source und Linux weisen einen attraktiven Weg dorthin.

2.2.3 Verlust der Unschuld oder neue Chance?

Der Faktor Arbeit ist nur ein Aspekt der Open Source-Bewegung, anhand dessen sich der gesellschaftliche Paradigmenwechsel ins on demand Zeitalter mit all seinen Implikationen aufzeigen lässt. Auch andere weltanschauliche Aspekte spielen hier eine große Rolle: Gemeinwohlorientierung, bestimmte Auffassungen von Freiheit, Ablehnung von Autorität oder die Suche nach neuen Formen der Kooperation. Diese Motivkomplexe haben es ermöglicht, leistungsfähige Software zu produzieren, die heute in vielen Unternehmen und von immer mehr Privatanwendern eingesetzt und unterstützt wird. An dieser Stelle sehen viele Kritiker aber auch die Gefahren quelloffener Software, da der wirtschaftliche Erfolg den genannten Komplexen entgegensteht. Die kommerziellen Ziele der nicht-proprietären Software geraten mehr und mehr in den Vordergrund.

Wenn ein wesentlicher Teil der Weiterentwicklung quelloffener Software durch Unternehmen und für deren Interessen betrieben wird, so besteht die Gefahr, dass die erfolgreiche intrinsische Motivationslage der Programmierer mehr und mehr von ihrer extrinsischen Variante abgelöst wird. Und diese ist weniger effektiv, wie Untersuchungen zeigen. Dem kann auch die starke Personalisierung durch Lichtgestalten wie Linus Torvalds, Eric Raymond oder auch Bill Gates immer weniger entgegenhalten.

Bei aller Skepsis stellen quelloffene Software, ihre Produktionsweise und die dahinterliegenden Weltanschauungen ein bedeutendes soziales Anschauungsprojekt dar, nicht nur für Unternehmen, sondern für die ganze Informationsgesellschaft. Denn sie hinterfragen eine ökonomische Realität, die zunehmend als absolut und als einzige Variante des rationalen Miteinanders von Menschen und Gesellschaften dargestellt wird (und für die das proprietäre System häufig als symbolisch gesehen wird.) Das ist ein Grund dafür, dass diese Bewegung gerade unter Jüngeren sehr viele Anhänger gefunden hat. Viele attraktive Ideen lassen sich mit ihr verbinden. Sie orientiert sich am Gemeinwohl; sie steht für Freiheit und utopische Weltentwürfe, für Autoritätsferne, für Gegnerschaft und Gefolgschaft; sie ist sendungsbewusst, technikbegeistert und weckt und stillt Neugier. Gerade ihre Heterogenität ist ein Spiegel der Gesellschaft.

Nun muss man den skeptischen Blick auf die idealistische Weiterentwicklung der Open Source-Bewegung und die wachsende Bedeutung der wirtschaftlichen Aspekte nicht ausschließlich negativ sehen. Die Wirtschaftlichkeit ist nicht gleichbedeutend mit einem Abstieg in die Niederungen des Profanen. Sie ist vielmehr erst der Beweis dafür, dass die Ergebnisse der idealistischen Bewegung durchaus real sind.

2.2.4 Reifestadium erreicht

Nicht zuletzt durch die Aufmerksamkeit, die Linux durch die massive Unterstützung aus den öffentlichen Verwaltungen erfährt, ist das offene Betriebssystem mittlerweile auch dem Durchschnittsbürger ein Begriff. Noch vor kurzem erschien Linux Menschen wie Franz K. als ein eher dubioses System für Computertüftler und Bastler – Hacker eben und das nicht eben in dem positiven Wortsinn der neuen Arbeitsethik. Die gesellschaftlich unangepassten Computerfreaks, die die Linux-Community prägten, weckten in Franz K. den Verdacht, dass man wohl selbst so sein müsse, wenn man sich mit dem Betriebssystem befassen wolle: technisch versiert und ein Fan des Unkonventionellen. Auch von der Wirtschaft wurden Open Source-Systeme wie Linux lange Zeit als Nischenentwicklung und allenfalls zweitklassige Alternative zu proprietärer Software betrachtet. Doch heute ist der Erfolg von Open Source-Software kaum mehr zu übersehen: Sie bietet tatsächlich Geschäftsmöglichkeiten und etabliert sich mehr und mehr als ernsthafte Alternative. Je mehr sich die Bewegung allen kritischen Stimmen aus den eigenen Reihen zum Trotz als Wirtschaftsfaktor bewährt, desto grundlegender zwingt Open Source die IT-Industrie zum Umdenken. Vielleicht ist das der beste Beweis dafür, dass das ganze Projekt von einer Art Adoleszenz, dem Stadium einer Bewegung eben, die immer mit dem Adjektiv Jugend zu denken ist, in ein Stadium der Reife gelangt ist.

Dass der Unternehmensmarkt für Open Source-Software wächst, kann in diesem Stadium sowieso niemand mehr verhindern. So erwarten beispielsweise die Marktforscher von Soreon Research bis 2007 einen Anstieg um gut 200 Prozent auf über 300 Millionen Euro; gleichzeitig soll die Zahl der Anwender auf 24 Prozent aller Betriebssystemanwender klettern. Vor allem Unternehmen können sich durch die Offenlegung von Spezifikationen und Softwarequellen neue Geschäftsmöglichkeiten eröffnen.

2.2.5 Offenlegung als Entwicklungsmotor

Das Thema Open Source ist eng verbunden mit dem Bereich der offenen Standards. Beides ist nicht neu: Standards spielen in Wirtschaft und Gesellschaft schon seit jeher eine wichtige Rolle – angefangen von der Standardisierung von Maßeinheiten und Kommunikationsmitteln bis hin zu den heute aktuellen offenen Standards, ohne die eine moderne Informationstechnologie kaum mehr denkbar wäre. Offene Standards bieten Hard- und Software-Herstellern die Möglichkeit auf Basis gemeinsamer Richtlinien Produkte zu entwickeln, die sich nahtlos integrieren lassen und miteinander kommunizieren können. Wo Anwendungen sich zu End-to-End-Lösungen verbinden lassen oder PDAs, Mobiltelefone und Chips miteinander kommunizieren sollen, wo Schnelligkeit und Integrationsfähigkeit zu wichtigen Erfolgsfaktoren werden, sind herstellerunabhängige Standards Voraussetzung. Das zwingt Hersteller dazu, gleichzeitig zu konkurrieren und zu kooperieren, das Schlagwort dazu lautet „Koopetition", zusammengesetzt aus Kooperation und dem englischen Wort für Wettbewerb, Competition. Proprietäre Verschlossenheit und geschlossene Systeme werden mehr und mehr zu Auslaufmodellen.

Ein IT-Standard als Festlegung einer bestimmten Spezifikation gilt in der Regel als offen, wenn er dokumentiert, herstellerunabhängig und frei zugänglich bzw. zu einem geringen Preis erhältlich ist. Eine den Standard unterstützende Software muss noch nicht zwangsläufig quelloffen sein – offene Standards können sowohl von einer kommerziellen als auch von einer Open Source-Software unterstützt werden. Dennoch gilt: Open Source-Software läuft am besten auf offenen Standards – und bietet damit gleichzeitig den besten Weg zur Verbreitung dieser offenen Standards. Offene Standards bilden die Basis und sorgen für Kompatibilität zwischen proprietären Lösungen und Open Source-Software.

Das Unbequeme an offenen Standards für die Vetreter proprietärer Systeme ist die Tatsache, dass der Drucker-Patronen- bzw. Rasierklingen-Effekt nicht mehr so leicht zu erzielen ist. Sie machen den Anwender unabhängig von einzelnen Herstellern. Drucker und Rasierapparat können mit Patronen und Klingen aller möglichen Hersteller bestückt werden, auch in Zukunft. Rasierapparat und Drucker können länger benutzt werden. In der Wirtschaft nennt man dieses Phänomen Investitionsschutz. Wer auf offene Standards setzt, hat die freie Auswahl zwischen Produkten verschiedener Unternehmen, die den Standard unterstützen, und versichert sich, dass sich auch später Produkte finden, die mit der bestehenden Infrastruktur kompatibel sind – selbst wenn einer der Hersteller nicht mehr existiert. Somit schützt ein Unternehmen durch die Investition in etablierte, offene Software sein finanzielles und unter Umständen personelles Engagement.

Open Source-Software hat ähnliche wirtschaftliche Vorteile. Auch sie ist plattformunabhängig. Grundlegende Informationen wie Spezifikationen oder Quelldaten werden der Öffentlichkeit kostenlos oder für einen geringen Preis zugänglich gemacht. Das populärste Beispiel ist neben Linux die Bürosoftware StarOffice. Lizenzgebühren entfallen, auch sind die Programme nicht an proprietäre Standards gebunden. Open Source-Software erhöht so die Flexibilität eines Unternehmens und macht es unabhängig vom Angebot eines einzigen Herstellers. Gleichzeitig zersetzt sie dadurch die Monopole proprietärer Systeme und schafft Voraussetzungen für die uneingeschränkte Entwicklung unabhängiger individueller Lösungen. Im weitesten Sinne schimmert auch hier der ideelle Konflikt zwischen Uniformität und Vielfalt durch, wobei letztere sich langfristig für die Wirtschaft als zuträglicher erweist.

Eine Überraschung dabei dürfte sein, dass die Offenlegung der Quellcodes darüber hinaus als wichtiger Sicherheitsfaktor gilt: Fehler können in der Regel schneller identifiziert und behoben werden, es gibt keine versteckten Angriffsziele für Viren. Dazu trägt auch die potenzielle Vielzahl der beteiligten Entwickler bei, die „ein Auge" auf mögliche Fehlerquellen haben. Das sind wichtige Merkmale für ein System, das sich letztendlich selbst managt (dazu mehr im Kapitel zum Thema *Autonomic Computing*). Das Prinzip Solidarität oder Subsidiarität übt eine überaus effiziente Kontrolle aus.

Nicht zuletzt bieten Open Source und Open Standards allen eine Basis zur Weiterentwicklung, laden Unternehmen und Entwickler zur Mitarbeit ein und regen Innovationen an. Die Vorteile für den Kunden sind vielfältig: Der Wettbewerb auf dem Softwaremarkt nimmt zu, die Qualität des Angebots steigt und die Preise sinken. Ein historisches Beispiel für eine solche Entwicklung ist IBMs Freigabe der Spezifikation des PCs als offener Standard. Sie war die Initialzündung für den Aufschwung der PC-Industrie, heute ein Milliardenmarkt. Damals war die Offenlegung der Spezifikation die Lösung für ein langes Nebeneinander verschiedener proprietärer Standards, die keinem Hersteller herausragenden geschäftlichen Erfolg bescherte. Erst strategische Vorteile etwa durch verbesserte Logistik bei Produktion und Vertrieb sowie damit einhergehende Preisvorteile ließen die Industrie aufblühen.

Ein weiteres Beispiel dafür, wie offene Standards ganze Wirtschaftzweige hervorbringen, ist das Internet. Offene Standards wie HTML, freie Betriebssysteme wie FreeBSD, der freie Webserver Apache, die meistbenutzte Serversoftware im Internet, bilden die Basis für ein System, das Tausende von Anwendungen und Services hervorgebracht hat, die an der Internet-Erfolgsstory mitgeschrieben haben.

Nicht für alle Bereiche kommt quelloffene Software in Frage. Open Source Software wird sich vielmehr als Alternative zu proprietärer Software etablieren und in bestimmten Bereichen Vorteile bieten. Die Frage lautet also viel weniger, für oder wider, sondern welche Software für welche Anforderungen. Auch innerhalb eines Unternehmens ist zu erwarten, dass es trotz zunehmenden Anteils von Open Source-Software weiterhin zu einer Mischung aus quelloffener und proprietärer Software kommen wird. Durch Logical Partitioning können zum Beispiel die meisten Systeme je nach Anforderung verschiedene Betriebssysteme unterstützen. Es gibt allerdings auch Produkte, welche die Voraussetzungen für eine Freigabe als Open Source-Software nicht erfüllen. Welches Software- und welches Geschäftsmodell die größere Rolle spielt, hängt also ganz von Funktion und Produktmerkmalen ab.

2.2.6 In der Kritik

Das Modell offener Standards genießt in der Praxis inzwischen breite Akzeptanz. Anders sieht es bei der Offenlegung von Softwarecodes aus. Der Erfolg quelloffener Software und die Sympathiebekundungen der Anwender setzen die traditionellen Software-Hersteller aber unter Zugzwang. Gegen eine einfache

Adaption des Open Source-Geschäftsmodells haben die traditionellen Hersteller viele Einwände. Der wichtigste ist die Frage nach der extrinsischen Motivation oder einfacher gesagt: Mit Open Source-Software ist kein Geld zu verdienen. Sogar die These, dass Open Source Arbeitsplätze koste, soll Adepten die Lust an der Sache vermiesen. Dabei ist der Glaube, Open Source-Software sei grundsätzlich kostenlos, mittlerweile schon lange nicht mehr richtig. Softwarehäuser, die auf Basis des Open Source-Gedankens operieren und zum Beispiel plattformunabhängige Software entwickeln, sind schließlich keine gemeinnützigen Vereine, sondern Wirtschaftsunternehmen, die Gewinne erzielen.

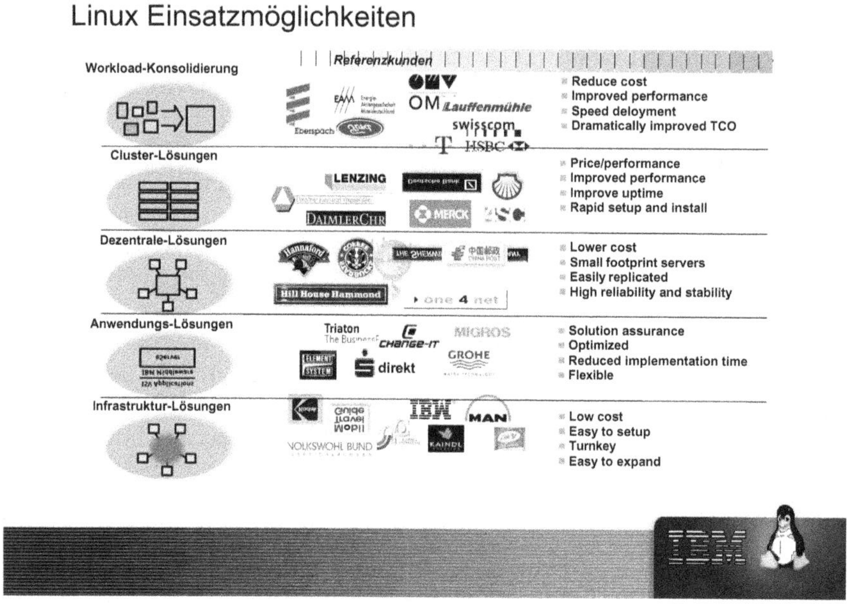

Abb. 5. Die vielfältigen Einsatzmöglichkeiten von Linux werden bereits von zahlreichen Unternehmen genutzt

Ob berechtigt oder unberechtigt, sicher ist: Die Industrie ist gezwungen, sich mit dem Thema Open Source-Software auseinander zu setzen und neue Geschäftsmodelle in Erwägung zu ziehen, die Open Source-Software einbeziehen. Es gibt bereits jetzt ganze Geschäftszweige, die nur auf Basis von Open Source-Produkten entstehen konnten. Anders als beim Verkauf kommerzieller Software entstehen hier Umsätze und Arbeitsplätze jedoch an anderer Stelle.

2.2.7 Keine Grundsatzentscheidung

Eine grundlegende menschliche Schwäche ist es, dass er denkt, er stehe vor einer Entweder-Oder-Entscheidung, wenn es in Wirklichkeit eine Sowohl-als-Auch-Angelegenheit sein kann. Viele Ansätze in der Diskussion gehen davon aus, es müsse von Seiten der Hersteller eine Grundsatzentscheidung für oder gegen quelloffene oder proprietäre Software getroffen werden. In der Realität bedeutet die Öffnung für Open Source-Software aber nicht zwangsläufig die entsprechende Neuausrichtung des kompletten Unternehmens und die Offenlegung sämtlicher Softwareprodukte. Man muss nicht gleich konvertieren und mit wehenden Fahnen überlaufen. Wie auf der Anwendungsseite so kann auch bei der herstellenden Industrie eine Mischform durchaus sinnvoll sein. Oft lohnt der Schritt hin zum Open Source-Modell, zum Beispiel weil die Open Source-Gemeinde eventuell an einem der proprietären Software vergleichbaren Produkt arbeitet und dieses eventuell schneller als ein Unternehmen auf den Markt bringen kann. Dann kann es sinnvoll sein, ein einzelnes Produkt frei verfügbar zu machen.

Geschäftsmodelle mit Open Source

Es gibt zahlreiche Konzepte, wie IT-Unternehmen auf indirektem Weg Einnahmen durch Open Source-Software erzielen können. Allen gemeinsam ist, dass sie den Open Source-Gedanken in den Geschäftsmittelpunkt stellen und an dem wachsenden Interesse an Open Source-Software teilhaben.

1. Kommerzieller Support

Das neben dem direkten Vertrieb von Open Source-Software und kostenpflichtigen Updates bekannteste Konzept für die Geschäftstätigkeit mit oder durch Open Source ist das Anbieten von kommerziellem Support. Auch Open Source-Software verlangt wie jedes andere Softwareprodukt Betreuung – angefangen bei der Kaufberatung über die Unterstützung auf Quellcode-Ebene und das Design spezifischer Lösungen bis hin zur Implementierung und langfristigen fachkundigen Unterstützung sowie Schulungen. Entsprechende Services fördern einerseits die langfristige Beziehung zum Kunden und machen andererseits unabhängig von Herstellern proprietärer Software. Geschäftskonzepte auf Basis des kommerziellen Supports von Open Source-Software haben sich in der Praxis zum Beispiel durch Unternehmen wie RedHat, IBM oder Suse bereits bewährt.

2. Distribution von Open Source Software und zusätzliche Services

Die Distribution von Open Source-Produkten ist das älteste und bedeutendste Modell, das mit der Gründung von Suse im Jahr 1992 startete (andere Linux-Distributoren sind zum Beispiel Redhat, SCO (früher Caldera), Mandrake und Turbolinux, OpenBSD und FreeBSD. Herstellersupport und zusätzliche Dienstleistungen sind bei der Distribution häufig inbegriffen. Diese sind und werden auch in Zukunft vor allem dort gefragt, wo Installation, Konfiguration und Bedienung ein bestimmtes Komplexitätslevel überschreiten und Produktaktualisierungen erforderlich sind. Auch die Planung von individuellen Lösungen auf Basis offener Software gehört zum Leistungsumfang. Dazu kommt, dass Hersteller von Open Source-Produkten oft einen weitreichenden Haftungsausschluss haben. Support-Anbietern eröffnet sich an dieser Stelle eine neue Einnahmequelle, wenn sie den Unternehmen stattdessen die Gewährleistung bieten. Eine Vielzahl von Dienstleistungsmöglichkeiten eröffnet sich für globale Systemintegratoren, spezialisierte Open Source-Software-Serviceanbieter und Unternehmensberatungen sowie für freie Berater und Programmierer, die zum Beispiel die Wartung für bestimmte Open Source-Projekte übernehmen.

3. Vertrieb von ergänzender Software und Services

Eine weitere Geschäftsmöglichkeit ist der Vertrieb von Software, zum Beispiel in Form von kommerziellen Applikationen auf Basis offener Software sowie von unterstützenden Dienstleistungen. Unternehmen werden auch in Zukunft Bedarf für gute Branchenlösungen samt Support haben. Ein entsprechendes Dienstleistungsangebot mit ergänzenden Produkten, Beratung und Support bietet sich zum Beispiel auch für Software-Unternehmen an, die eine ehemals proprietäre Software aus Kostengründen unter Open Source-Lizenz veröffentlicht haben. Der Vertrieb von Applikationen auf Basis offener Systeme erfolgt in der Regel mit Unterstützung der Open Source Community, durch Hinweise auf Homepages und Veranstaltungen, in Foren und Magazinen. Für den Fall, dass vollständige Eigenentwicklungen als Open Source lizenziert werden soll, gibt es verschiedene Modelle, von der gänzlichen Freigabe über zeitbezogene bis hin zu leistungsbezogenen Lizenzen.

4. Vertrieb und Herstellung von Zubehör

Der Markt für Open Source-Software wächst, die Zahl der Anwender steigt – darunter sind mittlerweile auch immer mehr kleine und mittelständische Unternehmen und private User, die sich erstmals mit dem Thema beschäftigen und einen hohen Lernbedarf haben. Das gilt vor allem solange viele Produkte noch relativ wenig Benutzerkomfort aufweisen und wenig dokumentiert sind. Mitgewachsen ist der Markt für Fachliteratur und Lernhilfen rund um Open Source für Einsteiger, Nutzer und professionelle Programmierer. Verlage wie O'Reilly und Springer setzen mittlerweile erfolgreich auf Open Source als Teil ihres Sortiments – nicht zu vergessen die zahlreichen Fachmagazine rund um Linux, Java, etc. Weitere Felder: spezialisierte Konferenzveranstaltungen und das Angebot von Hardwareprodukten, die auf offene Software ausgelegt sind.

5. Vermittlungsfunktion

Weniger bekannt ist die Geschäftstätigkeit als Vermittler zwischen Unternehmen und Open Source-Gemeinde und die kommerzielle Unterstützung von Open Source-Projekten durch Bereitstellung von Tools und Services für die global verteilte Software-Entwicklung. Über einen Marktplatz werden die verschiedenen Interessensgruppen wie Entwickler, Anwender, Dienstleister und Unternehmen zusammengebracht. Ein Beispiel dafür ist die technische Infrastruktur von Sourceforge. Dienstleister bieten Unternehmen, die bislang nicht über Open Source-Erfahrung verfügen, aber geeignete Projekte auslagern möchten, die Möglichkeit, den Kontakt aufzubauen und von der Entwicklerbasis der Community zu profitieren. Vermittler finanzieren sich über den Betrieb des Marktplatzes sowie über den Verkauf von Bannerwerbung und den Vertrieb von Zusatzprodukten wie Fachbüchern.

Auch die Entwickler arbeiten im Übrigen nicht kostenlos. Viele werden von Unternehmen für Open Source-Projekte freigestellt. Mittlerweile gibt es sogar ganze Systeme, die das Entwickeln und Bezahlen von Open Source-Programmen managen. So ein System kategorisiert Softwaremodule, wählt interessierte Entwickler aus und steuert ihre Bezahlung.

Die steigende Zahl der Anwender, die öffentliche Unterstützung, die wachsende Nachfrage nach Produkten und Services sowie die Zahl der Unternehmen, die mit Open Source Umsätze machen und Gewinne erzielen, belegen es: Die wirtschaftliche Bedeutung von Open Source wächst und generiert vielfältige Chancen sowohl für Anwender als auch für Hersteller. Es ist an der Softwareindustrie, sich gegenüber Open Source zu öffnen und die Vorteile dieses Modells zu nutzen. In Zukunft heißt es für die Softwareindustrie, das richtige Gleichgewicht aus offen und proprietär zu finden und beide Modelle gewinnbringend zu nutzen.

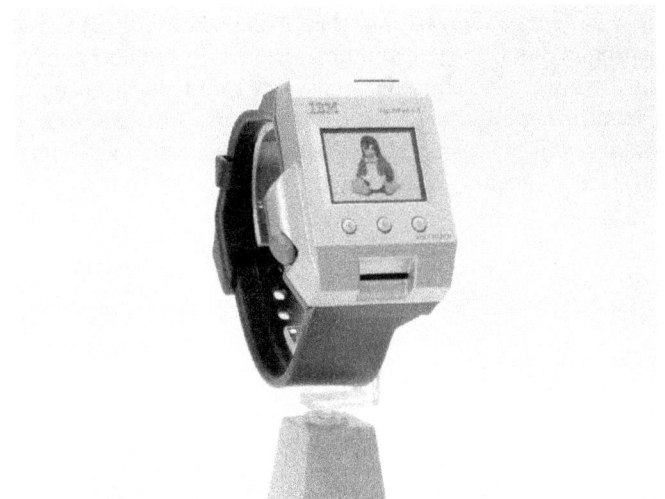

Abb. 6. Die Smart Watch mit Linux als Betriebssystem ist ein Prototyp der IBM Entwicklungslabor für einen Mini-Computer in der Größe einer Armbanduhr

Die Fundamentalisten unter den Linux-Evangelisten mögen sich noch so sträuben, der wirtschaftliche Siegeszug der Open Source-Software lässt sich ohnehin nicht mehr stoppen. Vom Spielzeug für Computerfreaks mutiert es immer mehr zum ernsthaften Instrument für Unternehmen. Erhebliche Kosteneinsparungen, die flexible Anbindung an andere Plattformen und die hohe Zuverlässigkeit sorgen dafür, dass das Betriebssystem Linux immer häufiger den Vorzug vor Windows, Unix oder MacOS-Systemen erhält. In den unterschiedlichsten Branchen ist es mittlerweile auf dem Vormarsch. Von der Filmherstellung über die Autoindustrie bis hin zu Behörden haben sich bisher unzählige Anwender für Linux entschieden. Die Einsatzgebiete reichen von Großrechnern über integrierte Systeme bis hin zu mobilen Endcomputern und PCs. Dabei wird Open Source auch zunehmend von Industriegrößen wie IBM unterstützt.

Den endgültigen Durchbruch erzielte die Open Source-Software vielleicht mit dem prestigeträchtigen Gewinn der Landeshauptstadt München. Der Stadtrat entschied im Mai 2003, sämtliche 14.000 Computer der Stadt auf Linux umzurüsten. Im Vorfeld dieser Entscheidung lieferten sich die alten Kontrahenten Microsoft und Linux wahrhaft ein Kopf-an-Kopf-Rennen. Höhepunkt der ganzen Veranstaltung: Kurz hintereinander besuchen Bill Gates und später der Microsoft-CEO Steve Ballmer in letzter Minute die Landeshauptstadt, um ihre mehr oder weniger gewichtigen Persönlichkeiten in die Waagschale zu werfen. Doch es half alles nichts – nach der Grundsatzentscheidung vom Mai 2003 wurde ein Feinkonzept erarbeitet und im Juni 2004 vom Stadtrat verabschiedet.

Die Auseinandersetzung zwischen freien und proprietären Systemen wird sich noch einige Zeit hin ziehen, was nicht unbedingt schlecht für Industrie und Kunden sein muss. Der Linux-Erfolg wird Microsoft anspornen. Zum einen werden sie bei ihren Programmen in Sachen Qualität, Sicherheit und Preis nachgeben müssen. Zum anderen werden sie sich mehr öffnen müssen, um mit dem Konkurrenten mit dem außergewöhnlichen Arbeitsethos Schritt zu halten. Nicht dass Microsoft nun den Code von Windows XP herausgibt und die Programmierer der Welt dazu aufruft, Fehler darin zu finden und gleich noch auszubügeln. So weit ist man in Redmond noch nicht. Jedoch gibt es erste Lockerungen der strengen Lizenzbestimmungen. Einige Codes wurden schon als Open Source für die Entwickler freigegeben. Die Zeiten ändern sich.

3 Hindernisse beseitigen

Die Grundlagen sind gelegt, schnell und offen geht es zu in der E-World – aber seien wir ehrlich, so richtig rund läuft die ganze Schöpfung noch nicht. Wo Franz K. loslegen will, wird er oft gleichsam noch am Hemdkragen zurückgehalten von der Komplexität dieser Welt. Vor lauter Netzkabel, Oberflächen, Betriebssystemen, Anwendungen, die nur bedingt oder gar nicht interagieren, läuft er Gefahr, von seinem eigentlichen Ziel und Zweck abgehalten zu werden – nämlich einfach nur flott und engagiert seinen Job tun zu können. Dafür muss erst einmal alles ein wenig leichter und lichter werden. Die Geschwindigkeit ist da, aber noch nicht so recht zugänglich. Es ist Zeit, Franz K. ins Cockpit zu setzen, sonst verliert er schon in diesem frühen Stadium seine Lust an der E-World.

Es ist also an der Zeit, ein wenig aufzuräumen und ein Paar Dinge klarer zu machen ...

Trotz der Basis von Offenheit und Geschwindigkeit drängt sich die Technologie noch immer in den Vordergrund, fordert Aufmerksamkeit und Arbeitskraft, statt sich als dienstbarer Geist fast unbemerkt nützlich zu machen. Verwaltung und Administration der Systeme sind wahre Kostenfresser und zumindest in größeren Unternehmen sind ganze Stäbe mit der Planung und dem Management der IT-Ressourcen beschäftigt.

Aufmerksamkeit verlangt bisher einfach schon die Aufgabe, die IT-Infrastruktur eines Unternehmens am Laufen zu halten. Dabei ist das eine entscheidende Frage geworden, seit IT-Systeme mehr und mehr das Rückgrat der Prozesse im Unternehmen bilden. Fehler und Ausfälle bedeuten erzwungene Pausen und Stillstand – etwas, was sich Unternehmen in der beschleunigten E-World immer weniger leisten können, um nicht zu sagen überhaupt nicht. IT-Abteilungen verwenden deshalb viel Zeit und Geld darauf, die Systeme in Betrieb zu halten, Ausfälle zu vermeiden.

Außerdem ist für die meisten Unternehmen Rechenleistung bisher eine begrenzte Ressource: Sollte der Bedarf einmal plötzlich ansteigen, sind erst langwierige Planungsprozesse vonnöten. Dabei sollte die IT ja eigentlich nur ein Hilfsmittel sein für die viel wichtigeren Geschäftsprozesse im Unternehmen – betriebswirtschaftlich ausgedrückt nennt man die IT im Unternehmen deshalb auch Prozessunterstützer. Doch vom Wunsch, IT-Leistung so einfach einkaufen zu können wie Büromaterial oder sonstige unterstützende Hilfsmittel, sind wir noch weit entfernt. Wieder macht sich die Technologie als solche bemerkbar, fordert den Einsatz unserer Kräfte, um sicherzustellen, dass im Unternehmen die nötige Rechenleistung zur Verfügung steht – nicht zu viel und nicht zu wenig.

Bevor die Technologie sich also als unaufdringliches Hilfsmittel für die E-World etablieren kann, gilt es, diese Hindernisse aus dem Weg zu räumen. Autonome Systeme sollen den Aufwand für Systemverwaltung und -instandhaltung senken. Und Grid-Technologie soll es möglich machen, Rechenleistung wie Strom aus der Steckdose zu beziehen, ohne langwierige Planungen, wie viel morgen, in zwei Monaten und nächstes Jahr benötigt wird.

3.1 Der gordische Knoten

3.1.1 Komplexe Welten oder das autonome, fahrradfahrende Bewusstsein

Umberto Eco kommen die besten Ideen nicht am Schreibtisch oder im Seminar mit seinen Studenten – am empfänglichsten für Geistesblitze ist der Bestsellerautor und Sprachwissenschaftler an einem Ort, wo sein gesamter motorischer Apparat vollständig von einer anderen Tätigkeit in Anspruch genommen ist... Nun, es muss nicht immer das stille Örtchen sein, wo der Mensch von der Muse geküsst wird. Für Franz K. tun es auch ein Spaziergang oder ein Jogging-Lauf und für andere vielleicht eine Fahrradtour.

Aber der Vorgang an sich macht neugierig: Gerade in dem Augenblick, wo unser Körper und mit ihm unser vegetatives System und ein Großteil unserer Gehirnzellen mit einer komplexen Tätigkeit beschäftigt sind, haben wir noch genug überschüssige Kapazitäten für neues und ganz anderes. Nicht nur dass die Kapazitäten vorhanden sind – sie machen sich just in solchen Augenblicken oft überhaupt erst bemerkbar. So kann sich der Mensch gerade dann, wenn er besonders intensiv damit beschäftigt ist, sich in der Komplexität zu verlieren, plötzlich frei machen und zu ungeahnten Ufern aufbrechen, ohne dies vielleicht zu beabsichtigen.

„Komplexität ist für eine begriffliche Wiedergabe zu komplex", diese Verweigerung einer Definition von Niklas Luhman veranschaulicht den Begriff fast besser, als der Versuch einer exakten Definition, wie sie etwa das Wahrig-Fremdwörterbuch unternimmt: „Komplexität ist die Gesamtheit aller Bestandteile und Komponenten eines geschlossenen Systems, die voneinander abhängig sind und in Verhalten und Wirkung Veränderungen unterworfen sind." Alles klar?

Dass die Welt immer komplexer wird, ist mittlerweile eine Plattitüde. Wie Franz K. bewältigen wir alle mitten im Alltag ständig komplexe Operationen: Sei es das tägliche Verkehrschaos in und um unsere Ballungsräume oder der Paragraphenwirrwarr der städtischen Verordnungen zur Müllbeseitigung; die Anlagen zur Steuererklärung, die Bedienungsanleitung für die Kaffeemaschine oder das Handy-Menü. Wobei wir nur einen Bruchteil von all den Technologien, Gesetzen und Systemen verstehen müssen, um handeln zu können. Das ist auch gut so: Denn müssten wir uns all diese Handlungen noch bis ins letzte Detail bewusst machen – wir wären handlungsunfähig.

Wir sind für die Komplexität der Welt bestens gerüstet – kein anderes Lebewesen und keine Maschine ist so gut auf deren Bewältigung eingestellt wie wir Menschen. Was allein unser motorischer Bewegungsapparat leistet, daran werden Roboter vermutlich nie heranreichen. Welche motorische Meisterleistung beispielsweise auch nur das Fahrradfahren bedeutet, das ahnt jeder, der sich an seine eigenen ersten Versuche auf dem Drahtesel erinnert oder wer jemals die Geduld aufbringen musste, einem Fünfjährigen diese Kulturtechnik beizubringen. Doch wie lange müsste man an einem Roboter tüfteln, bis er ein Mountainbike so schwungvoll besteigen kann, dass der Antrieb ausreicht, ihn über die kurze Zeitspanne zu bringen, bis er sein Eigengewicht mit demjenigen des Gefährts ausbalanciert hat, um ohne Sturz voranzukommen – und das in flottem Tempo. Zudem gilt es noch die Umwelt permanent nach Variabeln zu scannen, die bei dem Bewegungsablauf mitberücksichtigt werden müssen, wie etwa die Beschaffenheit der Fahrbahnunterlage, Windstärke, Witterung, Verkehrslage, Verkehrsregeln, Reifendruck, Gefälle ... Ins Straucheln kommen wir erst, wenn wir versuchen, uns die Komplexität unserer Handlungen bewusst zu machen: Wie schwierig wird allein das Gehen, sobald man versucht, auf seinen Gang zu achten.

Damit wir Menschen nicht von unseren eigenen Fähigkeiten behindert werden, muss unser Bewusstsein unbehelligt bleiben. Das ist der ganze Trick an der Sache. All die motorischen Operationen unseres Bewegungsapparates, die ganze Feinjustierung sowie die permanente Neuberechnung unseres Gleichgewichts, laufen automatisiert auf einer autonomen Plattform ab. Die schweißtreibende Arbeit wird von anderen Ressourcen erledigt, während das Bewusstsein – und das ist das noch größere Wunder – frei ist für den Genuss der Landschaft, für Tagträume oder für neue Ideen.

3.1.2 Autonomie, IT-Komplexe und Managementfähigkeiten

Franz K. denkt deshalb bei Komplexität nicht unbedingt an die alltäglichen Dinge. Vielmehr fallen ihm bei diesem Stichwort berufliche Fragen ein, meist aktuelle Probleme mit vielen Beteiligten, für die es gilt eine Lösung zu finden. Und würde man ihn nach der IT-Anlage seines Unternehmens fragen, so würde er diese sicher auch als ein überaus komplexes System bezeichnen. Obwohl Franz K. als Anwender an seiner Arbeitsstation mittlerweile aus dem Gröbsten draußen ist. Die Arbeit mit dem PC gehört für ihn zum Alltag, die Fähigkeiten, die er dazu benötigt, sind bereits auf bestem Wege zur autonomen Plattform zu werden, wie das Schreibmaschine-Schreiben oder die Bedienung eines Faxgerätes früher. Wie die meisten Arbeitnehmer geht Franz K. heute mit seinen elektronischen Arbeitsgeräten so um, dass er sich um deren richtige Bedienung keine Gedanken mehr machen muss. Er kann sich stattdessen auf das Wesentliche konzentrieren: Seine Arbeit, seinen persönlichen Beitrag zum Erfolg der Unternehmen, in deren Dienst er steht.

Damit ist schon ein recht großer Schritt getan. Zu Zeiten, als noch echtes Fachwissen dazu gehörte, einen Computer zu bedienen, hätten sich diese nie so weit durchsetzen können, dass sie als alltägliches Arbeitsmittel für jeden Verwendung finden. Doch immer noch ist das Komplexitätsproblem nicht wirklich gelöst. Es steckt heute einfach nur in den tieferen Ebenen der IT-Infrastruktur. Die IT-Abteilungen zeigen sich zunehmend überfordert, wenn es darum geht Hunderte oder Tausende Desktop-PCs sowie die dahinter liegenden Systeme effizient zu managen. Der Aufwand an Personal und Ressourcen ist jedenfalls immens. Verschärft wird die Lage zudem durch zahlreiche weitere Endgeräte wie Handys und PDAs, die mit integrierter Software und zahllosen Funktionen in die Infrastruktur drängen. All das treibt vielen IT-Leitern die Schweißperlen auf die Stirn. Schließlich verlangt die dynamische Wirtschaftswelt der aufziehenden E-World da draußen einen bedingungslosen, unterbrechungsfreien 7-mal-24-Stundenbetrieb. Die Gefahr ist groß, dass die Komplexität überhand nimmt und mehr Ressourcen verschlingt, als sie am anderen Ende freisetzt.

Greifbar wird die Komplexität immer dann, wenn es darum geht, Fehler aufzuspüren, die sich irgendwo in den Tiefen des Systems ereignet haben. Über deren Ursache verbringt das IT-Team häufig zermürbende Nächte zwischen hoffnungsvoller Hypothese und ernüchterndem Experiment. Ein großes Handikap moderner Systeme ist häufig die Hardware, vor allem weil Fehler hier erfahrungsgemäß größere Auswirkungen haben können als bei der Software, wo vielleicht ein Neustart genügt. Ausgefallene Hardware-Komponenten werden üblicherweise vom System als fehlerhaft erkannt und außer Betrieb genommen. Diese an sich sinnvolle Maßnahme kann aber unter Umständen sogar das ganze Computersystem außer Betrieb setzen, selbst wegen eines Fehlers am banalsten Bauteil. Kommt es dann gar zum Stillstand, dann spricht man von einer „High Impact Outage". Jetzt ist es am IT-Stab, sich in aufwändigen Analysen Klarheit darüber zu verschaffen, welches Einzelteil den Ausfall des Gesamtsystems verursacht hat. Ob High-Tech-Prozessor oder Low-Tech-Ethernet-Adapter – nahezu jedes defekte Bauteil kann theoretisch das gesamte Computersystem zum Stillstand bringen und dem Unternehmen damit viel Geld kosten. Zugleich treten Hardwarefehler erfahrungsgemäß bedeutend weniger oft auf als Softwarefehler.

Wie ist dem Unternehmen zu helfen? Wie erleichtert man dem IT-Administrator seine Herkulesarbeit? Wie macht man IT-Systeme fit für die E-World, in der Ausfälle und Verlangsamungen nicht mehr in Frage kommen?

Die entscheidende Frage ist auch hier: Wie soll man mit der Komplexität umgehen, damit die Systeme effektiv laufen? Gibt es adäquate Strategien und welche Strategie ist die optimale?

Menschen reagieren auf Komplexität häufig mit Abwehr oder Verweigerung. Komplexität dient oft gleichsam als Entschuldigung für unterlassene Handlungen. Dem Kommentar „Das ist zu komplex" folgt häufig der Verweis auf den Spezialisten. Komplexität wird also verdrängt, vis à vis mit ihr zieht der Mensch sich tendenziell lieber aus der Affäre. So jedenfalls häufig im Alltag. Oder man verlegt sich auf die radikale Alexander-Methode: Alexander der Große löste den Wirrwarr des gordischen Knotens (*das* antike Symbol für Komplexität) mit einem Schwerthieb. Doch solch ein rabiates Vorgehen hilft nur selten weiter, speziell dann nicht, wenn man die Fäden des Knotens später noch braucht.

Bei der Bewältigung von Komplexität geht es um zweierlei Prozesse: Sortieren und ordnen auf der einen Seite, verarbeiten und reduzieren auf der anderen. Wer vor einem komplexen Problem steht, analysiert dieses zunächst, das heißt er zerlegt es in seine Bestandteile und ordnet diese in Gruppen. Danach reduziert man die Komplexität Schritt für Schritt, indem man die Gruppen sukzessive abarbeitet. Der gesamte Prozess erfordert Fleiß, Übersicht und Energie. Oder sehr viel Rechenkraft.

Die Bewältigung von Komplexität ist eine Urtugend, wenn nicht die Tugend schlechthin von Führungskräften. Das Fertigwerden mit Komplexität ist eine Aufgabe des Managements. Daran erinnern nicht zuletzt die diversen Einstellungstests von Managern, in denen geprüft wird, wie sie bei komplexen Aufgaben zu Werke gehen, wie sie mit wachsendem Druck zu recht kommen, wie sie ihre Aufgaben priorisieren. Daran erinnert auch eine wahre Flut an Publikationen, angefangen beim Thema Zeitmanagement über Titel wie *Simplify your Life* bis hin zum Selbstmanagement. Je besser man die Tugend des Selbstmanagements beherrscht, desto größer sind die Chancen auf dem Arbeitsmarkt. Je effektiver man seine eigenen Ressourcen einsetzt – Wissen, körperliche Ausdauer, Kreativität – desto produktiver ist man für das Unternehmen. Topqualifiziert bedeutet in diesem Zusammenhang: viel Wissen automatisch parat zu haben und darauf aufbauend neue Ideen liefern zu können. Jeder kennt die Schlagworte des entsprechenden Bewerbungsprofils, die gleichzeitig die Begriffe sind, die das moderne Menschenbild in der Wirtschaft prägen.

Zur Bewältigung von Komplexität braucht es also Managementfähigkeiten. Das alleine aber reicht noch nicht. Was noch dazukommen muss, ist Spezialwissen. Nur wer über einen Bereich, eine Branche, ein Unternehmen, eine Produktart wirklich Bescheid weiß, der weiß auch das wichtige vom unwichtigen zu unterscheiden und kennt die entsprechenden Routinen und Prozesse aus dem FF. Der Spezialist zeichnet sich dadurch aus, dass er diese Fertigkeiten und Abläufe zum großen Teil schon so weit internalisiert und automatisiert hat, dass sie ihm kaum mehr Aufmerksamkeit und damit Zeit abverlangen. Er kann sich so wesentlich souveräner durch das komplexe Feld seines Spezialgebietes bewegen, da sein Aufmerksamkeitsfilter nur noch die entscheidenden Informationen auffängt. Der Rest wird auf einer anderen Ebene, von anderen Prozessoren, auf einer anderen Plattform verarbeitet. Spezialisten können ihre Aufmerksamkeit selektiv auf die wichtigsten Botschaften richten und sekundäre Reize vertrauensvoll an ihre automatisierten Verarbeitungsroutinen delegieren – ohne freilich allein für den Prozess der Delegation Energie aufwenden zu müssen. Fluglotsen zum Beispiel können ihre verantwortungsvolle Tätigkeit nur dadurch erfüllen, dass sie ihre Aufmerksamkeit unter unendlich vielen Signalen auf die Entscheidenden gerichtet halten.

Der menschliche Geist bewältigt Komplexität also, indem er sie in möglichst viele kleinere Einheiten zerlegt und diese gesammelt von seinen internalisierten Bearbeitungsroutinen verarbeiten lässt. Dabei hilft ihm die Tatsache, dass wiederkehrende Routinen und Prozesse in seinem Denken schon automatisch ablaufen, ohne bewusst gelenkte Aufmerksamkeit. Die Automatisierung bei der Informationsverarbeitung ist ein scheinbar müheloser Prozess, ohne dass die

Person diesen mit Absicht unterstützt. Weder stört er andere gerade stattfindende Prozesse, noch wird er durch andere gleichzeitig stattfindende und mit Aufmerksamkeit verfolgte Aktivitäten gestört. Derartige automatische Prozesse laufen darüber hinaus parallel ab, ohne dass die Grenzen der Aufmerksamkeit berührt werden, wie das Beispiel der Fluglotsen zeigt.

3.1.3 Autonomic Computing – eine Technologie des Selbstmanagements

Komplexität und Selbstmanagement, Reizflut und Automatisierung, Bewusstsein und Effizienz – was lässt sich daraus für die Komplexität der IT-Technologie in Unternehmen ableiten? Sehr viel, das haben Computerwissenschaftler mit ihren Forschungen auf dem Gebiet der autonomen Computersysteme bewiesen. Überaus lesenswert hat Mitchell Waldrop in seinem Aufsatz *Autonomic Computing. The Technology of Self-Management* die neuesten Ergebnisse zu neuen Forschungen in der Computertechnologie zusammengefasst. An diesem Aufsatz orientiert sich auch das Folgende.

Die Besonderheiten der IT-Technologie gegenüber anderen technologischen Errungenschaften liegen darin, dass etwa eine Brücke oder eine Wolkenkratzer oder sogar ein Stromkreislauf relativ statische Strukturen aufweisen, die Prozessoren, Geräte und untergeordneten Routinen, die ein modernes Computersystem ausmachen, jedoch dynamisch agieren, Verhalten produzieren, was wiederum einen wahren Wirbelwind an Nebeneffekten und unerwarteten Interaktionen nach sich ziehen kann. Die Komplexität, die Computersysteme produzieren, überwältigen die Grenzen unseres menschlichen Verstands zusehends. Noch kämpft der Mensch mit neuen Programmiersprachen, neuen Betriebssystemen und Entwicklungsumgebungen einigermaßen erfolgreich gegen die steigende Komplexität an. Noch ist er mit seinen meist manuellen Prozessen einen Schritt voraus. Meistens jedenfalls.

Jedoch erfahren die Computernetze gerade einen erneuten Komplexitätsschub. Was vor einigen Jahren noch als die Spitze der IT-Technik galt, etwa ein Netzwerk mit einigen tausend Computern, erscheint heute im Vergleich etwa mit den IT-Anlagen von Kreditinstituten geradezu wie ein Kinderspiel. Hier stehen nicht mehr nur zahllose Desktops, sondern oft einige tausend Server, also Knotenrechner, die ihrerseits wiederum Arbeitsstationen mit Daten, Ressourcen und Anwendungen versorgen. Innerhalb von Sekunden müssen diese Computerumgebungen bei Bedarf riesige Ressourcen an Rechenleistung oder Speicherplatz zur Verfügung stellen, um etwa kurzfristige anstürmenden Verkehr bewältigen zu können. Beispielsweise können Online-Portale von Fernsehsendern während einer Übertragung binnen Sekunden fünfzig Mal so häufig besucht werden wie an normalen Tagen. Mit manuellen Prozeduren kann man diesen Ansturm nicht mehr bewältigen. Und das ist nur ein Beispiel, dem viele weitere folgen können. Man denke nur an die vielgliedrigen Lieferantenketten überall auf dem Erdball, für deren Bewältigung die involvierten Rechner permanente Fehlerbehebungsprogramme benötigen. Das Moore'sche Gesetz, nach dem sich die Computerleistung alle zwei Jahre verdoppelt, regiert auch die Komplexität der Computersysteme.

Man muss sich nur umschauen, die Komplexität der IT-Systeme ist auch im Alltag überall greifbar: Internet-Computer und Laptops sind fast überall, ebenso Handys, PDAs, Smart Cards, GPS-Empfänger, MP3-Player und vieles mehr. Hinzu kommen die großen Systeme hinter den Kulissen, die alles am Laufen halten, all die Server und Router, deren sich der normale User nur vage bewusst ist. Und nicht zu vergessen die unzähligen Mikroprozessoren und Sensoren, die in unseren Mikrowellenherden, Kühlschränken, Autos und Armbanduhren verborgen arbeiten. Um das Fass voll zu machen arbeiten all diese Geräte nicht nur still vor sich hin. Sie sind dank diverser drahtloser Vernetzungstechnologien sogar unter einander in Verbindung, kooperieren, konkurrieren, etcetera.

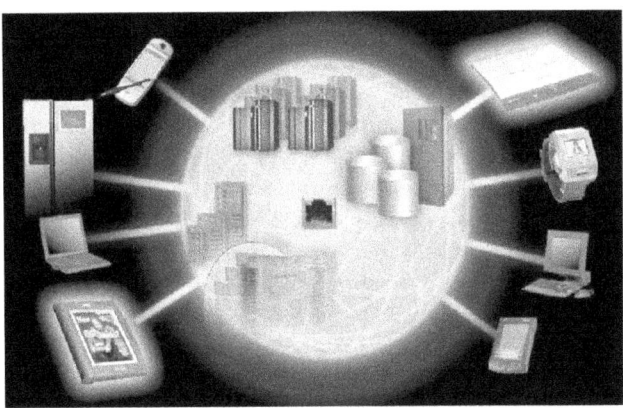

Abb. 7. Zahllose Endgeräte müssen in die IT-Infrastruktur integriert werden und erhöhen die Komplexität des gesamten Systems

Die zeitgenössische digitale Symphonie wird jeden Tag schriller, auch durch unseren Umgang mit ihr. Allein das Thema IT-Integration im Unternehmen führt in weitreichende Verstrickungen, derer sich die Konsumenten gar nicht bewusst sind: Hinter jeder neuen Zahnbürste oder Biersorte, die wir im Supermarkt unserer Wahl kaufen können, steckt ein riesiger, kaum noch zu überschauender Prozess. Bei jedem Produkt müssen sich die Macher Gedanken darüber machen, wo sie es her bekommen, wie sie Nachfrage und Produktion möglichst effektiv aufeinander abstimmen und wie sie das Produkt möglichst schnell in die Regale bekommen. Die Anforderungen potenzieren sich mit der Menge an neuen Produkten – und wie viele das jährlich sind, lässt sich kaum mehr schätzen. Der gesamte Prozess muss außerdem mit einer Fülle von Zulieferern und strategischen Partnern koordiniert werden. Ein Fehler in dieser komplexen Prozesskette, und die neue Kartoffelchipmarke überflutet in einem Markt die Regale, während im anderen die Konsumenten vergeblich danach suchen. Von Lieferketten mag in diesem Zusammenhang freilich schon niemand mehr reden. Das Wort Liefernetz trifft die Sache präziser. Hinzu kommen in Zukunft noch die RFID-Tags, mit denen jedes noch so kleine Produkt markiert und per Funk nachverfolgt werden kann. Jeder Hersteller muss sein Möglichstes tun, um sein Lieferantennetzwerk so flexibel wie möglich zu machen und sich auf die flatterhaften Konsumentenwünsche ebenso schnell einzustellen, wie es die in Echtzeit erhobenen Daten augenblicklich anzeigen. Das gleiche gilt für Banken, Energieerzeuger und viele andere Industriezweige. Die Integration der Geschäftsprozesse vom Zulieferer bis hin zum Kunden ist mittlerweile eine Frage des Überlebens in der Geschäftswelt geworden. Diese Dynamisierung der Alltags- und der Geschäftswelt führt zu einer Explosion der Komplexität, deren Konsequenzen immer unübersichtlicher werden.

Für die Entwicklung von Computern heißt das, dass die Rechenmaschinen heute nicht mehr schrill und auffallend sein sollen, sondern möglichst nutzerfreundlich im Hintergrund – oder unter der Oberfläche – ihren Dienst verrichten sollen. Am besten, man sieht und hört nichts von ihnen, auf dass sie in dem ohnehin schon über alle Maßen empfindlichen Prozess die Nerven der Beteiligten nicht überstrapazieren.

Aber was bedeutet *unsichtbar* bezogen auf Computersysteme? Vor allem bedeutet es, dass die Computer von morgen (und zum Teil schon die von heute) die Management-Aufgaben, die jetzt noch beim einzelnen User (oder beim IT-Administrator) liegen, selbst leisten müssen – mit aller internen Komplexität, die das impliziert. Ein Beispiel aus dem Bereich Integration verdeutlicht den enormen Anspruch, der hinter dem Gedanken steckt: Es gibt mittlerweile ein riesiges Arsenal an mobilen Kleincomputern und anderen Geräten wie Handys, PDAs und MP3-Player. Jeder will alles nutzen, aber wohl kaum einer würde sich den ganzen Krempel permanent in die Taschen stecken wollen. Also arbeiten die Entwickler fieberhaft an der Integration all dieser Geräte in einem universalen Informationsgerät. Dieses einfache Gerät für die Jackentasche soll je nach Bedarf automatisch von Handy auf Tablet-PC auf MP3-Player auf PDA und so weiter umschalten und sich überdies selbst automatisch auf den neuesten Stand der Technik bringen.

Auch der Grad an Vernetzung ist schon jetzt enorm. Aber in Zukunft werden sich die bisher statischen Netze in Bewegung setzen. Das heißt, alle Menschen, Autos, Drucker, Handhelds und hunderterlei andere Sachen, die sich permanent in Bewegung befinden, wollen während dieser Bewegung vernetzt bleiben. Das heißt, jedes Gerät muss dazu in der Lage sein, sich immer wieder die bestmögliche Verbindung zu suchen und das mitten im Arbeitsprozess, ohne dass der User es merkt. Damit noch nicht genug: Die Geräte werden überdies ihre eigenen kollaborativen Netzwerke aufbauen; indem sich ein neues Gerät in eine neue Umgebung einführt, kann es potentiell auch von anderen Geräten für eine Aufgabe eingespannt werden. In Zukunft wird es Ad-hoc-Arbeitsgemeinschaften aus Menschen und Computern geben, die sich selbst automatisch konfigurieren und rekonfigurieren.

Die Beispiele Integration und Konnektivität zeigen, welcher enorme Anspruch auf die Computersysteme der Zukunft zukommt. Das Problem ist, dass es gar nicht genug Spezialisten gibt, die die Systeme auf diesem Level manuell administrieren können. Der einzelne Nutzer kann dies unmöglich leisten. Er ist oft schon überfordert, wenn es darum geht, einzelne Patches auf ein Betriebssystem aufzuspielen. Dieser Aufwand vervielfacht sich erheblich, wenn man ihn auf die komplexen Systeme von Versicherungsunternehmen oder Forschungseinrichtungen bezieht. Die einzige Lösung scheint darin zu liegen, dass sich die entstehenden Systeme selbst managen. Der Direktor der IBM Server-Abteilung David Turek hat den Anspruch einmal folgendermaßen auf den Punkt gebracht: „Wenn ich mir die Haare föhnen will, muss ich mir schließlich auch keine Gedanken darüber machen, wie die Turbinen im Wasserkraftwerk oder wie die Physik der Kräfteübertragung funktioniert. Ich muss nur wissen, wie ich den Stecker in die Wandsteckdose stecken muss." Und auch die Analogie zum Menschen lässt sich hier wieder ziehen. Ein Sportler zum Beispiel, ob Fußball-, Volleyball- oder Basketballspieler, denkt schließlich auch nicht daran, wie er seine Pupillen steuern muss, damit er den Ball fixieren kann oder wie er seine Atmung und Pulsfrequenz erhöhen muss, wenn er auf dem Feld steht. All diese Prozesse werden auf einer anderen Plattform verarbeitet – auf der des autonomen Nervensystems. Der Spieler dagegen soll und kann sich ganz auf die Strategie des Spieles konzentrieren.

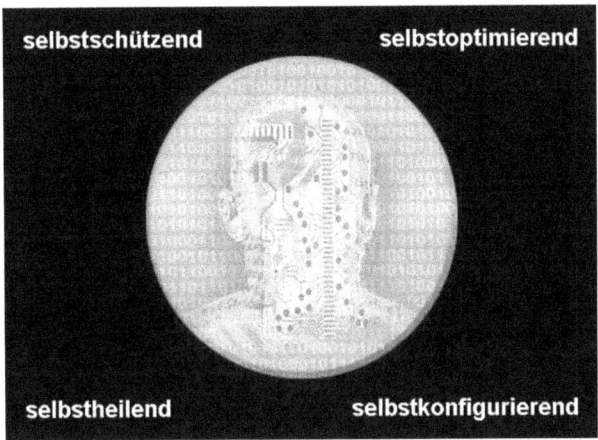

Abb. 8. Autonome IT-Systeme zeichnen sich durch vier Eigenschaften aus: Sie können sich selbst konfigurieren und optimieren, verfügen über Mechanismen zum Selbstschutz und heilen sich bei Problemen selbst

Noch sind die Computersysteme von heute nicht so weit. Aber die Analogie zum autonomen Nervensystem hat die großen Hersteller ohne Zweifel inspiriert. IBM hat seine Autonomic Computing-Initiative gestartet, Microsoft nennt ähnliche Bestrebungen „trustworthy" Computing, wieder andere sprechen von Selbst-Management. Wie auch immer die Sache bezeichnet wird – die Idee hat gezündet. Nicht zuletzt deswegen, weil die wachsende Komplexität nach einer Lösung schreit. Egal, welchen Namen sie dem Kind geben, über die Charaktereigenschaften, die es haben muss, sind sich alle einig. Das autonome, sich selbst verwaltende Computersystem muss sich selbst konfigurieren können – es muss sich also automatisch einer bestehenden Infrastruktur anpassen können, ohne den User mit umständlichen Installationsprozessen zu behelligen. Es muss sich selbst optimieren können – das System muss Aufgaben und Unteraufgaben automatisch an die Systemkomponenten delegieren, die sie am effektivsten erledigen können. Das autonome System muss sich zudem selbst schützen können – es muss also Defekte, Schäden und Hackerangriffe von außen selbst erkennen und sich davor schützen. Um die ganze Sache auf die Spitze zu treiben, muss sich das System auch selbst heilen können; die Computer diagnostizieren eigene Krankheiten nicht nur, sie verabreichen sich auch gleich selbst das eigene Heilmittel.

Theoretisch hört sich das nach einer wunderbaren Sache an. Aber lassen sich solche Eigenschaften, die weit hineinführen in das Gebiet der künstlichen Intelligenz, tatsächlich in Technologie umsetzen? Die Antwort ist: Das passiert bereits.

Das einfachste Beispiel ist das Betriebssystem eines jeden Computers. Schon in den 50er Jahren haben Computerzentren ihre Mainframes mit Routinen ausgestattet, die wiederkehrende Aufgaben wie das Auslesen von Lochkarten oder die Ausgabe der Resultate in dicken Papierstapeln automatisch erledigten. Denselben Geist atmen auch die Betriebssysteme von heute, etwa Microsoft Windows oder Linux. Auch sie verfügen bereits über Standardroutinen, mit denen sich einfache Aufgaben wie Speicherzuweisung, Kommunikationsprotokolle, Prozessterminierung und Peripherieschnittstellen automatisch bewältigen lassen. Die zunehmenden Plug-and-Play-Fähigkeiten neuer Geräte und die automatische Installation der richtigen Treiber gehen bereits in Richtung Selbstkonfiguration. Auch in Sachen Selbstschutz weisen moderne Betriebssysteme schon wichtige Funktionen auf, indem sie jedem Programm eine virtuelle Umgebung zuweisen, in der es anderen Programmen nicht ins Gehege kommt. Die Betriebssysteme können außerdem nicht funktionierende Anwendungen einfach ausschalten, ohne dass das gesamte System deshalb gleich abstürzen muss. Als zusätzliche Selbstschutz-Mechanismen kommen eingebauter Hacker- und Virenschutz in Frage.

Das Internet ist schon von seiner Anlage her ein autonomes, sich selbst verwaltendes System. Bereits seit seinem Start als Arpanet 1969 verfügt es über selbstheilende und selbstschützende Fähigkeiten, es war eines der Ziele seiner Erfinder, ein Netzwerk zu schaffen, dessen Funktionsfähigkeit erhalten bleibt, auch wenn Teile ausfallen. In dem Augenblick, in dem sich ein Link oder ein Netzwerkknoten verabschiedet, sucht die Paketverteilung des Systems deshalb automatisch nach einer alternativen Route durch das World Wide Web. Für den Fall, dass ein Datenpaket verloren gehen sollte, wird bei Empfang der Nachricht die Datenladung auf Vollständigkeit geprüft und bei Bedarf eine Nachsendung verlangt. Durch das Internet-Protokoll (IP) kam in den 70er Jahren sogar noch eine selbstkonfigurierende Komponente hinzu: Dank IP kann jeder Nutzer ohne großen Aufwand eine eigene Netzwerkdomäne hinzufügen. Sobald man über die Adresszuweisung verfügt, kann man sich einfach ins Netz klinken.

Zu den Innovatoren in Sachen Autonomic Computing muss man auch Exoten wie die Tauschbörsen Napster oder deren Nachfolger Gnutella und KaZaA zählen. Diese Peer-to-Peer-Systeme demonstrieren auf eindrucksvolle Weise Autonomic Computing-Tugenden wie Selbstschutz und Selbstheilung. Allein die Tatsache, dass diese Dienste völlig dezentralisiert laufen und dabei perfekte Kopien von Liedern, Fotos, Filmen auf Millionen Computer verteilen, bedeutet, dass ihre weltweite Datenbank nahezu unverwundbar ist – dagegen ist selbst die finanzstarke Musikindustrie machtlos. Egal wie viele Kopien etwa durch Festplattencrashs oder durch Gesetzesmaßnahmen verloren gehen, es wird im Web immer weitere Kopien geben.

Autonomic Computing-Tugenden finden sich auch in diversen Grid-ähnlichen Projekten wie etwa SETI@home oder Folding@home (mehr dazu in Kapitel 3.2). Ersteres vereint eine Vielzahl von Einzelrechnern im Internet um mit Hilfe eines speziellen Bildschirmschonerprogramms Daten von Weltraumteleskopen auszuwerten, um so außerirdische Intelligenzen aufzuspüren. Ähnlich arbeitet das Projekt Folding@home, bei dem 20.000 Einzelcomputer gemeinsam an einer Simulation der komplizierten Faltung von Proteinmolekülen rechnen. Die Tatsache, dass jeder Rechner unabhängig ist, macht das System nahezu unverwundbar für Hardware-Crashs. Denn wenn sich tatsächlich mal eine Festplatte verabschiedet, dann füllt einfach diejenige eines anderen Teilnehmers die Lücke. In gewisser Weise ist das System sogar selbsterhaltend, da jeder Nutzer sein eigenes System permanent in Schuss hält.

3.1.4 Computer, erkenne Dich selbst

All die bisher genannten Merkmale eines Autonomic Computing-Ansatzes in der schon vorhandenen Technologie beruhen auf der einfachen Tatsache, dass die Daten und Computersysteme verteilt vorliegen und sich ähnlich dem Subsidiaritätsprinzip gegenseitig ersetzen. Autonomic Computing auf dieser einfachen Stufe gleicht noch ein wenig der hochleistungsfähigen Arbeitsteilung eines Ameisenhaufens. Auch dieser ist selbstkonfigurierend, selbstoptimierend, selbstverteidigend und selbstheilend – allerdings unter hohem Aufwand an Ameisenleben. Leider lässt sich dieses Massenprinzip nicht auf einzelne Komponenten anwenden, da das viel zu teuer würde. In einer höheren Stufe benötigen die Autonomic Computing-Tugenden eine übergeordnete Tugend. Auch für sie findet sich ein menschliches Analogon.

Über dem Orakel von Delphi stand der Spruch „ERKENNE DICH SELBST". Seither gilt er nicht nur als Ausgangspunkt der griechischen Philosophie, sondern als eine Grundlage des gesamten abendländischen Denkens. Erst Selbsterkenntnis führt zu Unabhängigkeit. Das Selbst-Management unseres Körpers handelt ebenfalls nach diesem Prinzip. Erst das genaue Wissen darüber, wie er in gesundem Zustand aussieht, ermöglicht das Erkennen von Fehlern, Krankheiten, Brüchen. Das autonome System vergleicht ständig sein Wissen um den Optimalzustand mit dem Ist-Zustand und versucht den Ausgleich herzustellen. Symptome einer Abweichung werden von den feinen Sensoren unserer Nervenbahnen wahrgenommen.

Spricht man in diesem Zusammenhang von Computern, übersetzt sich der Spruch des Delphischen Orakels in den technischeren Begriff *„Continuos Control Loop"*. Die Idee dahinter ist, dass jede Komponente des Systems – egal ob Hardware oder Software – nicht nur weiß, wie sie ihre zugewiesene Aufgabe bewältigt. Sie verfügt zusätzlich über interne Mechanismen, die fortwährend die eigenen Aktivitäten beobachten und korrigieren, wenn notwendig.

Konkret bedeutet dies, dass derartige Mechanismen ein eingebautes Sensor-Netzwerk (hardware- und softwareseitig) verlangen. Außerdem müssen die Systeme in irgendeiner Form wissen, wie die Daten von den Sensoren zu integrieren und zu interpretieren sind. Ferner müssen sie wissen, wann etwas schief läuft und wie man das wieder reparieren kann. Außerdem muss ihnen irgendjemand oder irgendetwas signalisieren, dass sie dazu berechtigt sind.

Das Programm ist ambitioniert. Aber nicht nur das: Selbstoptimierung bedeutet für Computer-Systeme, dass sie auch über Mechanismen verfügen werden, die allgemein als „Lernen" bezeichnet werden. Die Sensoren könnten sich mit der Zeit so neu formieren, dass sie häufige Fehlerquellen genauer ins Visier nehmen. Jedes Gerät ist dabei genauer Wächter über ein bestimmtes lokales Terrain und bleibt dennoch mit dem gesamten System in Verbindung, falls es notwendig ist. Und dieses steht wiederum in Kontakt mit dem nächsten, übergeordneten System oder alternativ zum menschlichen Organisator. Letzten Endes läuft alles auf ein rekursives und autonomes System hinaus, das von der kleinsten Schraube bis hin zum weltweiten Internet alles bewältigt.

3.1.5 Das Peres-Gesetz

Es dürfte mittlerweile deutlich geworden sein, dass es hier nicht nur um die Einführung einer neuen Technik geht. Das Konzept eines autonomen Computersystems ist vielmehr eine neue Philosophie der Computerentwicklung. Das Paradigma der manuellen Optimierung von Computern wird von einem neuen Paradigma abgelöst.

Vorreiter auf diesem Gebiet sind die beiden Wissenschaftler David Patterson von der Berkley Universität und Armando Fox von Stanford. Ihr Ansatz lautet schlicht aber treffend *Recovery-Oriented Computing* (ROC). Ausgangspunkt für die beiden Wissenschaftler ist ein Zitat des früheren israelischen Premierministers Shimon Peres:

> *„Wenn es für ein Problem keine Lösung gibt, dann handelt es sich möglicherweise nicht um ein Problem, sondern um eine Tatsache – unlösbar vielleicht, aber auch etwas, mit dem man mit der Zeit zurecht kommen muss."*

Patterson und Fox wenden dieses Gesetz auf die heutigen Computer an. Demnach sind Software-Bugs, technische Defekte und Fehlermeldungen des Betriebssystems die besten Beweise für die Richtigkeit des Peres-Gesetzes. Seit fünfzig Jahren versucht man sich angestrengt und erfolglos an deren Eliminierung. Dennoch weist jede noch so gewissenhaft konstruierte Software, die heute auf den Markt kommt, mindestens einen Fehler alle 1000 Zeilen auf – und das in Anwendungen, die häufig aus bis zu zehn Millionen Zeilen Programmier-Code bestehen. Ähnliches gilt für die Hardware, bei der sich trotz aller Optimierungsbemühungen in der Produktion die Fehlerrate über einem Prozent bewegt. Zu guter Letzt sind da noch IT-Mitarbeiter, die trotz guter Ausbildung nicht verhindern können, dass sie ab und zu daneben langen.

Nach dem Ansatz von Patterson und Fox sollte man sich endlich damit abfinden, dass es hier nichts zu lösen gibt. Es ist an der Zeit, die Tatsache zu akzeptieren, dass die Dinge schlicht und ergreifend ihre Macken haben, egal, wie gewissenhaft und sorgfältig der Mensch zu Werke geht. Es ist also an der Zeit, unsere Energie darauf zu konzentrieren, Systeme zu entwickeln, die sich auf Recovery konzentrieren – sich also von diesen Macken selbständig möglichst schnell und effektiv erholen können.

In der Juni-Ausgabe 2003 von *Scientific American* beschreiben Fox und Patterson eine ganze Reihe von Experimenten, die zeigen, wie Recovery-Oriented Computing in der Praxis arbeiten könnte:

Was tut der User normalerweise, wenn sein Rechner abgestürzt ist? Richtig, er startet ihn neu. Für große Server-Farmen gilt das selbe – der Neustart gilt als Allheilmittel. Aber ideal ist die Lösung nicht. Zum einen können dabei wichtige Daten verloren gehen. Zum anderen kostet so ein Neustart den User immer wieder viel Zeit, Geduld und Konzentration, was sich in seiner Produktivität negativ niederschlägt. Die Antwort des Recovery-Oriented Computing darauf ist das in Stanford demonstrierte Micro-Rebooting: Zunächst einmal müssen die Anwendung und das Betriebssystem so umgeschrieben werden, dass jedes Modul unabhängig gestoppt und neu gestartet werden kann. Zugegeben, das ist angesichts der engen Verschlungenheit der Softwaremodule keine leichte Aufgabe. Aber es gibt mittlerweile auch Experimente, wie sich dieser Vorgang automatisieren lässt. Als zweiter Schritt müssen die Betriebsysteme mit Routinen ausgestattet werden, die registrieren, wenn ein oder mehr Module fehlschlagen und diese automatisch neu starten. Zu guter Letzt müssen die Kontrollroutinen auf eine Datenbank mit bekannten Lösungen und Fallbeispielen zurückgreifen können. Wenn dann etwa der erste Neustartversuch nicht funktioniert, dann kann es das System mit einem größeren Modulsatz versuchen und so weiter, bis es funktioniert. Wenn alles gut läuft, dann kann es sein, dass es nie wieder nötig sein wird, ein gesamtes System mit allen Modulen neu zu starten – bis auf ein kleines Päuschen merkt der User dann gar nicht mehr, dass da etwas schief gelaufen ist in seinem System.

So weit so gut, für bekannte Fehler mag der Rückgriff auf bewährte Lösungen funktionieren. Was aber ist, wenn es die Kontrollroutinen mit Fehlern zu tun bekommen, die sie vorher nicht gekannt haben? Das können etwa Fehler sein, die durch eine frisch installierte neue Anwendung dazugekommen sind. Bisher reagieren die Betriebssysteme auf derartige Störimpulse mit der denkbar uneffektivsten Entgegnung: Sie verwirren den User mit einer Fehlermeldung nach der anderen. Die Antwort von Fox und Patterson darauf ist ein Programm, das sie „PinPoint" nennen und das sie im Einsatz bei Webseiten bereits erfolgreich demonstrierten. Wann immer ein User eine PinPoint-fähige Webseite besucht, registriert das Programm genau, welche Software-Module an dem Vorgang beteiligt sind. Nach und nach analysiert es mit Hilfe von Datamining-Techniken die wachsende Liste erfolgreicher oder fehlgeschlagener Anfragen und Fehlermeldungen. Die Ergebnisse – eine automatisch generierte Liste von Fehlermodi mit Zuweisung, welche Module die Fehlfunktionen verursachen – können genutzt werden, um die Micro-Boot-Routinen zu aktualisieren. Das Schöne daran ist, dass PinPoint automatisch mit jedem beliebigen Software-Set arbeitet, egal ob alt, neu oder aufgerüstet.

Die Beispiele zeigen, dass autonome Systeme nicht mit einem großen Paukenschlag als vollkommen neue Technologie auf den Markt kommen werden. Vielmehr gibt es längst erste Funktionen für Selbstkonfiguration, Selbst-Management, Selbstoptimierung und Selbstheilung. Server und andere IT-Anlagen sind längst mit solchen Funktionen ausgestattet, doch immer noch benötigen sie zu viel Zeit und Aufwand für die Wartung, müssen IT-Administratoren zu tief in ihre Komplexität eintauchen. Experten erwarten hier keine Revolution nach dem Muster: In fünf Jahren können sich moderne Computer vollkommen selbständig heilen. Aber eine evolutionäre Entwicklung wird nach und nach dafür sorgen, dass Computersysteme jeder Generation mit immer mehr autonomen Eigenschaften ausgestattet werden.

3.1.6 Vertrauen, Verantwortung, Autopiloten

Bei aller Begeisterung für diese Entwicklungen und die gesamte Philosophie der autonomen Computersysteme stellen sich neue Fragen: Welche Macht und Kontrolle soll der Mensch diesen neuen autonomen Systemen zugestehen? Wie können wir sicher sein, dass sie sich auch wirklich so verhalten, wie wir uns das vorgestellt haben? Wer ist letzten Endes für sie verantwortlich?

Natürlich ist es letzten Endes immer der Mensch, der die Verantwortung trägt. Er ist es, der die Regeln definiert, nach denen das System dann autonom agieren darf – und mit etwas Glück führt das zu weniger Fehlern im System, als wenn menschliche Programmierer am Werke wären. Doch ist das die ganze Antwort?

Es gab in den 70er und 80er Jahren eine breitangelegte Initiative, Expertenwissen zu modellieren, zu automatisieren und nutzbar zu machen. Diese sogenannten Expertsysteme nennt man häufig auch wissensbasierte Systeme. Sie sind eine praktische Anwendung der künstlichen Intelligenz in Form von Computerprogrammen, die, ähnlich einem menschlichen Experten, das Wissen zu einem bestimmten Gebiet und Verfahren zur Ableitung von Schlussfolgerungen daraus vereinen. Die Idee dahinter war es, menschliche Experten aus allen möglichen Bereichen zusammenzubringen und sie mittels Befragung ihre Expertentätigkeit in nachvollziehbaren Schritten rekapitulieren zu lassen. Damit hoffte man, eine verbindliche Vorgehensweise für Notfälle zu gewinnen. Programmierer sollten die einzelnen Wissensabschnitte lediglich in WENN-DANN-Regeln umsetzen. Tatsächlich war es dann aber für die Experten unerwartet schwer, ihre Tätigkeit so detailliert zu rekapitulieren. Selbst wenn es gelang, das entstandene Expertensysteme war nur so gut, wie der zugrundeliegende Regelsatz. Sobald eine Situation eintrat, die von den vorgegebenen Regeln nicht erfasst war, konnte das System nicht adäquat reagieren.

Man kann sich schon jetzt vorstellen, mit welchen Problemen ein regelbasiertes, autonomes Computer-System zu kämpfen haben wird und welche Probleme durch die umfassende Vernetzung der modernen Gesellschaft noch dazu kommen. Was passiert, wenn zwei autonome Systeme, die unabhängig voneinander in verschiedenen Abteilungen geschaffen wurden, im Netz interagieren und dabei feststellen, dass ihre Regelsätze sie miteinander in einen Konflikt bringen? Was passiert beispielsweise, wenn ein System Verkehr umleitet, um eine Verstopfung zu lösen, aber damit wiederum einen Stau eines anderen Systems verursacht? Muss der Mensch dann hier den Schiedsrichter spielen? Oder wird es ein immer noch größeres System geben, in welches die beiden streitenden Systeme eingebettet sind und das mit einer weiteren Schicht regelbasierter Konfliktlösungsautomatismen ausgestattet ist? Nur, wer ist dann wiederum für diese verantwortlich?

Wer auch immer die Verantwortung am Ende tragen muss, die Aufgabe ist nicht trivial. Die großen Stromausfälle in den USA oder Italien im Jahr 2003 haben gezeigt, dass größere technologische Systeme trotz aller Sicherheitsbemühungen nicht gegen katastrophale Fehler immun sind. Vor allem nicht, wenn sie aus individuellen Subsystemen bestehen, die ihren eigenen Regeln folgen, die mal mehr, mal weniger harmonieren. Wer sollte die Verantwortung übernehmen, dass alles wenigstens so durchdacht wie möglich modelliert, simuliert und getestet wird? Die Hersteller? Die Käufer? Wer?

Vielleicht sollten wir nicht alles automatisieren, was uns in die Quere kommt. Das betrifft vor allem kritische Bereiche wie Flugzeug-Cockpits, Atomkraftwerke oder wichtige Webseiten. In den 70er und den frühen 80er Jahren haben Entwickler beispielsweise versucht, Flugzeugpiloten dazu zu bringen, dass sie den Autopiloten dabei zusehen, wie diese ihren Job erledigen. Der Computer sollte den Jet fliegen, der Pilot sollte nur noch kontrollieren, ob alles seinen rechten Gang geht. Nur hatte man dabei außer Acht gelassen, dass der Mensch überhaupt nicht für eine derart passive Tätigkeit geschaffen ist. Egal wie motiviert und gut ausgebildet das Personal ist, irgendwann wird es langweilig, dann lässt die Aufmerksamkeit nach und schon verpassen sie vielleicht lebensentscheidende Ereignisse. Im Notfall erwischt es den Piloten sogar kalt und er verliert wertvolle Zeit, um sich erst in die Situation zu finden.

Was sich bei den Piloten in kürzester Zeit gezeigt hat, nennen Fox und Patterson *Automatisierungsparadox*. Gemeint ist die Tatsache, dass Überautomatisierung eine Situation auch verschlimmern kann. Automatisierung eliminiert nicht automatisch menschliche Fehler; sie ersetzt lediglich menschliche Fehler durch Fehler im Design. Im Falle der Piloten führte diese Erkenntnis zu einer 180-Grad-Kehrtwende. Mitte der 80er Jahre war auf einmal von einer menschlich zentrierten Automatisierung die Rede. Die Rollen wurden vertauscht, von nun an ließen die Computer die Piloten in Ruhe und Konzentration arbeiten. Heute übernehmen sie Routinearbeiten und senden sie lediglich ein Warnsignal, wenn das Flugzeug sich einem kritischen Ereignis nähert und übernehmen nur im Bedarfsfall. Damit diente die Automatisierung zur Unterstützung der Piloten, nicht als deren Ersatz.

3.1.7 Ängste

Computer, die sich selbst optimieren, Computer, die sich dynamisch veränderlichen Situationen anpassen können, Computer, die sich selbst heilen können – mit dem Konzept von autonomen Computersystemen betritt man einen Bereich, der den Menschen von Haus aus unheimlich ist. Vor allem die Macher des Science Fiction-Genres haben immer wieder auf diese Ängste Bezug genommen. Berühmt ist die Vision von Stanley Kubrick, wie er sie in seinem Meisterwerk *2001 – Odyssee im Weltraum* von 1968 in verstörende Bilder gebracht hat. Der eigentliche Held des Filmes ist der Großrechner Hal 9000, der nicht nur selbständig das gesamte Raumschiff steuert, sondern sich auch mit allen zur Verfügung stehenden Mitteln dagegen wehrt, abgeschaltet zu werden. Am Ende solcher Visionen steht der Selbsterhaltungstrieb des Computers mit demjenigen des Menschen im Widerspruch. Meist rettet den Menschen dann nur noch ein Griff zur Axt.

Franz K. ist zwar klar, dass solche Visionen in den Bereich der Science Fiction gehören. Doch haben seine Ängste vor einer voranschreitenden Automatisierung vor allem auch soziale Wurzeln. Wenn die Automatisierung der Arbeitswelt einen solchen Abstraktionsgrad erreicht hat, dass sogar hoch spezialisierte Leistungsträger wie Piloten oder Netzwerkadministratoren entbehrlich werden, welchen Wert hat der Mensch dann noch? Muss Franz K. Angst darum haben, dass eines Tages selbst sein Arbeitsplatz von einem Computer eingenommen oder entbehrlich gemacht wird? Hier setzt sich die Diskussion fort, die schon von der ersten Stunde der industriellen Revolution an entfacht wurde. In welchem Verhältnis stehen Mensch und Maschine? Dienen Maschinen dem Menschen in letzter Konsequenz wirklich, wenn sie nur immer weiter seine Entbehrlichkeit vorantreiben?

Die Antwort auf diese Frage lässt sich aus der Geschichte ablesen: Die Automatisierung von Routineaufgaben, die mit der industriellen Revolution begonnen hat, ist noch im vollen Gange. Ausgehend von simplen manuellen Tätigkeiten hat sie inzwischen höhere Schichten erreicht und nimmt dem Menschen auch schwierigere Handlungen ab. Und doch hat es der Mensch im Ringen mit der selbst geschaffenen Maschinenwelt geschafft, sich seine Unentbehrlichkeit immer wieder von neuem zu sichern. Dies geschah und geschieht immer wieder durch Bildung, Ideen und Kreativität. Um seine Innovationsfähigkeit scheint im menschlichen Geist eine geheimnisvolle Demarkationslinie zu verlaufen, die kein Computer überschreiten kann. Statt ihn zu ersetzen schenken moderne Technologien wie autonome Computer dem Menschen Zeit, die er für seine schöpferischen Kräfte aufwenden kann – um dann den Zyklus von neuem in Gang zu setzen.

Mensch und Maschine, Arbeitskraft und Automatisierung – ein Verhältnis, das in der Geschichte schon unzählige Male karikiert wurde. Vor kurzem haben

Wissenschaftler den ersten Schachautomaten, der bei einem Brand zerstört wurde, rekonstruiert. Der Türke – so hieß das Gerät wegen der orientalischen Aufmachung der mechanischen Puppe, die die Schachfiguren bediente - erlangte Ende des 18. Jahrhunderts in ganz Europa Berühmtheit: Der Automat schlug die besten Schachmeister seiner Zeit, niemand wusste, wie er das anstellte. Versuchten Experten dem Trick auf die Spur zu kommen, offenbarte sich ihnen im Inneren der Figur nur ein unendlich komplex anmutendes mechanisches Labyrinth aus Drähten, Räderwerken und Gewichten. Lange Zeit gelang es niemandem, hinter das Geheimnis zu kommen. Erst der Dichter Edgar Alan Poe löste die Aufgabe. Im Türken steckte ein zwergwüchsiger Meisterspieler, das mechanische Verwirrspiel im Inneren der Maschine diente nur dazu, diesem genug Deckung vor neugierigen Blicken zu verschaffen. Es heißt, der schachspielende Zwerg sei nach seiner Laufbahn als Automat am Alkohol zu Grunde gegangen. Als Mensch schien seine Leistung weniger attraktiv, denn als Automat. In dieser Gestalt hatte er selbst Napoleon Bonaparte geschlagen.

3.2 Das Versorgungsnetz der Zukunft

3.2.1 Der Innovationsbeschleuniger

Das europäische Kernforschungszentrum CERN war schon immer für überraschende Computertechnologien gut. Ende der 80er Jahre etwa erfand Tim Berners-Lee einen neuen Weg, um nahtlos auf Informationen zuzugreifen, die an verschiedenen Orten der Welt gespeichert sind. Er entwickelte zu diesem Zweck Hyperlinks, HTML und HTTP und setzte so die ungeahnte Erfolgsgeschichte des World Wide Web in Gang.

Im Augenblick tüfteln die CERN-Forscher an einer Technologie, die so ganz en passant auch unser Verständnis von Computern einmal mehr grundlegend verändern könnte: Das Institut baut derzeit am größten Teilchenbeschleuniger der Welt. Das ist das eine. Das andere ist die Tatsache, dass der Beschleuniger, wenn er im Jahr 2006 den Betrieb aufnimmt, mehr Daten zutage fördern wird, als jedes Rechenzentrum bewältigen kann. Und weil das CERN gar nicht erst die Mittel hat, einen entsprechenden einzelnen Supercomputer anzuschaffen, nutzen die Wissenschaftler eine neue Technologie, die es möglich macht, die gesamte Rechenkraft im Netzwerk des CERN zu addieren.

Die Anforderungen sind hoch: Der neue Teilchenbeschleuniger LHC („Large Hadron Collider") ist vom Standpunkt der Ingenieurstechnik gesehen eines der ambitioniertesten Projekte der physikalischen Grundlagenforschung. In diesem Teilchenbeschleuniger werden zwei Protonenstrahlen mit hohen Energien aufeinandergeschossen. Aus der folgenden Reaktion versprechen sich die Forscher Antworten auf elementare Fragen zur Entstehung des Alls und der Materie. Jede Sekunde werden dabei Millionen von Elementarteilchen zusammenstoßen. Hunderte Kollisionen pro Sekunde müssen analysiert und mit einer Aufzeichnungsrate von 0,1 Gigabyte pro Sekunde verarbeitet werden. Alle Detektoren zusammen werden jährlich eine Datenmenge liefern, die in der Größenordnung von zehn Petabyte (10.000.000 Gigabyte) liegt. Diese Datenmenge auf CDs gebrannt und aufeinandergestapelt ergäbe einen etwa 20 Kilometer hohen Turm, der sich jedes Jahr verdoppelt.

Bei solchen Zahlen wird so manchem IT-Administrator schwindlig. „Die Analyse der LHC-Daten erfordert eine Rechenleistung von ungefähr 100.000 der schnellsten Prozessoren, die heute erhältlich sind", erklärte etwa Wolfgang von Rüden, Chef der IT-Division am Genfer Elementarteilchenlabor im März letzten Jahres der Computer Zeitung. Angesichts dieser Zahlen sei klar, dass nirgendwo auf der Welt so viel Rechenleistung an einem Ort zur Verfügung stehe. Eine solche Rechenleistung ließe sich allenfalls theoretisch aufbringen, wenn man sämtliche Rechner, Notebooks und Server addieren würde. Rein abstrakt gesprochen, versteht sich. Aber warum eigentlich nicht? Warum sie nicht alle miteinander verbinden und damit eine Art Rechengitter - ein sogenanntes Grid - schaffen?

3.2.2 Was Grid ist und was Grid sein könnte

Die Idee stammt aus der Energieversorgung: Hier speisen die Kraftwerke ihren Strom in ein dezentral organisiertes gemeinsames Netz ein, das Verbundnetz. Über dieses Netz werden die Abnehmer mit Strom versorgt, vom Großkonzern bis zum Ein-Personen-Haushalt. Das System hat zahlreiche Vorteile gegenüber einer Einzelverbindung zwischen einem Kraftwerk und seinen Abnehmern: Überkapazitäten und Unterkapazitäten einzelner Kraftwerke werden aufgefangen, die Vielzahl der Abnehmer verringert Schwankungen bei den Abnahmemengen und die Kraftwerke werden besser ausgenutzt. Am meisten profitieren allerdings die Abnehmer, vom Automobilhersteller bis zu Franz K. Ohne darüber nachzudenken verlassen sie sich darauf, dass immer gerade so viel Strom aus der Steckdose kommt, wie sie im Moment brauchen. Und im Normalfall funktioniert das auch – Ausnahmen wie die spektakulären Stromausfälle in Italien und den USA im Jahr 2003 erinnern uns nur daran, wie faszinierend das eigentlich ist. Schließlich hat Strom die besondere Eigenschaft, dass man ihn nirgends aufbewahren oder lagern kann. Und doch drückt Franz K. auf den Lichtschalter und den Einschaltknopf seiner Geräte im Büro als sei es das Selbstverständlichste auf der Welt.

Mit der Rechenleistung ist das etwas anderes. Hier betreibt jedes Unternehmen, jede Organisation sozusagen ihr eigenes Kraftwerk, mit allen Nachteilen, die das mit sich bringt: Bei eventuellen Ausfällen im Rechenzentrum kann erst einmal nicht weitergearbeitet werden, oder das Unternehmen muss eine kostspielige „Notstromversorgung" in Form zusätzlicher Server bereithalten. Und auch für Schwankungen im Bedarf muss vorgesorgt werden. Die meisten Unternehmen haben deshalb überdimensionierte Kapazitäten im Rechenzentrum stehen, die sie in den seltensten Fällen ausnutzen. Doch bisher ist das der einzige Weg um für Spitzenlastzeiten, in denen der Bedarf plötzlich ansteigt, gerüstet zu sein.

Die Technologie, die diese Probleme löst, hat nicht das CERN erfunden. Die Institution will sie jedoch in einem der bisher beeindruckendsten Projekte umsetzen und nutzen. Grid-Computing könnte die nächste Revolution in der Welt der Informationstechnologie bedeuten. In dieser Technologie scheint die Verwirklichung eines Traumes zu liegen, der schon seit einigen Jahren durch die Köpfe der IT-Macher und -Anwender geistert. Als Rechenleistung aus der Steckdose könnte Grid-Computing Schluss machen mit der Anschaffung teurer Rechenkraft, die dann nur halbherzig ausgenutzt wird.

Dabei erscheint Grid auch als eine logische Erweiterung der zuvor von Tim Berners-Lee im CERN entwickelten Technologie des World Wide Web: Nur geht es hier nicht mehr um den nahtlosen Zugriff auf Informationen, die an vielen verschiedenen Orten der Welt gespeichert sind, sondern um den Zugriff auf Rechen- und Speicherkapazitäten. Analog zum Stromnetz werden für Grid-Computing Rechenkapazitäten in ein gemeinsames Netz eingespeist. Der Benutzer bekommt aus diesem Versorgungssystem genau die Leistung, die er gerade braucht – wie Strom aus der Steckdose. Folgerichtig beruft sich auch die Bezeichnung der neuen Technologie auf das Stromnetz, auf Englisch: Power Grid.

Ein Grid lagert einen Rechenjob über schnelle Leitungen auf verschiedene angeschlossene Rechner überall auf der Welt aus – wo immer es freie Kapazitäten findet. Für das CERN bedeutet die Installation des Grid noch einen enormen Aufwand: Bis zum Start des LHC-Beschleunigers müssen 3000 Zwei-Wege-Rechnerknoten, 8000 gespiegelte Platten mit vier Petabyte Kapazität sowie 25 Petabyte an Bandspeicher zur Verfügung stehen. Die hierarchische Topologie des Netzes sieht auf der höchsten Ebene einen Backbone mit Bandbreiten in der Größenordnung von mehreren Hundert Gigabit pro Sekunde vor. Soviel braucht die IT-Infrastruktur allein für die Datenanalyse. Für die einzelnen Detektoren, die die Teilchenkollision messen und jeweils die Größe eines Mehrfamilienhauses haben, ist für die primäre Verarbeitung der Daten nochmals eine vergleichbare Rechenleistung nötig. Um diese gigantische Power aufbringen zu können, hat sich das CERN mit fünf weiteren europäischen Forschungsinstituten zusammengeschlossen. Das von der EU geförderte Projekt DataGrid verbindet zahlreiche Rechenzentren in verschiedenen Ländern Europas.

Nüchtern betrachtet kann man Grid-Computing einfach als Verteiltes Computing auf einer nächst höheren evolutionären Stufe sehen. Ziel dabei ist es, aus vielen verbundenen, heterogenen Systemen mit unterschiedlichen Ressourcen die Illusion eines einfachen, aber sehr, sehr großen und leistungsstarken virtuellen Computers zu schaffen, der sich darüber hinaus selbst verwaltet. Tim Berners-Lee hatte durch die Standardisierung der Kommunikation zwischen heterogenen Systemen die Internet-Explosion lanciert. Die Entwicklung von Standards für die gemeinsame Nutzung von Ressourcen und höherer Netzbandbreiten können dazu führen, dass auch Grid-Computing einen großen Schritt nach vorne macht.

Genau genommen handelt es sich bei Grid-Computing also eher um eine Evolution, als eine echte Revolution. Unter der neuen Bezeichnung sammeln sich Technologien und Entwicklungen wie verteiltes Computing, das Web, Peer-to-Peer-Computing und Virtualisierungstechnologien. Grid Computing-Konzepte spielen in vielerlei Bereiche des traditionellen Computings hinein und eröffnen neue Chancen. Immer besteht ein Grid dabei aus einer Ansammlung von Maschinen, die je nach Zusammenhang „Knoten", „Ressourcen", „Mitglieder", „Donors", „Clients", „Hosts", „Engines" und anders genannt werden.

Als Gründerväter der Theorie des Grid-Computing gelten die beiden amerikanischen Wissenschaftler Foster und Kessler, die mit ihrem Aufsatz „The Anatomy of the Grid" Grids unter dem Schlagwort Virtuelle Organisationen zusammenfassten. Für Foster und Kesselmann sorgen Grids für:

> „Flexible, sichere, kontrollierte gemeinsame Nutzung von Ressourcen zwischen dynamischen Gruppen von Individuen oder Institutionen."

Eine Ressource ist dabei für Foster und Kesselmann eine Einheit, die man gemeinsam nutzen kann. Das muss nicht notwendigerweise eine physikalische Größe sein. Zu den Ressourcen zählen Prozessoren/Knoten, Hauptspeicher, Speichersysteme und Netzwerkbandbreite, aber auch Daten in Datenbanken oder Bibliotheken und Archiven oder Anwendungen wie Betriebssysteme, Bibliotheken und Tools. Im weitesten Sinne können zu diesen Ressourcen aber auch Menschen gehören, die über ein bestimmtes Wissen verfügen, wie Ärzte oder sonstige Träger wichtiger Informationen.

3.2.3 Das Ganze ist mehr als die Summe seiner Teile

Diese Ressourcen werden nun im Grid zu einem großen Ressourcen-Pool zusammengeschlossen und gemeinsam genutzt. Das Prinzip ist bekannt und wird auf unterschiedlichsten Ebenen längst praktiziert: Die Wohngemeinschaft, in der jeder seine Einkäufe in den Kühlschrank stellt und sich später aus dem Vorrat nimmt, was immer er gerade braucht, verlässt sich dabei noch stark auf die Selbstorganisation des Ressourcen-Sharings. Und doch folgen die Vorteile dem gleichen Muster: Wer gerade erhöhten Bedarf an Eiern, Joghurt oder Schokolade hat, kann damit rechnen, dass der gemeinsame Ressourcen-Pool eine ausreichende Menge davon hergibt – wegen der Selbstorganisation jedoch noch nicht ganz zuverlässig. Gleichzeitig gibt das einfache Beispiel schon eine Vorstellung von den Problemen, die beim gemeinsamen Zugriff auf Ressourcen auftreten: Wenn nun zwei WG-Bewohner gleichzeitig Hunger auf Schokolade bekommen, wer hat dann Vorrang? Wie wird abgerechnet, verlässt man sich wirklich auf die Selbstorganisation oder sollte nicht jeder nach Verbrauch bezahlen? Und wie misst man den am einfachsten? Probleme, die uns beim Blick auf das Rechenleistungs-Grid wieder beggnen werden – und die klarmachen, dass für komplizierere Systeme, wie das Stromnetz oder eben Grid Computing, natürlich mehr Regeln, Standards und Vorgaben erforderlich sein werden.

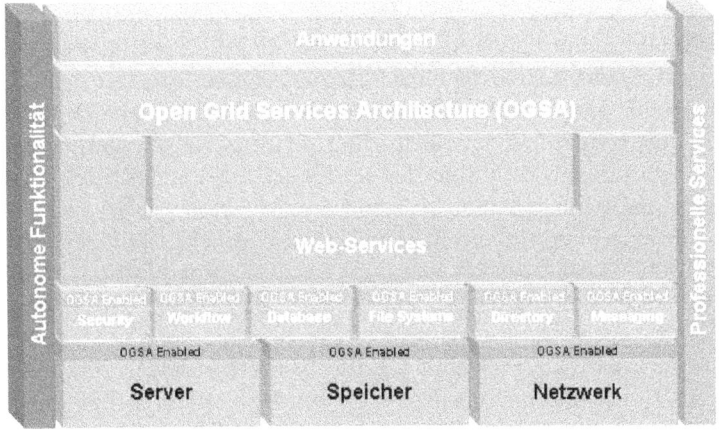

Abb. 9. Die Open Grid Services Architecture (OSA) hat sich als Standard für Computing-Grids etabliert. Sie steuert das Ressourcen-Sharing im Grid

Auch Unternehmen betreiben tagtäglich Ressourcen-Sharing und das bereits in ziemlich ausgeklügelter Form. Die Ressource Mitarbeiter ist für jedes Unternehmen heute viel zu wertvoll, als dass man sie auf nur halb ausgenutzten spezialisierten Stellen verschwenden könnte. Dazu kommt, dass Unternehmen in der E-World mit ihren rasanten Veränderungen ebenso beweglich werden müssen, wie ihre Umgebung: Um in dieser Welt beschleunigter Prozesse nicht nur bestehen zu können, sondern auch erfolgreich zu sein, müssen sie all ihre Kräfte auf Abruf parat haben, um die blitzartig auftauchenden Aufträge und Aufgaben zu meistern. Deshalb wird eine ganz besondere Arbeitsform zu einer der wichtigsten Tugenden und immer dort gebraucht, wo Menschen ein gemeinsames Ziel verfolgen: die Teamarbeit. Hier wirft jedes Teammitglied seine Zeit und Kapazitäten, sein Können und seine Fähigkeiten in einen gemeinsamen Pool, widmet sie einer oder mehreren gemeinsamen Aufgaben. Immer wieder beeindruckend ist dabei, wie aus einem gut funktionierenden Team als Ganzem mehr wird als nur die Summe seiner Teile, wie Aufgaben in der Gemeinschaft effektiver, schneller, besser gelöst werden, als wenn man jedem Einzelnen einen Einzelbereich der Aufgabe fest zugewiesen hätte.

Die alten hierarchischen Systeme mit ihren festen Strukturen sind also nicht mehr geeignet für unsere beschleunigte Welt, das haben nicht nur Unternehmenschefs längst erkannt. Neu daran ist jedoch, mit welcher Geschwindigkeit und Effizienz moderne Teams arbeiten und mit welcher Akkuratesse das im Team bereitstehende Potenzial auf den Punkt gebracht wird. Teamarbeit heute bedeutet nicht mehr nur die altbekannte Zuverlässigkeit; die natürlich auch. Teamarbeit bedeutet nicht nur die gemeinsame Anstrengung in einem Netzwerk aus Spezialisten. Erfolgreiche Teams unterscheiden sich von anderen in der Geschwindigkeit, mit der sie ihre Kraft auf die jeweils aktuelle Aufgabe konzentrieren können.

Diese Entwicklung ist dem Quantensprung vergleichbar, der sich etwa im Profifußball in den 90er Jahren zugetragen hat: Während die Kicker um Franz

Beckenbauer noch treuherzig an ihren festen Positionen festhielten – Libero, rechter Verteidiger, Mittelstürmer usw. – kann im Zinedine Zidane-Zeitalter potenziell jeder Spieler kurzfristig seine Position wechseln, wenn er sieht, dass eine Lücke im Raum entsteht. Die Folge dieser Entwicklung ist eine Dynamisierung des Spiels, die für den heutigen Betrachter sehr anschaulich wird, wenn er alte Fernsehaufzeichnungen mit aktuellen vergleicht. Im Vergleich zur Rasanz des Geschehens auf heutigen Fußballplätzen war die frühere Spielart eine Art Standfußball. Im einzelnen war die Ballkunst früher vielleicht schöner, „künstlerischer"; im großen und ganzen aber nicht auf die Primärtugend des gemeinsamen Erfolgs gestimmt: Effizienz. In modernen Unternehmen geht es heute nicht viel anders zu, auch hier ist man mehr und mehr dabei, von der Manndeckung – feste Position, starres Aufgabenfeld, Entwicklung nur in der Vertikalen, nicht aber in der Horizontalen – zu einer Art Raumdeckung mit flexiblen Positionen zu wechseln. Flexibilität, Geschwindigkeit und ein breites, offenes Qualifikationsspektrum werden im Zuge dieser Entwicklung als wertvoller erachtet, als Spezialistenfähigkeiten, die den Blick und das Einsatzspektrum einengen.

Das Grid verkörpert die entsprechenden Tugenden in der Computertechnologie: Auch hier kommt es an auf schnelle Reaktion auf wechselnde Anforderungen, auf Effizienz und Geschwindigkeit und darauf, vorhandene Ressourcen möglichst gut auszulasten. Der Zusammenschluss von Rechnern im Grid hat das Potenzial, aus dem Ressourcen-Pool mehr zu machen als nur die Summe der darin eingebundenen Server und PCs.

Grid Computing

Technisch gesehen ist Grid nicht die nächste Generation des Internet, als die es oft bezeichnet wird, sondern ein Teil davon. Grid ist ein Steuerungskonzept für zusammengeschlossene Ressourcen, das auf offenen Standards basiert. Dafür werden die Internet-Protokolle erweitert. Statt um gemeinsamen Zugriff auf Dateien und Informationen wie beim Internet geht es hier allerdings um ein koordiniertes Ressourcen-Sharing im Rechnerverbund, darum dass viele Anwender gemeinsam Zugriff auf die Rechenleistung, Daten und Anwendungen bekommen, die in einem Netz zusammengeschlossen wurden. Im Gegensatz zu klassischen Distributed-Computing-Anwendungen sind Grid-Architekturen einerseits flexibler, weil sie auch heterogene Ressourcen einbinden können. Ob die Rechenleistung von einem Unix-Supercomputer, einem PC mit Windows oder einem Intel-Standardserver mit Linux als Betriebssystem kommt, ist dem Grid egal. Andererseits soll das Grid dem Anwender aber auch eine bessere Kontrolle über die geteilten Ressourcen und deren Verwendung geben.

Realisiert werden Grids über eine spezielle Software und entsprechende Grid-Protokolle. Die Software legt sich dabei als eine Art Management- oder Virtualisierungsschicht zwischen die Rechnerressourcen – also die Server- oder PC-Hardware – und die Anwendungen, die über das Grid betrieben werden sollen. Sie findet die verfügbaren freien Ressourcen im Grid und entscheidet, welche Maschine welche Aufgabe abarbeiten soll.

Als Standard für die technischen Grundlagen eines Grid hat sich die Open Grid Services Architecture (OGSA) herausgebildet. Diese wird vom Global Grid Forum entwickelt, einer Community-Initiative mit Mitgliedern aus Forschung und Wirtschaft, die es sich zum Ziel gesetzt hat, Standards, Technologien und Anwendungen für Grid-Computing voranzutreiben. Die OGSA definiert Grid als Service-Konzept und beschreibt, was Grid-Services sind und welche Struktur Grid-Umgebungen haben sollten.

Wichtig für die Funktionsfähigkeit eines Grid-Netzwerks ist ein einfaches, standard-basiertes Übertragungsprotokoll. Es muss möglichst unabhängig von Programmiersprachen und Betriebssystemen sein, außerdem offen und erweiterbar – ähnlich wie die erfolgreichen Protokolle HTML und HTTP, die den Siegeszug des World Wide Web ermöglicht haben.

Services und Komponenten für den Aufbau eines Grid enthält beispielsweise das Globus Toolkit, entwickelt von der Globus Project Allianz, der Universitäten, Organisationen und Unternehmen angehören. In diesem Forschungs- und Entwicklungsprojekt sollen Grid-Anwendungen, vor allem im technischen und wissenschaftlichen Bereich, vorangetrieben werden.

Noch eine Parallele zum Internet, bzw. seinen Unterformen, findet sich in den verschiedenen Ausprägungen des Grid: Ein solcher Zusammenschluss kann umgesetzt werden als:

- Intragrid innerhalb eines Unternehmens oder einer Organisation

- Extragrid mit Rechnern einer geschlossenen Gruppe von Organisationen oder Unternehmen

- und als Intergrid, bei dem die jeweils beteiligten Organisationen gar nicht mehr wissen, wer sonst noch beteiligt ist – und damit auch nicht, von wem sie ihre Rechenleistung gerade potenziell beziehen.

Momentan sind unternehmens- bzw. organisationsinterne Grids allerdings noch in der großen Überzahl.

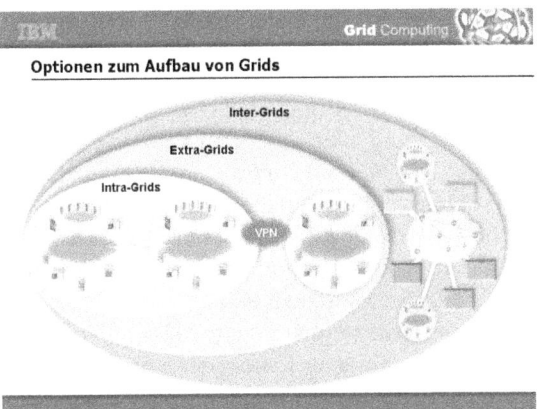

Abb. 10. Eine Grid-Architektur kann als Intra-, Extra- oder Intergrid realisiert werden

3.2.4 Schlummerndes Potenzial ausschöpfen

Das erste Problem, das ein Grid lösen kann, ist das der kurzzeitigen Überlastung. Beim teamorientierten Arbeiten im Unternehmen ist dieses Prinzip Alltag: Ist ein Mitarbeiter oder ein ganzes Team überlastet, muss der Manager schnell herausfinden, welcher andere Mitarbeiter, welches andere Team noch freie Kapazitäten hat und den Job stattdessen erledigen kann. Voraussetzung dafür ist ein ähnliches Spezialisierungs- und Ausbildungsniveau. Das wichtigste aber ist, dass der Team-Leiter bzw. der Unternehmensmanager jederzeit einen Überblick über die Auslastung seiner weltweit verteilten Ressourcen hat. Hat er diesen, so kann ohne weiteres ein Entwicklerteam in Indien kurzfristig für ein überlastetes Team in Europa einspringen – oder umgekehrt. Und je besser die Übersicht, desto flexibler lassen sich zukünftige Jobs planen. Das entspricht der modernen Raumdeckung im Fußball, wo ein Spieler, der über ausreichend Kraftreserven verfügt, während des Spiels an eine Position wechseln kann, an der diese Kraft gerade benötigt wird. Dies kann aus verschiedenen Gründen notwendig werden: Ein Spieler, der normalerweise auf dieser arbeitet, kann über wenige Kraftreserven verfügen, sich verletzten, oder es hat ihn kurzfristig auf eine andere Position verschlagen. Nun spielt der Gegner aber vielleicht gerade just in diese Lücke eine Steilvorlage für einen Angreifer, stellt also die verteidigende Mannschaft vor ein heftiges kurzfristiges Problem, für dessen Lösung die Ressource gerade nicht bereit steht. Folglich muss eine andere Ressource, sprich ein anderer Spieler, einspringen und dafür eventuell weniger wichtige Aufgaben hintanstellen.

Genau das gleiche wird mit Rechenressourcen im Grid gemacht: Wenn der Rechner, der eine bestimmte Anwendung normalerweise verarbeitet, gerade mit einer anderen rechenintensiven Anfrage beschäftigt ist, kann die zweite Anfrage kurzfristig ausgelagert werden. Der Rechenjob wird dann von einer anderen Ressource, einem anderen Server irgendwo im Grid erledigt. Das läuft darauf hinaus, dass ein existierendes Programm auf einem anderen Rechner läuft, als es eigentlich installiert ist. Doch für den Anwender ist das egal, ihm ist ja nur wichtig, dass die Aufgabe so schnell wie möglich erledigt wird. Und genau das leistet die Auslagerung ins Grid.

Das funktioniert allerdings nur, wenn die Anwendung so beschaffen ist, dass sie auch remote ausgeführt werden kann. Außerdem muss der einzelne Grid-Rechner die Hard- und Software-Voraussetzungen erfüllen, die die Anwendung verlangt. Doch wenn dem so ist, können Unternehmen und Organisationen vom gemeinsamen Zugriff auf die Rechenleistung aller Geräte im Grid nur profitieren. Bisher stehen in der IT-Landschaft der meisten Unternehmen nämlich zahlreiche Rechner herum, deren Ressourcen nicht einmal annähernd effizient genutzt werden. Die durchschnittliche Auslastung von Intel-basierten Servern liegt bei 10 bis 20 Prozent, die meisten Desktop-Rechner sind gar nur bis zu fünf Prozent ihrer Zeit beschäftigt. Bei Hochleistungssystemen ist die Quote etwas besser, doch auch sie können im allgemeinen als notorisch unterbeschäftigt gelten. Das ist, wie wenn sich die Hälfte der Fußballmannschaft an der Seitenlinie tummelt und nur hin und wieder einen Einwurf macht, wie wenn riesige Mitarbeiterteams nur auf Abruf herumsitzen, um bei Bedarf zwei Mal am Tag ans Telefon zu gehen: ineffektiv, teuer, verschwenderisch. Kein Trainer und kein Manager würde das zulassen, warum also mit teuren IT-Ressourcen so verfahren? Sind diese brachliegenden Ressourcen alle in einem Grid-Netz erfasst, kann das Unternehmen ihre schlummernden Kräfte besser, wenn nicht sogar voll ausnutzen. Denn nun muss nicht mehr jeder Rechner auf die maximal mögliche Spitzenlast eingestellt sein, die nur alle paar Wochen einmal auftritt, wenn überhaupt. Statt dessen kann man sich darauf verlassen, dass im Notfall ein anderer Rechner im Grid einspringen kann.

Und dabei geht es nicht nur um die „Arbeitskraft", sondern auch um den nicht weniger wichtigen Lagerraum für die Daten. Viele der im Unternehmen verteilten Rechner haben noch massenhaft Festplattenplatz frei. Ein Daten-Grid kann diese ganzen verteilten Speicherparzellen zusammenfassen und virtuell wie eine einzige Festplatte erscheinen lassen. Dadurch gewinnt ein Unternehmen nicht nur bislang ungenutzten Speicherplatz. Hier entsteht auch viel Platz für Sicherungskopien, ohne dass zusätzliche Kapazitäten bereitgestellt werden müssen. Idealerweise können so etwa Datenblöcke, die für eine Verarbeitung anstehen an mehreren strategischen Punkten des Grids repliziert werden. Weitere Rechner „in der Nähe" können so schnell die Arbeit dort aufnehmen, wo ein anderer Rechner ausgefallen ist oder mit einem anderen Job betraut wurde.

3.2.5 Potenzial vervielfachen

Beim CERN und bei zahlreichen anderen Grid-Projekten geht es allerdings nicht darum, für Spitzenzeiten vorzusorgen, die Datenmengen, die der Teilchenbeschleuniger produzieren wird, sind vielmehr eine ständige Spitzenlast. Das Ziel des CERN-Grids ist es deshalb schlicht, so viel Rechenleistung wie nötig zusammenzubekommen. Dass sich die Leistung erhöht, je mehr Mitarbeiter an einer Aufgabe arbeiten, ist die banalste aller Weisheiten des Teamwork – doch in der IT ist das noch keineswegs selbstverständlich. Das CERN nutzt mit seinem Grid viele Prozessoren parallel und erreicht damit riesige Rechenleistungen relativ kostengünstig mit den bestehenden Ressourcen. Dieses Potenzial ist nicht nur für die akademische Forschung interessant, sondern ermöglicht in vielen Branchen große Evolutionsschritte, sei es in der Biomedizin, im Finanzsektor, bei der Suche nach Rohstoffen, ja, sogar bei der Animation von Kinofilmen. In all diesen Bereichen sind große Rechenkapazitäten gefragt. Und doch lohnt es sich für diese Unternehmen und Organisationen nicht immer einen eigenen Supercomputer anzuschaffen – sei es aus generellem Geldmangel, sei es, weil die großen Anforderungen nur sporadisch bei speziellen Aufgaben auftreten.

Im Grid wird die riesige Rechenleistung einfach dadurch erzielt, dass zahlreiche Rechner ihre Leistung in den gemeinsamen Pool einspeisen. Auch der kleinste Beitrag zählt, wie beim Stromnetz, das von den vielen kleinen Wasserkraftwerken genauso lebt, wie von den wenigen großen Atomkraftwerken. Und die Kapazitäten, die im Zusammenschluss erreicht werden können, sind beeindruckend, wie das Beispiel CERN zeigt.

Notwendig dafür ist eine optimale Arbeitsteilung zwischen den angeschlossenen Rechnern: Die Anwendungen werden so geschrieben, dass die verwendeten Algorithmen sich in Teile partitionieren lassen, die unabhängig voneinander ablaufen können. Eine rechenintensive Anwendung besteht dann aus mehreren untergeordneten Jobs (Tasks, Subtasks), die auf jeweils einer anderen Maschine im Grid verarbeitet werden. Je unabhängiger diese untergeordneten Jobs untereinander sind, desto einfacher lässt sich die Anwendung skalieren. Perfekte Skalierbarkeit wäre erreicht, wenn man ein Programm etwa in zehn Einzelabschnitte aufteilen könnte, die auf jeweils einer Grid-Maschine erledigt werden, und dadurch die Verarbeitungsgeschwindigkeit um das Zehnfache steigern könnte.

In der Realität sind allerdings geringere Skalierbarkeiten die Regel. Hindernisse liegen beispielsweise darin, dass bestimmte Algorithmen nicht in beliebig viele Teile aufgeteilt werden können, oder dass die Teile nicht komplett unabhängig voneinander sind. Damit Unternehmen und Institutionen mit den schnelleren Anforderungen der Geschäftswelt auch in Zukunft zurecht kommen, müssen sie bereits bei der Installation von Anwendungen an diese Eigenschaft des Grid denken und Aufgaben von vornherein möglichst skalierbar anlegen. Die Produktionsmittel und Ressourcen werden in Zukunft unter dem Aspekt eingesetzt, wie problemlos und schnell sich Arbeit auf sie verteilen lässt.

Auch das entspricht den Anforderungen in modernen Teams: Jeder Mitarbeiter muss heute über eine breite Palette von Fähigkeiten verfügen. Seine Attraktivität für seinen Arbeitgeber ist seine Flexibilität. Wer heute stur an seinen qualifikationsbedingten Aufgaben klebt, disqualifiziert sich mehr und mehr. Gesucht sind Allrounder, beweglich und offen für immer neue Aufgaben. Auf den Einzelnen kommen mehr und mehr disperse Aufgaben zu. Er muss als Stürmer, Mittelfeldspieler und in der Verteidigung einsatzbereit sein – und er muss zur Not auch bereit sein, über seinen Schatten zu springen und sogar den Torwart zu machen.

3.2.6 Übersichtlichkeit für die Teamarbeit

Grid ist aber nicht nur die Technologie der Teamarbeit unter den Rechnern, es bringt auch die Mitarbeiter in einem Unternehmen näher zusammen und *erleichtert* die Teamarbeit erheblich. In der Vergangenheit nannte man das Verteiltes Computing: Verteilte Mitarbeiter konnten auf verteilte und verstreute Daten zugreifen, an welcher Stelle im Netzwerk sie auch immer saßen. Dabei blieben jedoch immer die individuellen Knotenpunkte erkennbar, mussten unter Umständen auf Umwegen angesteuert werden, bedurften mancherorts Spezialschnittstellen. Die ganze Infrastruktur blieb dabei als Netzwerk erkennbar, inklusive aller Knötchen, Stolpersteine und Engpässe. Die Grid-Technologie befördert diesen Ansatz heute auf ein neues Niveau. Mit Grid hält eine ganze Fülle neuer gemeinsamer Standards Einzug und führt heterogene Systeme zusammen. Diese erscheinen als ein einziges virtuelles System, das potenziell offen ist für alle möglichen Komponenten des Unternehmens, auch jenseits der Technologie, sprich: den Menschen.

Auf dem Fußballplatz wird das meist mit dem etwas pathetischen Vergleich „Wie ein Mann kämpfen" bezeichnet. Gemeint ist damit das Phänomen, dass das Spiel einer Mannschaft durch schnelles Passspiel, hohe Torschussfrequenz und flinkes Kombinationsspiel eine solche Dynamik erfährt, dass die einzelnen Individuen nicht mehr als solche erscheinen, sondern wie die Glieder eines großen Organismus wirken, die nahtlos zusammenarbeiten. Eine Mannschaft, die eine solche dynamische Verschmelzung erreicht, überrollt dann häufig den Gegner buchstäblich, dank einem Überschuss an Energie, die dieser in seinem Netzwerk aus Individuen nicht produzieren kann. Auch für den Einzelnen stecken in einer Teamarbeit von solcher Qualität große persönliche Entfaltungs- und Glücksmomente. Und ein Unternehmen, das ein Team unter diesen Vorzeichen aufstellen kann, kann sicher sein, über ein wirklich schlagfähiges Team zu verfügen.

Das Grid stellt die Technologie zur Verfügung, mit der diese Dynamisierung leichter erreicht werden kann. Es beseitigt die Engpässe und Stolpersteine, die die IT durch ihr Hereinragen in den Alltag produziert: Die Grid-Anwender können beweglich in mehrere virtuelle Teams unterteilt werden, eine eigene Policy für jedes Team stellt sicher, dass Regeln für den Datenzugriff u.Ä. eingehalten werden. Die virtuellen Teams wiederum können ihre Ressourcen gemeinsam innerhalb eines übergeordneten Grid-Systems teilen. Dabei haben die Teilnehmer nicht nur gemeinsamen Zugriff auf gespeicherte Daten und Dateien im Sinne eines Daten-Grid, sondern auch auf Hardware-Ausrüstung, Software, Services, Lizenzen und anderes. All diese Ressourcen sind virtualisiert, um den heterogenen Grid-Usern einheitlichen Zugriff zu gewähren. Ob die Teilnehmer zu einer wirklichen oder rein virtuellen Organisation gehören, spielt für das Grid keine Rolle.

Wer je ein Team geleitet hat oder gar mehreren Teams vorstand, weiß: Ein Hauptproblem moderner Teamarbeit ist es, die Übersicht zu bewahren. Über momentane Auslastung, eventuelle Schwierigkeiten mit der Aufgabe, Zeitbedarf und künftige Planung kann gar nicht genug gesprochen werden. Kein Wunder, dass sich manche Teams in endlosen Teamsitzungen aufreiben, statt die Dinge anzupacken. Trotz aller Selbstorganisation: Einer muss den Überblick bewahren, damit Aufgaben effektiv disponiert und dann auch erledigt werden können.

Die IT-Landschaft der meisten Unternehmen ist ebenfalls ein unübersichtliches Feld, auf dem Transparenz und Durchblick aber dringend notwendig wären. Nur wenn die IT-Abteilung weiß, wie stark ihre Ressourcen tatsächlich ausgelastet sind, welche Anwendungen wie viel Leistung verbrauchen und wie sich der Bedarf künftig entwickeln wird, können sie effektiv planen und die vorhandenen Mittel möglichst gut einsetzen.

Grid-Technologie kann diese Übersichtlichkeit ins Unternehmen bringen. Denn mit Hilfe der Angaben aus dem Grid lässt sich die langfristige tatsächliche Auslastung der Ressourcen analysieren und nachverfolgen. Außerdem kann man auf dieser Datenbasis viel besser für die Zukunft planen – wenn es etwa darum geht, einzelne Rechner zu aktualisieren, auszumustern oder neu anzuschaffen.

Insgesamt bedeuten die Eigenschaften des Grids für ein Unternehmen, dass es bestehende Ressourcen effizienter nutzen, also mit dem Einsatz der vorhandenen Mittel produktiver arbeiten kann. Dazu kommt, dass es auf unvorhergesehene Anforderungen von Kundenseite schneller reagieren kann. Und dies, ohne dass die Geschäftsprozesse aus dem Ruder laufen, weil unkontrolliert und ohne absehbaren ROI in zusätzliche Ressourcen – sei es Hardware oder Software oder seien es Menschen – investiert werden muss.

3.2.7 Zauberer einbinden

Ein Team lebt auch von seinen Individuen. Es sind die Zinedine Zidanes, die David Beckhams und die Pelés, die einer Mannschaft den Glanz verleihen. Aber auch auf sie trifft zu: Nur wenn sie in einem Gewinnerumfeld arbeiten, können sie diesen Glanz auch wirklich entfalten. Nur wenn sie in einem dynamischen Team arbeiten, das sie in die Stellungen bringen kann, wo sie ihr Spezialkönnen und ihre Zauberkünste entfalten können, dann sind sie erfolgreich.

Auch für Grids wird es spannend, wenn in ihnen auch ganz spezielle Geräte zugänglich sind, wie in der Wissenschaft häufig der Fall. Jeder von uns kennt das von den Netzwerkdruckern, die man innerhalb eines Unternehmensnetzwerks remote für sich arbeiten lassen kann. In ähnlicher Weise könnte innerhalb eines Forschungs-Grids ein hochwertiges Elektronenmikroskop zur Verfügung stehen. Unvorstellbare Synergien ergeben sich alleine dadurch, dass sich Krankenhäuser und Kliniken in einem Grid zusammenschließen. Nicht nur, dass sie dann teure High-Tech-Geräte effizienter gemeinsam nutzen könnten. Das virtuelle Rechnernetz käme auch direkt den Patienten zugute. Man stelle sich nur das einfache Beispiel vor, dass ein bewusstloser Patient nach einem Unfall in eine beliebige Klinik eingeliefert wird. Der behandelnde Arzt müsste nur noch online gehen und die Daten des Patienten in das Grid eingeben. Dieses würde in Windeseile alle möglichen Vitaldaten, die Krankheitsgeschichte und mögliche Medikamentenallergien des Patienten aus den verschiedenen Datenbanken des Verbunds zutage fördern und zur Verfügung stellen. Der Arzt könnte Röntgenbilder in Hochauflösung ins Netzwerk laden und dabei die Daten mit der Kraft zahlreicher verbundener Computer verarbeiten. Ja, vielleicht könnte sogar ein Spezialist am anderen Ende der Welt bei einer notwendigen Operation assistieren.

Bei Grid geht es also bei weitem nicht nur um Rechenleistung. Es geht auch darum, Spezialkönnen und -wissen verfügbar und einsatzbereit zu machen, um Glanzpunkte setzen zu können.

3.2.8 Spitzenzeiten

Dass ein Grid die vorhandenen Ressourcen besser auslastet, haben wir bereits gesehen. Doch ein Grid hilft vor allem auch bei einem Problem, an dem immer mehr Unternehmen knabbern und das man beiläufig als die Ad-Hoc-Fähigkeit eines Unternehmens bezeichnen könnte. Gemeint damit ist der Umstand, dass viele Unternehmen mit gelegentlichen Spitzenzeiten zu kämpfen haben, bei denen der Kapazitätsbedarf auf einmal nach oben schnellt. So rollen auf Versandhäuser in der Vorweihnachtszeit oder auf Medienunternehmen bei großen Sportereignissen kurzfristig Riesenlasten zu - etwa für den Zugriff auf die Website oder die Abwicklung der Bestellungen. Sind diese Unternehmen Grid-fähig, dann können sie in diesen Zeiten auf bisher unausgelastete Maschinen zurückgreifen. Noch unerledigte bzw. angefangene Jobs können dann einfach an andere Ressourcen weitergereicht werden. Das ist ja eine der schönen Eigenschaften der Grid-Technologie, dass sie fortwährend Ausgleich schafft im Zusammenschluss der Ressourcen, egal ob Prozessor, Speicher oder sonstige Kapazitäten innerhalb des Verbunds.

Die Möglichkeiten gehen dabei jedoch über die effektive Ressourcen-Disponierung im Verbund hinaus. Nicht nur, dass das Grid in Zeiten massiven Computing-Bedarfs unausgelastete Rechner mit in die Verantwortung nimmt. Ist das Grid voll ausgelastet, dann ordnet es die Arbeitsprozesse in zeitlicher Reihenfolge an, auch dies wieder nach vorgegebenen Regeln. Dabei kann etwa ein Job einem anderen mit höherer Priorität zunächst weichen, um dann wieder aufgenommen zu werden, wenn der Erste erledigt ist. Ohne Grid-Funktionen fallen solche Entscheidungen schwerer. Natürlich kann auch das Grid keine Wunder vollbringen, die Anforderungen müssen sich noch im Bereich des Machbaren bewegen. Aber angenommen etwa, Franz K.s Unternehmen wird plötzlich und unerwartet mit einem äußerst zeitkritischen Auftrag betraut, dann kann es mittels Grid kurzfristig sehr viel mehr Ressourcen darauf konzentrieren als zuvor. Nachdem das Grid mit den essentiellen Daten gefüttert wurde - Auftragsvolumen, Skalierbarkeit in Unterjobs, verfügbare Ressourcen, nachdem weniger wichtige Rechenaufträge vorerst ausgesetzt wurden - kann das Unternehmen nicht nur nahe an scheinbar utopische Deadlines reichen. Franz K. kann dem Auftraggeber auch ziemlich schnell Angaben dazu machen, wie schnell es den Auftrag tatsächlich bewältigen wird. Und das ist bei den beschleunigten Geschäftsprozessen von heute von unschätzbarem Wert. Denn während die einen sich noch den Kopf darüber zerbrechen müssen, ob sie die Aufgabe überhaupt bewältigen können, wissen die anderen schon genau Bescheid, bis wann sie diese fertig haben - und können an den nächsten Auftrag denken. Man nennt das auch, einen Schritt voraus sein. Oder wie im Fußball das entscheidende Tor zu machen.

Auch weniger offensichtliche Vorteile können sich ergeben, wenn ein Grid die Arbeit im Ressourcenverbund disponiert: Wenn Jobs etwa miteinander, mit dem Internet oder mit Speicherressourcen kommunizieren müssen, können sie im Grid zeitlich und räumlich so angeordnet werden, dass der Datenverkehr auf einem möglichst geringen Niveau bleibt. Im Laufe der Zeit sind weitere Verfeinerungen bei der Ressourcen-Disposition innerhalb eines Grids denkbar. So kann etwa von jedem einzelnen Rechner im Verbund ein genaues Profil angelegt werden, um frühzeitig zu wissen, wann und wie viele Ressourcen er dem Grid zur Verfügung stellen kann. Diese Angaben dienen einer genaueren Zukunftsplanung im Grid. Und wenn mehrere verschiedene Parteien sich ein Grid teilen,

76   3 Hindernisse beseitigen

dann können sie beispielsweise mit Ressourcen-Gutschriften arbeiten, die sie in ihren jeweiligen Peak-Zeiten einlösen.

Die Vision vom Grid-Computing als Rechenleistung aus der Steckdose geht sogar noch einen Schritt weiter: Wenn Rechenleistung eines Tages tatsächlich aus einem die Welt umspannenden Netz bezogen werden kann, dann können Spitzenlasten nicht mehr nur dank eigener unausgelasteter Ressourcen im Netz bewältigt werden. Wenn erst einmal ein Grid steht, das Zugriff auf IT-Leistung ganz nach Bedarf bietet, brauchen sich Unternehmen und Organisationen um Spitzenzeiten eigentlich gar keine Sorgen mehr machen. Schließlich macht sich auch niemand Gedanken darüber, wenn er kurzfristig einmal mehr Strom für eine neue Maschine braucht: sie wird einfach eingesteckt, das Stromnetz wird schon funktionieren. Vorstellbar ist zum Beispiel folgendes Szenario: ein Unternehmen betreibt ein eigenes Rechenzentrum für die Standardkapazitäten, die es täglich benötigt. Für Spitzenzeiten, die etwa alle zwei Monate einmal auftreten, hat es einen Vertrag mit einem Outsourcing-Dienstleister geschlossen: Bei Bedarf bezieht es per Grid zusätzliche Rechenleistung aus dessen Netz. Bezahlt wird nach Verbrauch. Der Vorteil: statt vorsichtshalber zusätzliche Server im Rechenzentrum vorzuhalten, kann das Unternehmen seine Kosten begrenzen, indem es nur den Standardverbrauch selbst abdeckt. Und trotzdem müssen keine Aufträge aus Kapazitätsgründen abgelehnt, keine Kunden wegen Überlastung abgewiesen werden – das Grid liefert im Fall der Fälle die nötigen Zusatzkapazitäten.

Noch einmal wird daran klar, warum das Grid die logische Weiterentwicklung des World Wide Web ist: Das Internet gab uns den Zugriff auf die weltweit verstreuten Informationen, sozusagen auf die Weltbibliothek und das jederzeit, von jedem Ort. Grid in seiner höchsten Ausprägung kann uns den Zugriff auf den IT-Maschinenpark der Welt geben: Rechenleistung und Speicherplatz statt Informationen, jederzeit, an jedem Ort, in der Menge wie wir sie brauchen.

Abb. 11. Das Modell eines Computing Grid zeigt wie Rechenzentren zu virtuellen Clustern zusammengelegt werden

3.2.9 Sicherheit

Sicherheit und ständige Verfügbarkeit der IT-Landschaft stehen für viele Unternehmen weit oben auf der Agenda. Dass es sich in der beschleunigten Geschäftswelt von heute niemand mehr leisten kann, wegen eines Ausfalls der IT-Systeme wertvolle Zeit zu verlieren, ist fast schon zur Platitüde geworden. Doch muss bisher noch viel Geld in Hardware investiert werden, um einen Betrieb ohne Unterbrechungen zu erreichen. Meist müssen alle lebenswichtigen Organe – Prozessor, Speicher, Backup-Server – doppelt angeschafft werden, damit im Falle eines Crashs jederzeit das Ersatzsystem in die Bresche springen kann. Rechnet man bis hin zur Notstromversorgung alle Komponenten zusammen, kommen dabei oft schwindelerregende Beträge zusammen. Das ist wie wenn eine Top-Fußballmannschaft einen gleichstarken und teuren Kader auf der Ersatzbank bereithalten muss.

Ein Hoffnungsschimmer für jeden, der über solche Budgets entscheiden muss: Künftig könnte Software-Technologie statt teurer Hardware-Anschaffungen die Basis sein, um das Problem der Hochverfügbarkeit in den Griff zu bekommen. Das Grid bildet den ersten greifbaren Anfang dieser Zukunftsvision: Da die Systeme im Grid an verschiedensten, weit auseinanderliegenden Orten stehen können, liegen beispielsweise bei einem Stromausfall nicht automatisch alle Teile darnieder. Fällt eine Maschine aus, kann die Management-Software eines Grids einen Auftrag problemlos an eine andere Stelle des Verbunds transferieren. Besonders wichtige Aufträge könnten gleichzeitig parallel an mehreren Stellen bearbeitet werden. Danach ließen sich die Ergebnisse auf Stimmigkeit vergleichen. Damit würden Grid-Systeme trotz des geringeren Hardware-Aufwands herkömmliche Computersysteme sogar noch übertrumpfen.

Bisher wird das Thema Grid und Sicherheit allerdings aus einer anderen Richtung diskutiert: Viele Unternehmen und Organisation haben noch Bedenken, dass ihre Daten nicht sicher genug sind, wenn sie an ein Grid abgegeben werden. Um die Sicherheit von Grid-Netzwerken zu gewährleisten sind deshalb zwei Hauptfragen zu lösen: Wie kann ich sicherstellen, dass jeder Grid-Teilnehmer auch der ist, der er behauptet zu sein? Und wie kann ich garantieren, dass meine Daten nicht eingesehen oder gar manipuliert werden können, wenn sie im Grid verarbeitet werden? Für beide Fragen gibt es inzwischen aber bereits technische Lösungen. Dabei wird die Authentifizierung der Grid-Teilnehmer über temporäre Zertifikate gelöst, für die Datenintegrität kommen Verschlüsselungsverfahren zum Einsatz. Im Globus Toolkit für Grid-Anwendungen sind beispielsweise XML-Encryption-Verfahren enthalten, die Daten verschlüsseln und wieder entschlüsseln und auch dafür sorgen, dass Zwischen- und Arbeitsdaten sicher abgelegt werden können, ohne sichtbar zu werden.

Und auch die Frage der Abrechnung ist eigentlich gelöst: Workloadbezogene Abrechnungen gibt es bereits seit Jahren, beispielsweise bei großen Servern. Für die verbrauchsbezogene Abrechnung im Grid werden Tools entwickelt, die sichtbar machen, welche Prozessorleistung die einzelnen Anwendungen benötigen. Auf dieser Basis können Abrechnungsmodelle entwickelt werden, sei es nun unternehmensintern zwischen Abteilungen, unter mehreren Unternehmen, die einen gemeinsamen Ressourcenverbund nutzen oder von Outsourcing-Dienstleistern, die ihren Kunden Rechenleistung über Grids anbieten wollen.

Technisch ist also die Umsetzung von Grid-Lösungen längst kein Problem mehr, die Methoden, Standards und Verfahren sind da. Vor der weiten Verbreitung von Grids gilt es allerdings noch eine psychologische Hürde zu überwinden: Daten abzugeben, wichtige Jobs von anderen erledigen zu lassen und dabei noch nicht einmal genau zu wissen wo, ist für viele IT-Manager bisher noch nicht vorstellbar. Gerade in Unternehmen mit einer starken Abteilungsorganisation kommt dazu, dass die Fachabteilungen selbst über ihr Budget entscheiden wollen und es nicht in einen wolkigen Verbund stecken – ähnlich wie bei ganzen Unternehmen, denen die Zusammenarbeit mit anderen an einem Grid bisher noch widerstrebt. Doch erste Beispiele zeigen, dass es sich lohnt, über seinen Schatten zu springen, dass IT wie aus der Steckdose nicht eine Vision bleiben muss, sondern realisierbar ist und bereits realisiert wird.

Grid-Computing könnte sich so tatsächlich als eine der Grundlagen für die E-World durchsetzen. Und weil alles mit der Schaffung gemeinsamer technischer Standards steht und fällt, finden sich auch konkurrierende Branchenriesen am grünen Tisch zusammen, um gemeinsame Grid-Technologie-Standards zu lancieren. Vereinigungen wie die Globus Alliance oder das Global Grid Forum arbeiten stetig an der Durchsetzung gemeinsamer Standards. Allerdings gibt es hier noch einigen Hickhack, in ein paar Bereichen kann es noch eine Weile dauern, bis sich kleinere Rivalitäten gelegt haben und man sich auf gemeinsame Grundlagen geeinigt hat.

3.2.10 Wo Grid bereits eingesetzt wird

Trotzdem ist all das nicht nur Zukunftsmusik. Immer mehr Unternehmen, Organisationen und Interessengemeinschaften lernen die Vorteile eines Grids kennen. Die meisten davon sind auf spezielle Anwendungen einer bestimmten Branche zugeschnitten. Zum Beispiel simuliert die Automobilindustrie Crash-Tests und Emissionsverhalten mit Hilfe von Grid-Anwendungen. Große Geldinstitute schätzen mit Hilfe von Grid-Kapazität Risiken von Transaktionen ab. Rohstoffförderer nutzen die verteilte Rechenkraft, um seismische Analysen, Strömungsverhalten und Reservoirbeschaffenheiten zu simulieren bzw. zu berechnen. In der Medizin werden Gene simuliert und analysiert.

Dass Grid-Technologie keine obskure und komplizierte Wissenschaft ist, das beweist das Beispiel Novartis, von dem das CIO-Magazin berichtete. Bei dem Pharmariesen ruhen die Rechner nie: Wenn der einzelne Desktop-Rechner gerade nicht für Office- oder andere Anwendungen gebraucht wird, steht seine Rechenleistung für komplexe Rechenoperationen in einem Grid zur Verfügung. Und während die Wissenschaftler und Forscher des konzerneigenen biomedizinischen Instituts bereits am heimischen Abendbrottisch sitzen, arbeiten die Computer weiter an ihren Forschungsdaten. Insgesamt an die 2700 PCs und Laptops hat hier der IT-Chef des Instituts Manuel Peitsch zu einem Grid vernetzt. Dieses ist mit sogenannten Docking-Prozessen beschäftigt, kalkuliert also

Wechselwirkungen von Wirkstoffen mit Eiweißmolekülen und versucht so herauszufinden, wo sich Angriffsmöglichkeiten für Medikamente ergeben.

Fünf Teraflops schafft der Rechnerverbund und ersetzt damit mühelos einen Supercomputer, der in diesen Dimensionen mindestens zwei Millionen Dollar gekostet hätte. Stattdessen musste Novartis lediglich 400.000 US Dollar Lizenzkosten für die notwendige Grid-Software berappen. Das Ziel ist, bis Ende 2004 konzernweit sogar an die 25.000 Rechner in das Grid-Gitter einzubringen.

Das Beispiel Novartis zeigt auch, wie sich ein solches Projekt ganz im Sinne einer natürlichen Entwicklung zu immer größeren und leistungsfähigeren Dimensionen steigern kann. Sany, ehemaliger CIO bei Novartis, erinnert sich für die Zeitschrift CIO, dass das Unternehmen im Sommer 2001 die kritische Masse für ein solches Grid-Projekt erreicht hatte. Ausgangspunkt war die wachsende Bedeutung der Entschlüsselung des menschlichen Gens im Mai 2000 für die Pharmaindustrie. Wo die Wissenschaftler früher gerade mal 300 mögliche Targets für Medikamente ausgemacht hatten, eröffneten sich dank der neuen Erkenntnisse heute mehr als 30.000. Das ließ den Rechenaufwand exponentiell in die Höhe schnellen.

Sany verfügte über die notwendige Erfahrung, wie der Mehraufwand mit Hilfe eines Grid-Systems zu bewältigen war. Ende der 90er Jahre hatte er in dem Projekt SETI@Home Computer von Privatanwendern zusammengeschlossen, um mit der gemeinsamen, verteilten Rechenkraft außerirdische Intelligenz aufzustöbern. Zwar gelang ihm das bisher nicht, doch das Projekt zeitigte andere Früchte: Wenn der Bildschirmschoner eines angeschlossenen PCs anspringt, ist dies das Zeichen, dass die Rechenkraft des Computer gerade nicht benötigt wird und in die ambitionierte Suche fließen kann. Damit war ein frühes – und seither oft zitiertes – Beispiel für die Grid-Technologie entstanden.

Bei Norvartis wird die Zahl der teilnehmenden PCs schrittweise erhöht. Zunächst fließt noch alle Kraft in die Erforschung der atomaren Struktur der Eiweißmoleküle. Doch je mehr Kraft das Grid im Zuge seiner Ausweitung akkumuliert, desto breiter gefächert und heterogener wird auch sein Aufgabenspektrum sein. Beispielsweise soll es in Zukunft auch für die Verarbeitung der sieben Teraflops an Marketingdaten herhalten.

Wenn im Zuge der Bemühungen der Global Grid Services Architecture und des Global Grid Forum tatsächlich gemeinsame Industriestandards entstehen, kann es schnell zu einer flächendeckenden Ausbreitung der Grid-Technologie kommen. Bringt man diese mit den Eigenschaften des Autonomic Computing (vgl. Kapitel 3.1) zusammen, reduziert sich dabei die Komplexität der Technologie für die IT-Abteilungen in Unternehmen mehr und mehr. Außerdem wird sie noch zuverlässiger arbeiten.

Versteht man die „Rechenleistung aus der Steckdose" als Service, der Rechenkapazitäten „on demand" also ganz nach Bedarf liefern kann, wird die Grid-Technologie auch mehr und mehr für den Mittelstand interessant. Unternehmen, die sich keine teuren Rechner leisten können, haben in Zukunft die Chance, Rechenkraft bei Bedarf zuzukaufen und nach Verbrauch zu bezahlen, genau wie man mit Strom versorgt wird. Der Vorteil für weniger potente Unternehmen liegt dabei darin, dass sie sich nicht in halsbrecherische Investitionen stürzen müssen, deren Rentabilität in der heutigen dynamischen Marktlage unabsehbar ist, trotzdem aber rechnen können „wie die Großen."

Pionieranwendungen wie diejenigen aus der Krebsfoschung, des CERN, aber auch exotische Anwendungen wie SETI@home oder die Peer-to-Peer-Tauschbörse Kazaa zeigen, welches gewaltige Potenzial das Internet für die Grid-Technologie bietet. Das Gesamtunternehmen IBM etwa verfügt auf verteilten PCs über eine Kapazität, die ungefähr der von 8 ASCI White Supercomputern entspricht. Wieviel mehr steckt aber noch im Internet? Allein die clevere Tauschbörse Kazaa nutzt beispielsweise schon 3 Petabyte Speicherplatz.

3.2.11 Wir sind das Grid

Rechenkapazität wie aus der Steckdose, Flexibilität, effektive Auslastung der Ressourcen und gemeinsamer Zugriff auf alle Arten von Geräten und Ressourcen – blickt man noch einmal zusammengefasst auf die Möglichkeiten, die Grid-Computing verspricht, so erkennt man darin viel mehr als nur eine neue Technologie. Die Vision des Grid-Computing steht idealtypisch für eine technologische Infrastruktur, die genau den Anforderungen der global vernetzten Arbeitswelt entspricht. Diese ist so dynamisch und schnell geworden, dass von jedem Element – Mensch, Maschine, Arbeitsmittel – ein Maximum an Flexibilität verlangt wird. In Zukunft wird das Grid-Modell sich nicht mehr nur auf die Energie- und IT-Versorgung beziehen. Vorstellbar ist, dass fast jedes Industrieprodukt von einem „Grid" produziert wird. Im Prinzip geschieht das ja bereits durch das engmaschige Netz von Partnerschaften und Lieferantenverhältnissen, das jeder Betrieb unterhalten und pflegen muss, um wettbewerbsfähig und flexibel zu bleiben. In Zukunft müssen diese Netze noch engmaschiger werden, die Partner müssen nahtlos miteinander verknüpft sein, die Ressourcen jederzeit überschaubar und einsatzbereit. Auf dem Weg dorthin haben wir noch ein Stückchen zu gehen. Doch bald schon könnte uns das Computing-Grid zumindest in puncto Rechenleistung den Rücken freihalten.

4 Sich organisieren

Die Computertechnologien, die die Geschwindigkeit in Franz Ks. Arbeitsleben ermöglichen, sind aus dem Blickfeld geschafft, jetzt kann er sich auf seine Aufgaben konzentrieren. Doch hinter seiner leicht zu bedienenden Benutzeroberfläche schwillt weiter das Chaos, unsichtbar zwar für ihn, aber belastend für seinen Arbeitgeber und dessen IT-Abteilung. Was passiert mit den Datengebirgen, an deren Wachstum Franz K. sich beteiligt, wenn er E-Mails verschickt, Präsentationen abspeichert und andere Daten produziert? Wohin wandert seine Arbeit und wie kann sie durch diese heterogene Landschaft schnell und korrekt an die richtigen Stellen gelangen. Wer räumt auf im Rechenzentrum, dieser schwer zugänglichen Schatzkammer unseres Unternehmens?

Die Komplexität verbergen, IT so einfach wie möglich nutzbar zu machen, darum geht es bei Autonomic Computing und Grid. Die beiden Technologien schaffen die gravierendsten Hindernisse aus dem Weg, doch es bleibt noch genügend Komplexität, genügend Unübersichtlichkeit in der IT-Infrastruktur der meisten Unternehmen übrig, dass es sich lohnt darüber nachzudenken: Wie kann das Hilfsmittel IT so einfach und klar organisiert werden, dass es eher einem flexiblen Schnellboot gleicht, anpassungsfähig genug für die E-World, als einem schwerfälligen Tanker, der die einmal vorgegebene Richtung einhält und nur schwer umdirigiert werden kann?

Über die Organisation nachzudenken lohnt vor allem in zwei Bereichen: dem der Rechenleistung und dem der Daten. Beide sind Grundlagen für die Anwendungen, mit denen das Unternehmen sein Geschäft steuert, und werden als solche in ihrer Bedeutung oft unterschätzt. Die Folge sind lieblos zusammengewürfelte Serverlandschaften, die zwar die nötige Rechenleistung liefern, aber selbst unnötig viel Zeit und Geld für ihre Wartung verschlingen und eine unorganisierte Datenhaltung, die ebenfalls unnötig kostspielig ist und im schlimmsten Fall sogar die Unternehmensdaten in Gefahr bringt, weil sie nicht genügend gesichert sind.

Diese Bereiche sinnvoll zu organisieren erfordert Arbeit und ist nicht von heute auf morgen getan. Doch eine konsequente Neuorganisation kann die schlanke, schlagkräftige und flexible Struktur schaffen, die die beste Voraussetzung für die E-World bedeutet.

4.1 Simplify your Life, your Work, your IT ...

4.1.1 Die Komplexitätsevolution

Beim Kauf seines neuen Handys denkt Franz K. es sich nicht zum ersten Mal: Geht es nicht eine Spur einfacher? Gerne würde er auf einige Funktionen verzichten, wenn er nur mehr Platz für seine Fingerkuppen auf den Tasten finden würde. Er schwankt hin und her zwischen der Freude am neuen Gerät und dem Ärger über dessen komplizierte Bedienung, zwischen der Begeisterung über das technische und kommunikative Potenzial und dem Frust über seine Unfähigkeit, dieses Potenzial auf der Stelle zu entfesseln. Ist nicht überhaupt alles viel zu kompliziert geworden? Spannend ist das ja. Aber auch sehr, sehr anstrengend. Macht ihn diese Vielfalt glücklicher oder frustriert sie ihn? Oder ist man nur ein wenig lern- und denkfaul geworden, angesichts so vieler Systeme, die einem das Denken erleichtern sollen? Für Franz K. ist es an der Zeit, sein Verhältnis zur Komplexität grundlegend zu überdenken ...

Stellen wir uns vor, wir hätten mit Hilfe gigantischer Kameras die Entwicklung unseres Planeten in lauter Momentaufnahmen festhalten können. Wenn wir uns dabei die Bilder in Intervallen von jeweils einigen hunderttausend Jahren betrachten würden, angefangen bei der Masse von Gasmischungen, mit der alles begann, dann könnten wir beobachten, wie sich das ganze Gebilde verändert, hin zu einer immer komplexeren stofflichen Struktur. Erst sähen wir immer komplizietere Moleküle unbelebter Materie, dann die ersten einfachen lebenden Organismen. Vom Einzeller ginge es zu den Vielzellern, die schon erste spezialisierte innere Organe besitzen und im Lauf der Zeit immer differenziertere Funktionen und Organe entwickeln, wie etwa das Nervensystem oder das Immunsystem. Und am Ende stünde das menschliche Großhirn, das der ganzen Evolution noch eines drauf setzt, indem es das genetische Informationsmaterial noch um das kulturelle ergänzt – um Wissenselemente, die etwa in Büchern und im Internet vorhanden sind.

Nicht alles und jedes zieht mit bei der großen Evolutionsgeschichte in Richtung maximale Komplexität. Manche Organismen bleiben erfolgreich das, was sie schon vor Jahrmillionen waren und die Chancen stehen nicht schlecht, dass es am Ende die einfache Küchenschabe länger auf dem Planeten halten wird, als uns, den hoch komplexen Menschen. Komplexität erfordert mehr Anstrengung und ist in der Regel ein anfälligerer und zerbrechlicherer Zustand und auch heute noch bei weitem nicht die Regel: Es gibt immer noch weit mehr Biomasse an simplen Insekten als an komplizierten Menschen.

Und doch ist es wohl so, dass es in all den Jahrtausenden keinen Rückbau der Komplexität gegeben hat, keinen Organismus, der sich hin zu einfacheren Strukturen entwickelt hätte. Die ganze Evolution zielt auf mehr Komplexität, auf einen wahren Komplexitätsgipfel ab. Und auf diesem stehen wir: Mit unseren diversen High-Tech-Geräten im Taschenformat, unseren Notebooks, dem Internet, den Serverfarmen und Rechenzentren von der Größe ganzer Fußballfelder und den Kabelschlangen, die mehrmals um die Erde und zurück verlaufen. Und wir haben die Wahl: Treiben wir das ganze noch weiter oder reduzieren wir uns und unsere Systeme wieder so weit, dass wir sie überblicken können.

4.1.2 Der Simplifizierungstrend

Seit einigen Jahren beherrschen Ratgeber die Bestsellerlisten, die den Menschen durch neue Simplifizierungsstrategien mehr Erfolg, Glück und persönliche Erfüllung versprechen. Eines der erfolgreichsten Bücher war der 2002 erschienene Bestseller *Simplify your Life* von Werner Tiki Küstenmacher und Lothar J. Seiwert. Ihr simples, wenig überraschendes Fazit: Der Schlüssel zu unserem Glück liegt in der Einfachheit, gerade angesichts der immer komplexer werdenden Umwelt.

Die Komplexität, wie wir sie in unserem Alltag erleben, entspringt dabei paradoxerweise gerade diesem Bedürfnis nach Einfachheit. Damit es unser Gedächtnis einfacher hat, erfanden wir die Schrift; damit wir Wissen leichter verbreiten können, erfanden wir den Buchdruck; damit wir Wissen besser speichern und verarbeiten können, erfanden wir die Computer; damit wir leichter an Informationen kommen, erfanden wir das Internet. Der Apparat, den wir zu Diensten unseres Simplifizierungsbedürfnisses errichten, ist mittlerweile so komplex, dass er seinem ursprünglichen Zweck schon völlig entfremdet scheint. Die Funktionalitäten einfacher Alltagsgegenstände erfuhren eine derartige Diversifizierung, dass sie mehr und mehr von ihren Grund- und Hauptfunktionen ablenken. Oft wünscht man sich einfach nur einen deutlich sichtbaren, großen Knopf, mit dem sich diese einfache Grundfunktionen – an- und ausschalten, Programmwechsel, Aufnahme – ohne Umwege starten lassen.

Das Gegenrezept von Küstenmacher und Seiwert liest sich wie folgt: „Beim Simplify-Weg geht es darum, in jedem ihrer Lebensbereiche eine Art Schneise zu schlagen und einen Aha-Effekt auszulösen." Ein Aha-Effekt, auf den auch viele Leiter von Rechenzentren hoffen, wenn es um die zunehmende Komplexität ihrer IT-Systeme geht. Dabei unterscheiden die Autoren sieben, nach Wichtigkeit geordnete Lebensbereiche: Die Basis besteht aus den „Sachen", also aus dem materiellen Ballaststoff, der sich im Laufe eines Lebens ansammelt. Diese Sachen haben vor allem einen Nachteil: Sie blockieren Raum und versperren die Sicht auf wesentliche Dinge. Ihr Nutzen – meist ein ehemaliger Nutzen, von dem man sich erhofft, dass er im Laufe der Zeit schon noch einmal eintreten wird – steht dabei im umgekehrten Verhältnis zu ihrem aktuellen Wert. Was also tun? Die Antwort ist immer wieder: Prüfen, bewerten und gegebenenfalls entsorgen. Bewertet wird immer nach der Frage: Wird die Funktion der „Sache" nicht bereits von anderen „Sachen" mit erfüllt und wäre es daher im Sinne der Ökonomie sinnvoll, sich von einer von beiden zu lösen? Benötige ich die Funktion überhaupt noch und wie wahrscheinlich ist es, dass ich sie in Zukunft benötigen werde? Also im Klartext: Werde ich dieses Buch noch einmal lesen, werde ich die alte Kaffeemaschine noch einmal auspacken, obwohl in der Küche längst die neue steht? Analoges gilt fürs Rechenzentrum: Brauchen wir wirklich vier Datenbank-Server oder können die nicht zusammengelegt werden? Benötigen wirklich alle diese Grafik-Anwendung oder nicht nur eine sehr begrenzte Zahl von Kreativanwendern?

Es liegt in der Natur der Dinge, dass sich solche Rezepte einfach anhören. Der Grund, warum sie selten angegangen werden, liegt darin, dass sie eine nicht unerhebliche Investition an eigener Energie verlangen. Den Aufwand, der hinter der Vereinfachung steckt, darf man nicht unterschätzen. Doch ist es eine Energie, die sich im persönlichen Bereich aber vielfach auszahlt, glaubt man den Autoren von *Simplify your Life*. Im Buch ist die Ebene über den *Sachen* die der Finanzen; hier erreicht der Mensch Vereinfachung dadurch, dass er diesen Faktor nicht überbewertet, sondern sich immer vor Augen hält, das man mit Geld Chancen nutzen kann, weiter nichts. Glücklich ist, wer spart, keine Schulden macht, selbstbewusst Gehalt fordert und das Geld für sich arbeiten lässt. Die entsprechende Währung in der IT heißt Rechenkraft: Davon sollte der IT ausreichend zur Verfügung stehen. Genügend Rechenkraft verfügbar zu haben, heißt Chancen nutzen bzw. überraschende Herausforderungen meistern zu können. Zu viel brach liegende Rechenkraft dagegen bedeutet totes, ungenutztes Kapital.

Auf der nächsten Pyramiden-Etage von *Simplify your Life!* wird das Thema Zeitmanagement verhandelt. Natürlich haben wir alle zu wenig Zeit, aber ein Auflehnen dagegen ist so sinnlos, als lege man Beschwerde gegen den 24-Stunden-Tag ein. Was ist also zu tun? Einfach bleiben, sich auf eine Aufgabe konzentrieren, Prioritäten setzen für die wirklich ertragreichen, wichtigen Sachen, keinen ineffektiven Perfektionismus entwickeln und Zeitfallen meiden. All diese Tugenden leisten Computersysteme ja bereits von sich aus, diese Art des Zeitmanagements haben wir sozusagen von den Computern gelernt. Zeitmanagement in einem Rechenzentrum bedeutet, dass bestimmte Standards eingehalten werden: Prioritäten setzen, Flaschenhälse vermeiden, die Auslastung tageszeitabhängig auszubalancieren usw. Jeder IT-Administrator kann davon ein Lied singen, ja, im Rechenzentrum scheint es um nichts anderes zu gehen als das Thema Zeit.

Nun, das *Simplify your Life*-Konzept soll hier nicht überstrapaziert werden, auch wenn sich die weiteren Pyramidenstufen wie Gesundheit, Beziehungen, Partnerschaft auf die eine oder andere Weise auf die Besonderheiten der E-World beziehen lassen. Interessant ist vor allem die Spitze der Pyramide, die sich mit der gesamten Person beschäftigt und in der Aufforderung gipfelt, sich selbst zu vereinfachen. Hier steht im Zentrum die Frage: Welches Ziel habe ich eigentlich? Was sind meine Stärken und wie passen sie zu dem Ziel? Diese Fragen sind gerade im Hinblick auf die gesteigerte Komplexität von entscheidender Wichtigkeit. Denn die Gefahr ist ja nicht nur, dass wir vor lauter Bäumen den Wald nicht mehr erkennen. Die Gefahr ist auch, dass wir nicht mehr sehen, warum wir überhaupt im Wald sind und was uns dahinter für ein Ziel erwartet. Ohne dieses Ziel ist das gesamte Tun einer schwer erträglichen Beliebigkeit unterworfen. All unser Tun, sei es am Arbeitsplatz, sei es im Rechenzentrum, sei es in der Interaktion mit Kollegen und Geschäftspartnern zielt eigentlich auf die Verwirklichung eines Leitbildes. Sollte es zumindest. Nur geschieht es zu häufig, dass man das aus den Augen verliert oder sogar vergisst. Daher lautet die zentrale Frage sowohl für den Einzelnen, als auch für die IT: Wohin zielt das ganze?

Ist es geeignet zur Verwirklichung des Leitbildes, der persönlichen Ziele, der Vision des Unternehmens beizutragen? Was muss sich dafür an mir, an meiner Arbeitsweise, an der IT verändern?

4.1.3 Konsolidieren statt nur vereinfachen

Vereinfachen, simplifizieren, sich aufs Wesentliche konzentrieren – klingt doch alles auf dem ersten Blick nach einem patenten Rezept, der zunehmenden Komplexität Herr zu werden, oder? Aber irgendwie hinterlässt dieses Konzept auch einen schalen Nachgeschmack, ein leichtes Unwohlsein in irgendeiner Zentralregion des Hirns, wo man gemeinhin das Gewissen vermuten würde. Ist die Vereinfachung wirklich der Weg in die richtige Richtung? Steckt nicht die größere Herausforderung darin, Komplexität zu bewältigen, indem man mit ihr wächst?

Der Begriff Komplexität hat für viele einen negativen Beiklang. Komplexität ist meistens lästig, zeitraubend und irgendwie unsexy. Andererseits steckt in ihrer Beherrschung auch enormes Befriedigungspotenzial. Davon wissen Spezialisten zu berichten wie Klaviervirtuosen, Kletterer, Schachgroßmeister. Für sie ist Einfachheit gleichbedeutend mit langweilig. Komplexität dagegen bedeutet, dass sie stetig an der Entfaltung ihrer Fähigkeiten arbeiten müssen, um mit den sich stetig verschärfenden Bedingungen zurande zu kommen. Dabei erreichen sie immer wieder, dass sich ihre Stärken entfalten und mit der schroffen Umwelt zu einer Integration finden. Und darin steckt tiefe Befriedigung, wie es der amerikanische Psychologe und Flow-Forscher Mihaly Csikszentmihaly in seinem Werk *Flow im Beruf* sehr treffend beschreibt:

„Ob ein Mensch sein Potenzial wirklich ausschöpfen kann – was in der Regel das Gefühl von Glück erzeugt –, hängt von zwei mentalen Prozessen ab, die gleichzeitig am Werk sein müssen. Der Zustand des Glücklichseins ist sehr viel leichter zu erreichen, wenn man versteht, wie diese beiden Prozesse ablaufen. Der erste ist der Prozess der Differenzierung – die Erkenntnis, dass wir einmalige Individuen sind, für das eigene Überleben und Wohlbefinden selbst verantwortlich, bereit zur Ausfaltung dieser Einmaligkeit, wohin immer diese führen mag, und mit Freude an einem tätigen Dasein."

Der zweite von Csikszentmihaly identifizierte Prozess bezieht sich auf die Anwendung der Entfaltung auf die Umwelt:

„Der zweite ist der Prozess der Integration – die Erkenntnis, dass wir bei aller Einmaligkeit eben doch ganz und gar eingebunden sind in das Beziehungsgefüge mit anderen Menschen, mit kulturellen Symbolen und Artefakten und mit unserer natürlichen Umgebung."

Komplexität erhält in diesem Kontext äußerst positive Konnotationen, denn nach Csikszentmihaly ist es gerade das *komplexe* Individuum, das die besten

Aussichten hat, ein glückliches, vitales und sinnerfülltes Leben zu führen. Mit der Komplexität zu wachsen ist demnach ohne Zweifel ein viel lohnenderes Ziel, als die Fülle der Möglichkeiten zu beschränken und Chancen zu kappen.

Differenzierung und Integration, also das Wachsen mit der Komplexität, ist übrigens auch das Konzept, das den meisten naturwissenschaftlichen Errungenschaften und ihren „Produkten" zu Grunde liegt. Csikszentmihaly nennt hier das Beispiel der Kamera. Früher setzte das Fotografieren ein vergleichsweise breites Spektrum an Arbeiten und Fähigkeiten voraus. Mit einem einfachen Druck auf den Auslöser war da noch nicht viel zu erreichen. Mit Hilfe von Objektiven musste das Bild herangeholt werden, im Innenraum brauchte man eine externe Lichtquelle, einen Blitz zum anschrauben und einen Belichtungsmesser. Dazu kam noch das ganze mühselige Geschäft der Entwicklung. Heute ist dieser komplexe Apparat sehr viel leichter zu handhaben. Teleobjektiv, Blitz, Belichtungsmesser – all diese differenzierten Funktionen sind zwar viel ausgefeilter geworden, sie wurden mittlerweile aber in der Apparatur integriert, der Fotograf muss sein Objekt nur noch anvisieren und auslösen. Ein schönes Beispiel für das Spiel zwischen Ausdifferenzierung und Integration, wo es einerseits immer komplexer zu werden droht, für den Anwender jedoch immer einfacher, simpler.

Besondere Bedeutung kommt bei diesem Prozess der Schnittstelle zwischen Technologie und Anwender zu, also zwischen dem komplexen System und dem Bediener desselben, der es möglichst einfach braucht. Diese Schnittstelle wird bei elektronischen Geräten Konsole genannt. Gemeint ist damit die Oberfläche mit einer überschaubaren Menge an Knöpfen und Reglern, mit deren Hilfe sich die komplexe Technologie unter der Oberfläche bedienen lässt. Berühmtestes Beispiel hier sind die Spielkonsolen, die unter ihrem trendigen, klar gestalteten Äußeren hochwertige Computertechnologie verborgen halten, die mit unglaublicher Rechenkraft eine ganze Spielwelt erstehen lassen kann.

Diese Schnittstelle zwischen uns und der Welt wird immer wichtiger. Denn entscheidend für unseren Umgang und unsere Akzeptanz von Technik ist die Art und Weise, wie sie in unserem Alltag in Erscheinung tritt – oder auch nicht. Erst wenn es gelingt, die Technologie zunehmend unter einer anschmiegsamen, intuitiven Oberfläche zu verstecken, wird sich der Mensch auch zunehmend willig und freudevoll ihrer annehmen. Viel hängt von der Frage ab, ob diese Oberfläche zum Spielen, zur Kreativität, zum Arbeits-Flow einlädt, oder ob sie durch abweisende Schroffheit abschreckt.

Dabei gilt es natürlich bei den Alltagsgegenständen wie Handy und Heim-PC darauf zu achten, dass man die Funktionen angemessen und überschaubar hält. Insofern wären hier zielgerichtete Simplify-Bewegungen eher gefragt als ständig neue Möglichkeiten, die die Komplexitätsspirale in nicht immer vernünftige Höhen schnellen lassen. Es ist ja bekannt, dass ein Großteil der Funktionen eines Textverarbeitungsprogramms von den allermeisten Benutzern nicht genutzt wird. Die meisten wollen damit einfach nur Texte schreiben, gegebenenfalls eine Grafik einfügen, eine Schriftart ändern, allerhöchstens eine Formatvorlage erstellen. Dafür sind die meisten Textverarbeitungssysteme klar über-„featured". Aber diese Art von mehr oder weniger sinnloser Komplexität ist Teil eines Systems: Mehr Funktionen erfordern mehr Rechenkraft; mehr Rechenkraft erfordert neue Prozessoren, erfordern neue Rechner, erfordern neue Betriebssysteme. Dabei wird den Konsumenten oft vorgegaukelt, dass sie diese ganzen neuen Funktionen unbedingt brauchen. Was nicht wirklich der Fall ist, wenn man den Rechner lediglich als verbesserte Schreibmaschine nutzen will. Gerade bei Handys ist der Trend geradezu absurd. Mit dem Handy kann man mittlerweile faxen, E-Mails schreiben, fotografieren und so weiter. Die wenigsten Menschen nutzen diese Technik. Sie wollen nichts weiter als telefonieren und SMS schreiben. Aber es beruhigt sie immerhin, dass sie die gesamte Technik verfügbar haben, unter der Konsole potenziell beherrschbar, auch wenn sie nicht wissen wie. Wolf Lotter hat in seinem Brand Eins-Artikel *Immer mehr* sehr richtig angedeutet, dass die meisten Nutzer die Technik heute nicht mehr verstehen. Das eröffnet Raum für Demagogie und Irrationalismus.

> *„Vor allem aber: Man will dabei sein. 30 Jahre Computerisierung haben bei den wenigsten Leuten zu einem sinnvollen und planvollen Einsatz der Informations- und Kommunikationstechnik geführt. Man muss mitmachen, weil man sonst out ist. Das schafft enormen Stress. Wer nicht multimedial ist, immer das schnellste Gerät hat und nach Möglichkeit alles davon verfügbar, gilt als Depp. Das ist Technikgläubigkeit, die mit Wissen nichts zu tun hat und die letztlich dazu führt, dass nicht weniger tumbe Technikfeinde immer mehr Gehör finden. Denn: Wenn der Mensch nichts mehr weiß, wird er gläubig."*

4.1.4 Konsolen und Konsolidierung

Jedoch, die Technik ist da, ihre Funktionen drängen mit Macht in den Alltag. Im Kleinen ist die Konsole ein Rezept, ihrer Herr zu werden, im Großen müssen wir es mit der Konsolidierung versuchen. Mit dem Begriff verbinden die meisten Menschen im Alltag nicht unbedingt Gutes. Am häufigsten fällt das Wort, wenn es um die Absegnung von Haushaltsentwürfen geht. Konsolidierung hat hier viel zu tun mit Geld, Schulden und Sparprogrammen. Doch die positiveren Anklänge lassen nicht lange auf sich warten: Im Wortsinn kommt Konsolidierung von lateinisch „consolidatio", der Sicherung, und bedeutet in etwa „Festigung, Sicherung, Vereinigung". Im Börsenwesen steckt hinter Konsolidierung zum einen die Zusammenlegung mehrerer Anleihen zu einer neuen mit günstigeren Bedingungen, zum anderen eine Stabilisierung in der Kursentwicklung nach größeren Schwankungen. Und in der IT? Ist Konsolidierung zu einer Art Zauberwort geworden, das von all diesen Bedeutungen ein bisschen etwas enthält: Durch die Vereinigung und Zusammenlegung von bestehenden Systemen soll eine feste Basis geschaffen werden, die dann auch noch bares Geld spart.

Auch mit der Konsole hat die Konsolidierung einiges gemeinsam. Es geht bei beiden um Wirtschaftlichkeit: Die Konsole als Bedienungs-Element bzw. Bedien-Oberfläche soll dafür sorgen, dass eine Technologie mit relativ geringem Aufwand genutzt werden kann, und eine positive Kosten-Nutzen-Relation aufweist. Wenige ökonomische Tastenklicke sollen das darunter liegende Potenzial entfesseln. Bei der Konsolidierung geht es ebenfalls darum, einen wirtschaftlichen Rahmen zu schaffen, allerdings in größerem Maßstab. Es geht um den Prozess, wie heterogene Leistungen, Ressourcen und Informationen in einen gemeinsamen Rahmen gebracht werden können - der dann im Idealfall sogar über eine gemeinsame „Konsole" bedient werden kann.

Ein simples Beispiel veranschaulicht das Konsolidierungskonzept: der Multifunktionsdrucker. Diese Geräte fassen die vielen verschiedenen Bürogeräte zusammen. Fax, Drucker, Farbdrucker, Kopierer und Scanner lassen sich über eine einzige Konsole bedienen. Alle Geräte teilen sich Strom, Rechnereinheiten wie Prozessoren, Speicher und I/O-Einheiten sowie Netzwerkanschluss und Papiervorrat. Vorteil fürs Unternehmen: Man spart Platz und Geld für die Anschaffung und Wartung der vielen Einzelgeräte. Und auch der einzelne Anwender ist wahrscheinlich froh, wenn er nicht lernen muss, fünf Geräte zu bedienen statt einem. Für die IT-Abteilungen großer Unternehmen gilt es, diese Konsolidierung im großen Stil für ihr gesamtes Rechenzentrum zu wiederholen. Sie sind umso mehr dazu aufgerufen, da sie in der Regel ebenfalls mit konsolidierten Budget-Plänen auskommen müssen. Um dem Rechnung zu tragen, werden an die IT dieselben Anforderungen gestellt, wie an die meisten Mitbürger und Institutionen einer Gesellschaft, die schon seit einiger Zeit unter dem Verdikt der Haushaltskonsolidierung steht: Sie muss wirtschaftlicher werden, ihre diversen Funktionen müssen nahtloser integriert, ihre Komplexität durch eine effektive Konsole beherrscht werden. Mit anderen Worten: Konsolidierung ist ein Wirtschaftsprogramm, nicht nur für eine Gesellschaft, sondern auch für jedes einzelne Unternehmen und dessen Ressourcen. Die IT-Abteilung kann hier beispielhaft vorangehen.

4.1.5 Die Konsolidierung der Dienerschaft

Wenn man in der IT von Konsolidierung spricht, dann geht es meistens um die Konsolidierung der Hauptträger der Rechenleistung und IT-Ressourcen, der Server. Die Server sind die Versorgungseinheiten in einem Unternehmensnetzwerk. Sie versorgen die Wissensarbeiter an ihren PCs mit Daten, Anwendungen, Rechenkraft, Internetfunktionen und Speicherplatz. Sie sind selber ausgestattet mit der Intelligenz in Form von Netzwerkbetriebssystemen, die sie für ihre Zwecke benötigen, und kümmern sich damit um die Verwaltung und Zuweisung ihrer Ressourcen an die Netzwerkteilnehmer. So weit so gut. Nun hat sich vor allem im Laufe des letzten Jahrzehnts in den Rechenzentren wie auf den einzelnen Heimcomputern oder den Handys eine zunehmende Diversifizierung von Funktionen ereignet. Neue Funktionen – neue Anwendungen, Datenbanken, Speicher- und Internetdienste – wurden integriert, häufig indem man einfach die Zahl der Server im Datenzentrum immer weiter aufaddierte. Am Ende standen Anlagen mit mehreren hundert oder gar Tausenden Servern. Heute spricht man recht treffend von Server-Farmen, um den Zustand im Rechenzentrum bildhaft zu kennzeichnen.

Das Problem dabei ist nun wieder die wachsende Komplexität. Die ausufernden Server-Landschaften sind ein unübersichtlicher Wust aus Geräten unterschiedlichster Hersteller, mit unterschiedlichsten Betriebssystemen, Anwendungen, Verwaltungswerkzeugen, Serviceanforderungen und was nicht noch allem. Der Rechnerraum wird so zum Moloch, der alles frisst, was man ihm hinwirft. Vor allem frisst er Zeit, Zeit für Verwaltung, Wartung und Fehlerbehebung. Und außerdem kann kaum noch jemand sagen, ob all die Rechenkraft, die in seinem Inneren arbeitet, tatsächlich benötigt wird. Spätestens unter dem Zeichen konsolidierter Haushalte wird nun klar, dass es so nicht mehr weiter gehen kann. Das neue Stichwort lautet Server-Konsolidierung.

Damit ist nun nicht einfach nur die Zusammenlegung aller Server eines Unternehmens gemeint. Bei der Konsolidierung geht es vielmehr um die wirtschaftlich optimale Integration der Vielzahl von Serverleistungen und Systemarchitekturen und damit um deren Vereinfachung. Wenn man so will, beschreibt die Server-Konsolidierung den Weg vom verschnörkelten Rokoko-Zeitalter der IT hin zu einfachen, rationalisierten, „klassischen" Formen. Das bezieht sich nicht nur auf die Hardware, sondern auch auf die Software und die Services. Vor allem geht es darum, das Ganze mit einem effizienten Systemmanagement zu decken, das als überschaubare und bedienbare Schnittstelle und Konsole zwischen System und Administrator dient.

Klar ist, dass ein solches Projekt mit viel Einsatz und Arbeit verbunden ist. Große IT-Anlagen haben an sich etwas Beharrendes, das sich gegen Veränderungen sträubt. Das liegt auch daran, dass Komplexität verwundbar macht. Sie macht Angst vor jeder Veränderung des empfindlichen Gleichgewichts. Schließlich hat man schon lange den Überblick verloren, wer mit wem interagiert. Doch gerade angesichts dieses Gedanken, muss man sich von neuem die Ziele vor Augen halten, die mit der Konsolidierung verbunden sind: Im Unternehmen bedeutet das nach einer Anfangsinvestition geringere Kosten, bessere Service-Möglichkeiten, schnellere Reaktionsfähigkeit auf dem Markt und eine enorme Arbeitserleichterung für alle Mitarbeiter im Unternehmen, denen bei Fehlern und Ausfällen schneller geholfen werden kann und die allgemein besser und schneller an die Daten und Informationen gelangen, die sie für ihre tägliche Arbeit benötigen. Außerdem verringert sich ganz nebenbei die Angst vor der Komplexität, das System läuft stabiler, das Gewissen ist ruhiger.

Ein solches Projekt kann nicht ohne gründliche strategische Erwägungen im Vorfeld vonstatten gehen. Ehe man sich also daran macht, das Infrastruktur-Chaos mit wildlaufenden Serverherden und wuchernden Rokoko-Architekturen mit unterschiedlichen Anwendungen verteilt auf einer Vielzahl von Betriebssystemen zurecht zu stutzen, heißt es, einen Plan austüfteln. Dabei sollte man sich allerdings von Anfang an nicht in quälenden Bestandsaufnahmen verstricken, sondern das Pferd richtig herum aufzäumen: Ausgangspunkt der Konsolidierung ist eben nicht die vorhandene Hardware, sondern das Leitbild, das sich das Unternehmen gesetzt hat. Relevant ist, was dem Unternehmen und dessen Geschäftsmodell nutzt, nicht was alles an Spielzeug herumliegt. Jede einzelne Komponente muss danach befragt werden, was sie für das Unternehmen ausrichtet und wie sie es tut. Danach, ob sie die richtige dafür ist, ob die zugrunde liegende Technologie die geeignetste ist und ob nicht andere es besser könnten.

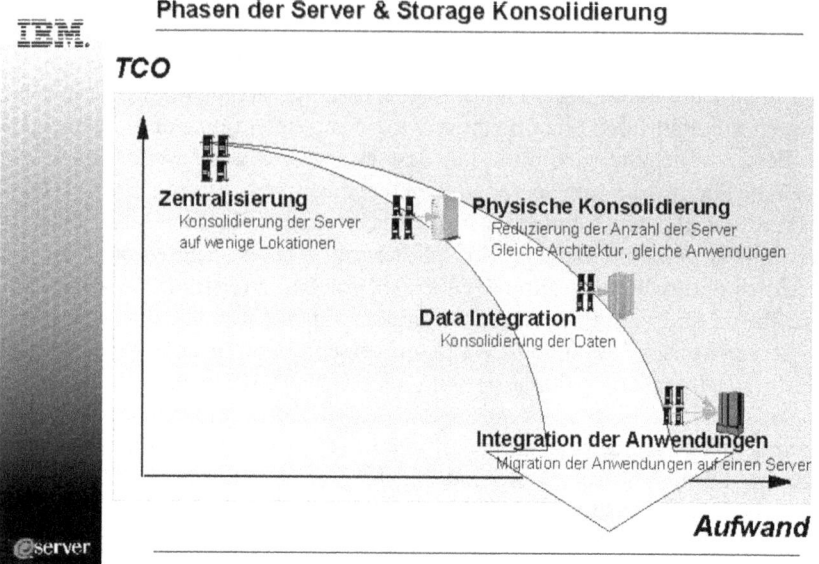

Abb. 12. Die Konsolidierung der IT-Infrastruktur erfolgt in mehreren Stufen, von der Zentralisierung bis hin zur Anwendungsintegration

Konsolidierung im großen Maßstab fängt bei der Zentralisierung der Server an. Zentralisierung meint hier wörtlich: an einem Ort zusammen bringen. Dabei bleibt vielleicht die Zahl der Server sogar bestehen und an der Infrastruktur ändert sich zunächst nicht viel. Aber das Management der Anlage kann von einem zentralen Punkt aus geschehen und deutlich günstiger werden. Die Zentralisierung ist üblicherweise der erste Schritt nach Fusionen von Unternehmen.

Die nächste Konsolidierungsstufe sieht eine wirkliche Reduzierung von einer größeren Menge an Servern auf eine kleinere Herde vor. Ansatzpunkt ist hier schlicht und einfach die Einsparung redundanter Dienste. So können beispielsweise Datenbanksysteme auf einem Server zusammengelegt werden, die vorher mehrere Server beansprucht haben. Außerdem werden so chronisch unterbelastete Server besser ausgelastet.

Ein wichtiges Element ist die Integration der Daten. Die Daten in einem IT-System entspringen den unterschiedlichsten Anwendungen und kommen in verschiedenartigster Gestalt daher. Sie müssen in einem gemeinsamen Repository und in gemeinsamen Formaten konsolidiert werden. In extra geschaffenen Speicher-Pools werden logisch getrennte Daten zusammen aufbewahren. Das kann zum Beispiel mit Hilfe eines Storage Area Networks geschehen (siehe Kapitel Speicher). Durch die Integration diverser Daten gewinnt das IT-System enorm an Effizienz und Flexibilität.

Mit der nächsten Konsolidierungsstufe geht es in die Königsklasse der Konsolidierung: Die tiefgreifendste, wirksamste und wichtigste Ebene der Serverkonsolidierung ist die Integration der diversen Anwendungen. Gleichzeitig ist sie aber auch die aufwändigste und erfordert ein sorgfältiges Vorgehen. Hier winken noch mehr Vorteile in Sachen Kostensenkung, Flexibilität und Effizienzsteigerung. Statt eine Anwendung pro Rechner zu betreiben werden hier unternehmensweit verteilte, gemischte Anwendungen, die unterschiedliche Lastanforderungen haben können, auf eine neue, zentrale Plattform migriert. Die Server bekommen deutlich mehr zu tun, sind also besser ausgelastet und effizienter. Die durchschnittliche Auslastung von Unternehmensservern schwankt stark mit der Anwendung, die darauf betrieben wird. In vielen Fällen liegt sie jedoch bei sehr geringen Werten, teilweise nur bei 10 bis 20 Prozent. Dies kann wesentlich gesteigert werden, wenn Anwendungen zusammengefasst, zentralisiert und auf einem konsolidierten Server betrieben werden. Vereinfacht wird das durch die Technologie von heute, die es ermöglicht, dass ein Rechner unterschiedliche Workload-Typen gleichzeitig bewältigen kann. So kann es sinnvoll sein, Anwendungen zu kombinieren, von denen eine den Prozessor stark belastet, weil sie sehr viel Rechenleistung benötigt, und die andere wenig CPU-intensiv ist, dafür aber sehr viele Daten umsetzt und dafür sehr schnell Daten aus dem Hauptspeicher lösen muss. Moderne Serversysteme mit großer Leistung sind mit Virtualisierungstechnologien ausgestattet, die es möglich machen, mehrere Anwendungen problemlos zusammenzufassen. Solche Server können partitioniert werden, was bedeutet, dass auf jedem Prozessor mehrere virtuelle Server laufen können, jeder auf einem eigenen Teil des Prozessors, einer sogenannten Partition. Die Partitionen werden dabei je nach Bedarf innerhalb weniger als einer Sekunde automatisch umkonfiguriert. Auf neuesten Systemen können mehrere Betriebssysteme laufen, bereits ein Zehntel der Kapazität eines Prozessors ist ausreichend, um einen virtuellen Server zu betreiben. Bisher galten diese Konsolidierungscharakteristika eigentlich nur für die großen Mainframe-Syteme. Doch neueste Entwicklungen bei der Virtualisierung zeigen: Mit dem mainframezentrierten Modell aus den 70er und 80er Jahren des letzten Jahrhunderts hat die Konsolidierung von heute nicht mehr viel zu tun.

Zentralisierung, physikalische Konsolidierung, Daten- und Anwendungsintegration – es klingt alles leichter, als es ist. Leider gibt es hier keine Lösungen von der Stange. Jedes einzelne Rechenzentrum braucht eine Maßanfertigung. Und dabei gilt es im Vorfeld eine ganze Reihe komplexer Daten zu erheben: Wie ist die Situation im Unternehmen, was sind die Ziele, was kann man überhaupt konsolidieren, was muss man alles wo zusammenfassen – das alles ist eine Wissenschaft für sich und kann durch methodisches Vorgehen und mit Software-Werkzeugen erleichtert werden.

Ein Beispiel für ein methodisches Vorgehen ist der sogenannte „Bottom up"- oder „Align"-Ansatz. Hier wird das komplette Unternehmen einer sorgfältigen Studie unterzogen. Am Anfang steht die Qualifikationsphase, in der die Geschäftsanforderungen und IT-Strategien untersucht und fixiert werden. Hier geht es darum, für die IT ein Leitbild zu schaffen, das demjenigen des Unternehmens mit seinem spezifischen Geschäftsmodell entspricht. Auf dieser Liste steht, welche Herausforderungen, Bedingungen und potenziellen Vorteile die vorhandenen Verhältnisse vorlegen. Außerdem steht in dieser Konsolidierung-„Charta", welche Auswirkungen das ganze Vorhaben auf das Unternehmen haben könnte, zum Beispiel auch auf die Anzahl der Mitarbeiter und deren Produktivität.

Steht dieses Glaubensbekenntnis der Konsolidierung, dann folgt der wichtigste Schritt. Jetzt geht es darum, mit genauem Auge und spitzem Bleistift aufzunehmen, was vorhanden ist und die Bestandteile danach zu bewerten, ob sie dem Leitbild in vollem Umfang dienlich sind. Hier wird ganz profan aufgelistet, welche Architekturen und Server im Einsatz sind, welche Rechenzentren betrieben werden, welche Anwendungen unterstützt werden und welche Anforderungen in Sachen Datendurchsatz und Verfügbarkeit damit verbunden sind. Und dann geht es ans Eingemachte: Sobald die Liste steht, wird berechnet, wie hoch die IT-Kosten pro Nutzer sind, was am meisten Geld verschlingt und wie sich das ganze auf Server, Netz und Clients verteilt.

Ist alles so weit, dann kann es auch schon losgehen. Jetzt müssen die Konsolidierer ausgehend von der vorangegangenen Arbeit Schwerpunkte setzen. In der Fachsprache heißt das „Konsolidierungsinseln identifizieren". Gemeint sind logische und physikalische Gruppen von Servern mitsamt ihren Anwendungen und Daten, wie Fileservices, Datenbanksysteme und Mail-Dienste. Diese werden jetzt nach dem aufgestellten Leitbild priorisiert. Zusätzlich werden auch alternative Konzepte erarbeitet, die die Anwendungen eventuell kostengünstiger übernehmen könnten. In dieser Phase haben eine Vielzahl von Experten aus der Technik, aber auch aus dem Vertrieb Anteil an der Bewertung. Und die gehen tief in die Details, analysieren die Inseln bezüglich Affinität, Abhängigkeit und Wechselbeziehungen, bewerten den Aufwand für Portierung und Konsolidierung von Anwendungen unterschiedlicher Workload-Typen, analysieren Fähigkeiten und notwendige Trainingsmaßnahmen, planen Kapazitäten und geben am Ende eine Gesamtbewertung des vorgeschlagenen Lösungsszenariums ab.

Und dann geht es an die Implementierung, also an die tatsächliche und zielgerichtete Veränderung der IT-Systeme. Zusammen mit der anschließenden Validierung hinsichtlich der gesetzten Erwartungen ist das Projekt mit dieser Phase abgeschlossen. Oder etwa nicht?

Schön wäre es. Aber natürlich ist Serverkonsolidierung ein sich ständig wiederholender Prozess, die Infrastrukturen müssen regelmäßig immer wieder einer solchen Darmspülung unterzogen werden. Denn schließlich ändern sich auch die Geschäftsprozesse andauernd und das viel schneller, als man denkt. Serverkonsolidierung – das ist nicht zuletzt ein Trainingsprogramm für die IT, um fit zu werden für die rasante Heftigkeit des on demand-Zeitalters.

Technik der neuen Dimension

Neben planerischen Bedingungen bringt Serverkonsolidierung einige technische Herausforderungen mit sich. Beispielsweise haben die zu konsolidierenden Anwendungen unterschiedliche Sicherheitsanforderungen oder zeigen Abhängigkeiten von unterschiedlichen Versionen eines Systems. Diese unterschiedlichen Anforderungen können nicht innerhalb eines einzigen Betriebsystems abgedeckt werden. Sie machen partitionierbare Server erforderlich. Die Partitionierung sollte möglichst flexibel (nach CPU-Anzahl, Memorygröße, Anzahl der I/O Kanäle) und dynamisch veränderbar sein, also ohne einen Neustart des gesamten Systems, da die Ressourcenanforderungen in der Regel schwanken.

Zum anderen spielt das Workload Management eine wichtige Rolle, um zu vermeiden, dass Ressourcenkonflikte auftreten, wenn gleichzeitig – die Fachsprache sagt bildlich konkurrierend – laufende Anwendungen auf Prozessor, Hauptspeicher und I/O zugreifen wollen. Ein Workload-Management-System klassifiziert die Anwendungen, die in den einzelnen Partitionen laufen und weist ihnen kontrolliert Ressourcen zu. Nur so kann die Auslastung von Servern wirklich effizient gesteigert werden, nur so sind über einen längeren Zeitraum hinweg Serverauslastungen von bis zu 90% zu erreichen was mit einer signifikanten Einsparung an Rechner- und damit auch finanziellen Ressourcen einhergeht. Allgemein gilt: Je vielfältiger die Möglichkeiten zur Partitionierung sind, desto effizienter lassen sich die Rechner einsetzen.

Ein weiterer Punkt ist die Systemverfügbarkeit, die beim Betrieb von mehreren Anwendungen auf einem Rechner entsprechend höher sein muss als in verteilten Umgebungen. Hoch verfügbare Systeme sind deshalb unabkömmlich. Eine Lösung, die gleichzeitig das System-Management entlastet, können hier selbstverwaltende Systeme sein, die Fehlerquellen antizipieren, identifizieren und beheben oder melden und über Remote Access angesprochen werden können. (vergleiche Kapitel zu Autonomic Computing)

Hilfsmittel zur Veränderung

Anwendung findet die Konsolidierung in den unterschiedlichsten Bereichen und Branchen. Die Firma Nestlé wird beispielsweise ihre 100 weltweit betriebenen Rechenzentren in einem Projekt über ca. 5 Jahre auf 3 große Zentren konsolidieren. Ähnlich wie IBM mit on demand läutet Nestlé damit eine Transformation der IT-Infrastruktur ein. Nestlé betrachtet dabei moderne vernetzte Server, Storage und geeignete Software als Katalysator für grundlegende Veränderungen, die die Wettbewerbsfähigkeit steigern, Kosten reduzieren und es ermöglichen, flexibel auf rasche Veränderungen der Marktsituation zu reagieren.

Grundsätzlich sind alle Konsolidierungsansätze also durch die vorherrschende IT-Architektur geprägt. Deshalb steht deren Analyse an erster Stelle, wenn es darum geht, eine wirksame Konsolidierungsstrategie zu entwickeln. Ein präzises methodisches Vorgehen kann dabei über Erfolg und Misserfolg entscheiden. Die Analyse kann dabei auch ergeben, dass sich Anwendungen und Server auf Grund der zugrundeliegenden Architekturen nicht ohne weiteres konsolidieren lassen.

Wichtig ist über eine geeignete Methode und leistungsfähige Hardware und Software hinaus die Bereitschaft zur Flexibilität und Offenheit gegenüber neuen Ideen und Methoden. Auch interne Hindernisse, wie unternehmenskulturelle und firmenpolitische Aspekte können Einfluss nehmen. Wenn Abteilungen sich nicht darüber einig sind, wie in der konsolidierten Struktur die Kosten der Rechenressourcen auf die verschiedenen Kostenstellen aufgeteilt werden sollen, tut man sich schwer eine Konsolidierung durchzusetzen. Nicht zuletzt spielt auch ein engagierter Projektmanager eine entscheidende Rolle. Spielen diese Faktoren zusammen, kann die Konsolidierung enorme Vorteile bieten.

4.1.6 Von der Konsolidierung zur Virtualisierung

Eine Art Konsolidierung der nächsten Generation erreicht die E-World gerade mit der sogenannten Virtualisierung. Virtuell bedeutet eigentlich laut Wahrig-Wörterbuch *der Kraft oder Möglichkeit nach vorhanden*. In der Computertechnologie eröffnet sich hier ein faszinierendes Spektrum realer und vorgestellter Welten. Mit Hilfe neuer Technologien wird es möglich, von den realen Gegebenheiten einer IT-Landschaft gleichsam zu abstrahieren und ein ideales Abbild zu schaffen, das sich viel leichter handhaben lässt. Virtualisierung ist das größtmögliche, was Konsolidierung leisten kann. Server sind nicht länger an einen bestimmten Hardware-Rahmen gebunden. Man kann Sicherheitskopien von ihnen anfertigen oder von einem Rechner auf einen anderen verschieben, als seien es Dateien, die von einer Festplatte auf die andere wandern. Stellen Sie sich vor, sie könnten dasselbe in ihrem Team machen? Sie könnten über die Fremdsprachenfähigkeit des einen verfügen und gleichzeitig über die Programmierfähigkeit des anderen und die Motivation eines Dritten jederzeit bedienen, unabhängig wo sich die Körper befinden.

Der bisherige Stand der Konsolidierungstechnologie ermöglicht zwar, dass wenige Server immer mehr Anwendungen im Sinne von Multitasking gleichzeitig erledigen können. Dadurch lassen sie sich – wie schon gesagt – besser auslasten und die Komplexität im Rechenzentrum wird geringer. Dennoch läuft diese Arbeitsteilung noch nicht rund, zu oft kommen sich die unterschiedlichen Tasks ins Gehege, ideal von der Produktivität wäre immer noch, wenn jede Anwendung einen anderen Server hätte. Ideal von der Wirtschaftlichkeit wäre andererseits, wenn der Server nicht mehr Ressourcen kosten würde, als die Anwendung auch verbraucht. Und genau das ist mit der Virtualisierung möglich.

Der Begriff Server-Virtualisierung ist mittlerweile recht vielschichtig geworden und umfasst viele Ideen, die nicht unbedingt das gleiche meinen. Der Kern aber ist, dass eine Software praktisch eine zusätzliche Schicht einzieht zwischen realen Servern und dem Anwender. Diesem bleibt verborgen, wer wann wie im Hintergrund eigentlich für ihn arbeitet – und das ist ihm ja auch egal. Die Software sorgt, fast insgeheim, dafür, dass Prozessor, Speicher und Peripheriegeräte zwischen mehreren unabhängigen Betriebssystemen hin und her wechseln, von denen jedes als unabhängiger Server fungiert und seine eigenen Dienste ausführen kann, als ob es sich auf einem separaten Rechner befände. Mainframe-Computer kann man schon seit Jahrzehnten als mehrfache virtuelle Rechner konfigurieren. Inzwischen kommt die Technologie dem Ideal schon recht nahe: Die physische Beschaffenheit und Rechenkraft eines Servers wird so eingerichtet, dass mehrere virtuelle Server laufen, als stünde hinter ihnen jeweils ein separater Rechner mit eigener Netzwerk (IP)-Adresse, Festplatten- und Speicherplatz ganz für sich selbst, eigenem Betriebssystem und völlig unabhängig voneinander. Heute können auf ein und derselben Hardware Linux, Windows, Unix oder sonstige Betriebssysteme laufen, wobei jede Instanz als selbständiger Computer funktioniert.

Die Vorteile der Virtualisierung liegen in wirtschaftlicher Hinsicht natürlich in der Erhöhung der Effizienz – man spart Geld, ohne auf Funktionen verzichten zu müssen. Da ein Server nicht mehr an ein bestimmtes Hardware-Gerät gebunden ist, kann man von ihm ein Backup erstellen oder ihn von einem Rechner auf den anderen verschieben, beinahe so wie man eine Datei von einer Festplatte auf die andere kopiert. Durch Aufrüsten von Rechnern um weitere Prozessoren oder Erhöhen der Speicher- und Festplattenkapazität erfolgt gleichzeitig ein Upgrade für alle virtuellen Server, die auf diesen Rechnern laufen. Außerdem können mehrere Server auf einem Rechner zusammengelegt werden.

Aber am hilfreichsten ist die Verwaltungs-Konsole, die der IT-Manager durch den ganzen Konsolidierungsprozess erhält: All die Server können nun von einem einzigen Punkt aus kontrolliert werden. Der IT-Administrator kann Änderungen an den virtuellen Servern vornehmen, ohne physisch wirklich vor Ort sein zu müssen; virtuelle Server können dazu- oder abgeschaltet werden „on demand", gerade wie es die Auftragslage erfordert. Ohne Auswirkungen auf das Produktionssystem kann er Server kopieren und ändern, Dinge ausprobieren, ohne großen Aufwand.

Natürlich lässt sich dem echten Server, wenn er schon bis zum Anschlag ausgelastet ist, durch Virtualisierung nicht noch mehr Potenzial entlocken, das wäre Zauberei. Außerdem kann man zwar jetzt mit Hilfe virtueller Server zuverlässige und wirtschaftliche Serversysteme aufbauen, doch birgt diese geballte Komplexität hinter der Management-Konsole auch Gefahren: Wenn ein einzelner Rechner ausfällt, auf dem zehn virtuelle Server laufen, dann hat das eine höchst unangenehme Kettenreaktion zur Folge.

Die Virtualisierung zeigt aber auf, wohin es mit unseren komplexen Systemen in der E-World geht. Software und Hardware laufen immer weiter auseinander, man kann sagen: die Software emanzipiert sich zusehends von der Hardware, ebenso wie die Daten sich zusehends von der Software emanzipieren. Dieser unverhoffte Zugewinn an Flexibilität bedeutet, dass man seine Ressourcen jetzt noch zielgerichteter einsetzen kann. Es kommt nur noch darauf an, was man erreichen will, unabhängig davon, wo die Werkzeuge dafür stehen. Einmal mehr verschwinden Grenzen, gewinnt die Welt an Offenheit.

Konsolidierung bedeutet für Franz K. eine große Hoffnung. Franz K. hat sich für die Komplexität der E-World entschieden, mit allem, was dazu gehört. Er tut dies, weil er in dieser Komplexität einen Spiegel seiner eigenen Entwicklung sehen darf. Er entfaltet seine Fähigkeiten und integriert sie in die ebenfalls komplex entfaltete Umwelt. Sein Ziel ist es, von Konsolidierung zu Konsolidierung voranzuschreiten, wobei ihm immer höhere Entfaltungsmöglichkeiten winken. In welche spirituelle Höhen, davon lässt der Begriff Virtualisierung eine Ahnung aufschimmern.

4.2 Die Auslagerung des Hauptspeichers und die Folgen

4.2.1 Von der Explosion des Wissens

Es beginnt mit dem Wecksignal am Morgen, das uns sagt, dass es an der Zeit ist, das gesamte Betriebssystem hochzufahren. Es geht weiter – für Menschen wie Franz K., die in der Früh noch etwas Zeit übrig haben – mit der Lektüre der Tageszeitung. Bereits auf der Titelseite mehrere Bilder, Überschriften und Artikel, die unterschiedliche Kontexte und innere Strukturen aufrufen, die kanalisiert, verarbeitet oder verworfen werden müssen. Die erste Informationsportion wird den Anforderungen des Tages einverleibt, in unterschiedliche Prioritätsbereiche verteilt, wie die Post in die Bezirksfächer auf der Poststation – Beruf, Freizeit, Privates, Glauben, Seinszusammenhang usw. Dann begibt sich Franz K. an den Arbeitsplatz und hier beginnt der Tanz erst wirklich – zu den allgemeinen Informationen von außen, die ihn über Tageszeitungen, Newsletter, Internet-Seiten über Frühstücksfernsehen und Autoradio bereits erreicht haben, treten jetzt die neuen, internen: die paar Dutzend ungeöffneten E-Mails, die Meetings, die Gespräche mit Kollegen, die Konferenzschaltungen, die unüberschaubare Menge an Dokumenten, Tabellen, Präsentationen und was es nicht noch alles gibt ... Die Metapher von der Informationsflut ist längst zum Klischee geworden und doch drängt sie sich Franz K. immer wieder einmal auf. Und die Frage bleibt offen: Lassen wir uns von dieser Flut überrollen? Oder lernen wir, auf dem Wellenkamm zu reiten, und zwar mit ähnlichem Geschick wie die Surfer der Meere, mit flexiblen Gelenken, mit festem Stand, mit stromlinienförmigen Brettern und allem was man sonst noch braucht für diesen schnellen Ritt?

Es ist ja auch ein Klischee, dass ohne diese Flut alles leichter, besser, effektiver wäre. Wie stets bei gesellschaftlichen Entwicklungen solcher Dimension, stimmt ein Chor aus Skeptikern, Kritikern, Kulturpessimisten und Propheten des Untergangs unisono ihr einhelliges, verdammendes Lamento an: Die Reizüberflutung übersteige die Kapazitäten unserer kognitiven Strukturen, ja, zerstöre sie gar; der Mensch sei so sehr in der Bewältigung der Vielfalt verstrickt, dass er gar nicht mehr konstruktiv arbeiten könne, seine Kreativität leide darunter, seine Effizienz, seine Intelligenz, sein Ruhebedürfnis, seine Beziehungsfähigkeit, sein Sexualleben. Anscheinend sorgt die Informationsflut für falsche Prägung Heranwachsender, Hyperaktivität, intellektuellen Bankrott und Schizophrenie.

Natürlich ist das alles übertrieben. Eifer, Einfältigkeit und Hysterie überdecken einmal mehr die Fakten: Tatsache ist zwar, dass wir im Vergleich zu unseren Vorfahren ein Vielfaches an medial vermittelter Informationen verarbeiten müssen. Das lässt sich in den Tagen von Bits und Bytes sogar messen und mit einer Größenziffer versehen: Im Jahr 2002 hat jeder Mensch im Durchschnitt etwa 800 Megabyte an digital aufgezeichneten Daten produziert. Würde man das Ganze in Textform bzw. Bücher konvertieren, dann könnte man damit 10 Regalmeter füllen. Tatsache ist aber auch, dass das bisher in der Regel nicht zum geistigen Overkill führt, wie manche Berufsskeptiker einen glauben machen wollen.

Das liegt zum einen daran, dass der Mensch nicht von heute auf morgen mit der Informationsmenge konfrontiert worden ist. Zwar stimmt es, dass mit Hilfe der Computertechnologie die Menge in der zweiten Hälfte des vorigen Jahrhunderts rasant angewachsen ist, dennoch hatte der Mensch Zeit, sich darauf einzustellen und mentale Strategien zu entwickeln, die – wenig überraschend – auf Reduktion und Selektion herauslaufen. Allenfalls ist eine Erhöhung von Druck und Geschwindigkeit zu verzeichnen – eine enorme intellektuelle Herausforderung! Aber zunächst zur technischen Seite des Problems (... – aber ist es ein Problem? Es ist ja zum Glück nicht so, dass jeder Mensch die von ihm übers Jahr produzierten Informationen auf tatsächlichen Regalmetern abstellt. Wäre dem so, dann wäre das Bild von der Informationsflut nicht mehr nur eine Metapher ...)

4.2.2 Antiquierte Vorurteile

Die Geschichte der Speicherung von Informationen ist ein ganz spezielles Kapitel des menschlichen Fortschritts. Mit jeder großen Speicherinnovation machte die Menschheit einen großen intellektuellen Schritt in die Zukunft bzw. in die Gegenwart. Die Geschichte des menschlichen Fortschritts kann nahezu als Geschichte der Informationsspeicherung erzählt werden. Im Prinzip ist es eine Geschichte davon, wie Kapazitäten ausgelagert werden, um die vorhandenen Ressourcen besser nutzen zu können. Noch in der Antike war das einzig anerkannte Speichermedium das Hirn, sprich, das Gedächtnis. Und die revolutionäre Kulturtechnik der Schrift wurde von den konservativen Wahrern der Werte mit Vorverurteilungen belegt, die denjenigen heutiger Medienkritiker in nichts nachstehen. Hören wir hinein in einen der Dialoge Platons, in dem Sokrates und Kollegen etwa 400 vor Chr. die Erfindung der Schrift heftigst diskutieren:

> *„Denn diese Kunst wird Vergessenheit schaffen in den Seelen derer, die sie erlernen, aus Achtlosigkeit gegen das Gedächtnis, da die Leute im Vertrauen auf das Schriftstück von außen sich werden erinnern lassen durch fremde Zeichen, nicht von innen heraus durch Selbstbesinnen. Also nicht ein Mittel zur Kräftigung, sondern zur Stützung des Gedächtnisses hast du erfunden. Und von Weisheit gibst du deinen Lehrlingen einen Schein, nicht die Wahrheit: wenn sie vieles gehört haben ohne Belehrung, werden sie auch viel zu verstehen sich einbilden, da sie doch größtenteils nichts verstehen und schwer zu ertragen sind im Umgang, zu Dünkelweisen geworden und nicht zu Weisen."*

Hier also ein erstes Paradoxon, das uns im Zusammenhang mit der Entwicklung von Speichertechnologien begegnen werden: Das Schreiben als Gedächtnisstütze und Erinnerungstechnik ist schuld daran, dass man Sachen vergisst. Genau hier ist die Nahtstelle von Wissen und Wissen-Wo bzw. Dünkelwissen, wie Platon es nennt. Es geht um die Frage: Verfügt man über Wissen, wenn es nicht im Kopf ist? Für die Platoniker war Wissen nur Wissen, wenn es frei im Kopf verfügbar war. Die Weisen waren identisch mit den Wissensträgern, denn es gab außer dem Gedächtnis kein anerkanntes Medium. Die Überlieferung war mündlich, die Speicherung rein mnemotechnisch, präsentiert wurde per freier Vortragskunst. Die soziale Stellung der Wissensinhaber war dementsprechend hoch. Die Preisgabe ihres Wissens in Form von Niederschriften konnte ihnen nicht gefallen. So liegt der Verdacht nahe, dass sie in Wahrheit mit ihrem Verfallslamento nur Ängste kaschierten, dass sie durch die mit der Schrift einhergehende Demokratisierung des Wissens ihrer elitären Stellung verlustig gehen würden.

Aber von wegen Demokratisierung! In ihrer Entstehung war die Schrift konservativstes Machterhaltungsmittel: Wer von jenen frühen Sumerern oder Ägyptern nämlich über diese Speichertechnologie für Wissen verfügte, besaß in den frühen Hochkulturen immer auch die Machtfaktoren Kapital und Ritus. Denn ihren ersten Einsatz fand die Schrift nicht bei der Aufzeichnung heroischer Versepen, sondern als ganz prosaisches Mittel der Buchführung. Die sumerische Keilschrift – für viele die Mutter aller Schriften – verzeichnete in ihren Ursprüngen, wie viel Scheffel Korn, wie viele Stücke Rind und wie viel Säcke Getreide jemand im Kornspeicher hinterlegt hatte. Dabei dienten als erste Datenträger kleine Tonscherben – die früheste Form der Festplatte, wenn man so will – auf denen die Schreiber mit Hilfe eines Keiles und eines Hammers eckige Zeichen ritzten.

Archäologen fanden diese ersten Zeugnisse der intellektuellen Aufzeichnungstechnik da, wo sie auch die Kornspeicher der alten Babylonier vermuteten. Die Schrift diente also als frühes Verwaltungsinstrument und gab Bescheid über Besitzstände und Kapitalverteilung. Sie war damit eine frühe Technik der Machterhaltung und -sicherung. Entsprechend wurde auch nur einer ausgewählten, machttreuen Schicht Zugang zu dieser Technik gewährt. Die Schreibkunst blieb lange ein Privileg der Mächtigen, das der Wahrung der Besitzverhältnisse diente. Weil die Kornspeicher zugleich den religiösen Mittelpunkt der rituellen Lebensinhalte der Menschen bildete, kumulierten hier die ideologischen, intellektuellen und materialistischen Machtmittel in den Händen einer kleinen Elite.

Die nächste größere Etappe in Sachen Informationsspeicherung begann im ausgehenden Mittelalter mit der Erfindung des Buchdrucks 1440 durch Johannes Gutenberg. Durch die Erfindung der beweglichen Lettern kam es zu einer Verdrängung der Schreibschrift. Mit dem Buchdruck lichtet sich das sogenannte finstere Mittelalter, es dämmert die Neuzeit. Bis zu diesem Zeitpunkt hatten Mönche in asketischer Abgeschiedenheit das Wissen mehr verwahrt, als verwaltet. Bücher waren Unikate, Kopien mussten in monatelanger Kleinarbeit angefertigt werden und konnten aufgrund des Arbeitsprozesses nicht in dem Maße als authentisch gelten, wie wir es heute kennen. Die Wahrer des Wissen, die Äbte und Bibliothekare, waren die intellektuellen Diktatoren ihrer Zeit: Sie waren verantwortlich für Bestand, Systematik und Verfügbarkeit bzw. Autorisierung des Wissens. Jedoch schrumpfte ihre Position im Vergleich zur Antike vom Wissensträger zum Wissensverwalter. Damit einher geht ein erster, wenn auch überschauberer Wachstumsschritt der Informationsmenge – beschränkte sich das Wissen in der Antike noch auf einige wenige Köpfe, so wurden mittlerweile große Bibliotheken notwendig, um es aufzubewahren. Die Informationslage meldete damit immer höhere Ansprüche auf Raum an.

Bibliotheken gelten auch heute noch als Zentren des Wissens, bekommen aber zunehmend moderne Konkurrenz durch Informationsnetze wie das Internet. In der Antike und im Mittelalter waren sie aber buchstäbliche Horte des Wissens. Das berühmteste Beispiel ist wohl die Bibliothek von Alexandria. Sie wurde im 3. Jahrhundert v. Chr. von Ptolomäus I. angelegt und war ein Studienzentrum der gesamten hellenistischen Welt. Hier hatten die Kopisten sogar eigene Wohnstätten in den Räumen des Komplexes. Während ihrer Blütezeit enthielt sie über 500.000 Handschriften und Buchrollen. Wie auch im Altertum bestand eine direkte Anbindung an das geistliche Zentrum, den Tempel.

Die Möglichkeit, Texte im Buchdruck technisch zu vervielfältigen beförderte die Verbreitung der Schriftlichkeit. Damit hatte sie gravierenden Einfluss auf die gesellschaftliche Kommunikation – und auf die Entwicklung der Gesellschaft insgesamt. Die Erfindung des Buchdrucks bedeutet eine für Massenproduktion notwendige Arbeitserleichterung für die bestehenden, auf marktmäßige Verbreitung ausgerichteten Kopier- und Schreibwerkstätten. Neben der technischen Ausweitung der Produktion garantiert Druck, im Gegensatz zur Abschrift oder Niederschrift, die inhaltliche Authentizität der Kopie. Damit war der ersten großen Informationsflut der Weg geebnet. Tatsächlich überschwemmte diese dann auch in der europaweiten Epoche der Aufklärung den Kontinent und half zahllose technische Innovationen stiften – von den Maschinen Leonardo da Vincis über die Begründung des heliozentrischen Weltbilds bis zur ersten Weltumsegelung durch Magellan. Auch der Frühkapitalismus entstand in dieser Zeit und barg den Keim für die industrielle Revolution, die unser Weltbild bis in die heutige Zeit prägt.

Seit dieser Zeit wuchs von Jahrhundert zu Jahrhundert der Papierberg stetig an. Erst mit der Erfindung elektronischer Hilfsmittel entstanden Alternativen zur traditionellen Datenspeicherung auf Papier. Magnetbandaufzeichnungen konnten insbesondere auch bildliche Informationen bewahren. Mit Hilfe der Radiotechnik wurde Wissen von einer Zentrale aus an ein disperses Publikum weiterverteilt. Auch änderte sich die machtpolitische Ausrichtung der Informationsspeicherung – war die Schrift in ihrem Anfangsstadium noch ein Mittel der Machtsicherung einer konservativen, totalitär ausgerichteten Elite, so brachte die Vervielfältigung des Wissens durch den Buchdruck die absolutistischen Strukturen ins Wanken und trug bereits ein unleugbar demokratisches Arom. Mit der Verbreitung und Zugänglichkeit von Informationen änderten sich zudem die Anforderungen an den Menschen in der Gesellschaft. Mehr und mehr wandelte er sich vom Handwerker zum Wissensarbeiter, verlagerte sich sein Geschick von den Händen ins Hirn. Diese Entwicklung ist noch lange nicht abgeschlossen ...

Die dritte Evolutionsstufe nach Schriftlichkeit und Buchdruck folgte im zwanzigsten Jahrhundert mit der Computertechnologie. Ging es bei der Entstehung der Schrift darum, Speicherplatz auszulagern, um durch erlaubtes Vergessen neue Kapazitäten zu schaffen, so ermöglicht die Computertechnologie die Speicherung von noch viel mehr Wissen auf noch geringerem Raum. Basis dafür ist die einheitliche Kodierung des Weltwissens im dualen Zahlensystem von Null und Eins. Hier liegt die Urkraft der Informationsflut, von der wir eingangs gesprochen haben. In der Folge gelang es der Technik, die Speichermethodik immer weiter zu verfeinern. Sie zerlegte das Wissen in immer kleinere Einheiten, die auf den verschiedenartigsten Materialien Platz fanden.

4.2.3 Das unterschätzte Leben der Festplatte

1956 brachte IBM die erste Festplatte auf den Markt. Ist im Computer der Arbeitsspeicher das Kurzzeitgedächtnis für Informationen, so entspricht die Festplatte der langfristigen Erinnerung. Seitdem führt die Festplatte im Gegensatz zu anderen Errungenschaften in der IT wie etwa Prozessoren, Betriebssysteme oder spannende Multimedia-Anwendungen mehr oder weniger ein Schattendasein. Nie war der Hype um sie so groß wie bei anderen Technologien – und dabei ist die Festplatte einer der Grundpfeiler der ganzen Industrie. Sie wird oft als pure Selbstverständlichkeit hingenommen, dabei hätte es diese Technologie keinesfalls weniger als die anderen verdient im Rampenlicht zu stehen. Denn in den letzten Jahren stellt der Fortschritt in diesem Bereich selbst die Moorsche Regel für Prozessoren in den Schatten – seit 1997 verdoppelt sich die Festplattenkapazität jährlich.

Diese rasante Entwicklung geht einher mit immer höherer Datendichte und immer geringeren Preisen pro Speichereinheit. Aber das ist noch nicht alles – in dem Maße, wie die Festplatte an Leistungsvermögen zugenommen hat, haben sich auch ihre Aufgaben und Einsatzgebiete geändert. Seit 1996 ist es beispielsweise schon billiger für ein Unternehmen, seine Daten vollständig digital, statt auf Papier zu speichern. Seit 1998 ist es wirtschaftlicher, Röntgenbilder auf Festplatten zu speichern, als in einem großen Bildarchiv. In jüngster Zeit hält die Festplatte erfolgreich Einzug im Heimkino – mittlerweile sind Festplatten einfach das billigere und qualitativ bessere Material um Videos in Set Top-Boxen zu speichern. Eine 400-GByte-Platte kann ungefähr 200 Spielfilme speichern – oder 20 Jahre einer wöchentlich laufenden Fernsehserie.

Bei den wachsenden Datenmengen ist das auch dringend notwendig: 2002 wurden ungefähr 5 Exabyte (5 Milliarden Gigabyte) an Daten auf Papier, optische Medien, Filmbänder und elektronische Speichermedien gebannt. Das hat das „How much Information?"-Projekt der University of California in Berkeley herausgefunden. Zum Vergleich: Wenn man die 17 Millionen Bücher der Library of Congress unter Beibehaltung sämtlicher Formatierungen digitalisieren würde, dann ergäbe das etwa 136 Terabyte. Fünf Exabyte entsprechen ungefähr der Menge an Informationen, die 37.000 neue Bibliotheken von der Größe der Library of Congress enthalten würden. Festplatten haben ungefähr 2 Exabyte der neu entstandenen Daten aufgenommen, so der Bericht der Uni. Außerdem stellt der Bericht fest, dass jedes Jahr 400.000 Terabyte an E-Mails geschrieben werden - und 274 Terabyte an Instant Messages. (Ein Terabyte ist eine Million Millionen Bytes.) Die Web-Oberfläche – der jedem Nutzer mit einem Browser zugängliche Teil des Internet – enthält etwa 170 Terabyte Daten.

All diese Informationen werden auf immer kleinerem Raum gespeichert. Vor allem für die genannten Heimelektronik-Anwendungen haben die Hersteller von Festplatten die Dichte noch weiter erhöht, um kleinere Platten herstellen zu können, die in die schmalen Geräte passen. Besonders an Apples ipod, mit seiner Kompaktheit als MP3-Player sicher stilbildend in punkto Größe, lässt sich die jüngste Erfolgsgeschichte der Festplattentechnologie ablesen.

Um den gigantischen Gedächtnisanforderungen eines Unternehmens gerecht zu werden, erfuhr die Festplattentechnologie eine Verfeinerung in Sachen Management-Fähigkeiten, Kapazitäten, Verfügbarkeit und Ausfallsicherheit. Dennoch: Grundlage all dieser – hauptsächlich durch Software aufgewerteten Technologie – ist ein System der Informationsspeicherung, das rein technisch dem Ursprung dieser Aufzeichnungen ähnelt: Wie früher auf Tonscherben wird heute auf magnetischen Schichten mit Hilfe eines Schreiblesekopfs anstelle eines Keils die kodierte Information gespeichert.

4.2.4 Informationen stets auf Abruf

Ein Problem der Wissensspeicherung im Unternehmen war immer das der Verfügbarkeit. Festplatten können Fehler haben oder beschädigt werden. Der Fall liegt hier freilich etwas anders als in einem Papieraktenordner, wo noch nicht viel verloren ist, wenn eine Seite eingerissen ist oder ein Tintenfleck eine Stelle unlesbar gemacht hat. Auf einer Festplatte haben solche Fehler immer größere Auswirkungen – im schlimmsten Fall ist das Wissen überhaupt nicht mehr zugänglich. Hier tritt der Gedanke des Backups auf den Plan. Backup bedeutet nichts anderes, als identisches Informationsmaterial anzufertigen und auf einem gleichartigen, aber vom Ursprungssystem unabhängigen System zu lagern. Der Begriff der Verfügbarkeit bezieht sich darüber hinaus aber auch auf die Geschwindigkeit, mit welcher man die Daten von der Festplatte bekommt, wenn man sie braucht. Diese ist wiederum abhängig von der Leistungsfähigkeit der Platte und von der Menge an Zugriffen. In den frühen 90er Jahren des vorigen Jahrhunderts hat man das Problem der Verfügbarkeit durch die Einführung der RAID-Technik gelöst: Ein RAID-System ist die Abkürzung für Redundant Array of Inexpensive/Independent Disks und dient dazu mehrere, parallele Festplatten bei einem Computer zu organisieren. Die verschiedenen RAID-Stufen erhöhen Betriebssicherheit, Leistung und/oder Kapazität eines Rechners bzw. Servers im Vergleich zu Computern mit nur einer Festplatte. Das klingt komplizierter als es ist, denn dahinter verbirgt sich ein simples Prinzip: Wenn in jenem von Umberto Eco beschriebenen, abessinischen Kapuzinerkloster Aristoteles Buch der Komödie in mehrfacher Ausführung vorgelegen wäre, dann wäre es mehreren Mönchen schneller zur Verfügung gestanden. Außerdem hätte sich die Wahrscheinlichkeit erhöht, dass wenigstens ein Exemplar den Brand in der Bibliothek überstanden hätte. So werden bei RAID-Systemen die Daten zur Sicherheit über mehrere Festplatten verteilt und zusätzliche Kontrolldaten gespeichert.

A propos Brand: Als die Bibliothek von Alexandria abbrannte, ging ein Großteil des antiken Wissens verloren – für immer. Gegen solche Katastrophen ist kein Ort der Welt 100 Prozent sicher – aber die Wahrscheinlichkeit, dass zwei Bibliotheken zur selben Zeit abbrennen, ist schon um einiges geringer. Hätte es eine genaue Kopie der Alexandrinischen Bibliothek an einem anderen Ort gegeben – das darin enthaltene Wissen wäre nicht verschüttet gegangen. Die Griechen hätten ein effektiveres Desaster Recovery Programm pflegen müssen, wie es heute in jedem Unternehmen Pflicht ist. Desaster Recovery bedeutet, dass man eine Kopie seines Datenschatzes an einem unabhängigen Ort noch einmal in gleicher Form vorrätig hat. Die größte Herausforderung dabei ist die Synchronisierung. Viele der gebrauchten Informationen erfahren eine permanente Bearbeitung, die auch dem synchronen System möglichst zeitnah übermittelt werden muss. Natürlich ist der Vorwurf an die Antike absurd – Backup bzw. Desaster Recovery sind erst dadurch möglich geworden, dass Daten heute so leicht reproduziert werden können. Für die antiken Schreiber oder die mittelalterlichen Mönche wäre eine Verdoppelung der Arbeitskraft und des physikalischen Raumes einer ganzen Bibliothek plus der aufwändige logistische Transfer von Nöten gewesen, um auch hier auf Nummer sicher zu gehen. Heute genügt ein Mausklick, sofern die Infrastruktur gelegt wurde.

Ende der 80er bzw. Anfang der 90er Jahre wurden die einzelnen Computerarbeitsplätze im Unternehmen immer mehr vernetzt, das Client-Server-Modell erfuhr seinen rasanten Aufstieg. Damit das Unternehmenswissen aber nicht auf den Festplatten der einzelnen Mitarbeiter aufbewahrt werden musste – was den Zugang für andere erschwert und außerdem unsicher ist – wurden die Daten im Unternehmensnetz gelagert. Hier setzen sich mehr und mehr netzwerkbasierte Konzepte durch, bei denen die Daten nicht direkt auf den Unternehmensservern gehalten werden. Reine Datenserver, in der Fachwelt mit dem Begriff NAS für Network Attached Storage bezeichnet, eignen sich speziell für kleinere Unternehmen. Ein SAN (Storage Area Network) ist eine ganze Speicherinfrastruktur, ein eigenes Netz nur für die Datenhaltung, das aus mehreren dedizierten Speichergeräten besteht; der Zugriff erfolgt in der Regel über eine Fiber-Channel-Schnittstelle. Die SAN-Technologie entsprang dem Bedürfnis immer mehr Daten immer schneller übertragen zu wollen. SAN-Netzwerke unterstützen Übertragungsraten von bis zu 200 Megabyte pro Sekunde, ab 2005 werden es sogar 400 Megabyte pro Sekunde sein, und das über Entfernungen von über 100 Kilometern. SANs können sich aus verschiedenen Speichersystemen zusammensetzen, z.B. RAID-Systemen, Bandlaufwerken, CD-ROM-Sammlungen oder mehreren Magnetplatten, die durch Glasfaserverbindungen mit einem oder mehreren Servern verbunden sind. Was sich durch die Vernetzung, durch die Informationsspeicherung über NAS und SAN-Systeme ändert, ist der Wissenstransfer, die Logistik des Wissens. Die Glasfaserkabel schicken die Informationen schneller von Ort zu Ort als jeder Bote, jede Brieftaube, jeder Düsenjet es könnte. Um im Bild der klösterlichen Bibliothek zu bleiben – die für die Arbeit notwendigen Bücher und Pergamente liegen nicht mehr nur in mehrfacher Ausführung vor und die Bibliothek besitzt nicht nur ein absolut identisches Spiegelbild an einem anderen Ort – sondern der Mönch muss jetzt nicht einmal mehr seinen Platz verlassen, um sich die Unterlagen abzuholen bzw. braucht keinen Adlatus mehr, der ihm die Sachen auf den Tisch legt. Alles erscheint wie von

Geisterhand auf seinem Schreibpult und bleibt gleichzeitig in der Bibliothek, so dass auch andere Mönche sich die gleichen Informationen ansehen können.

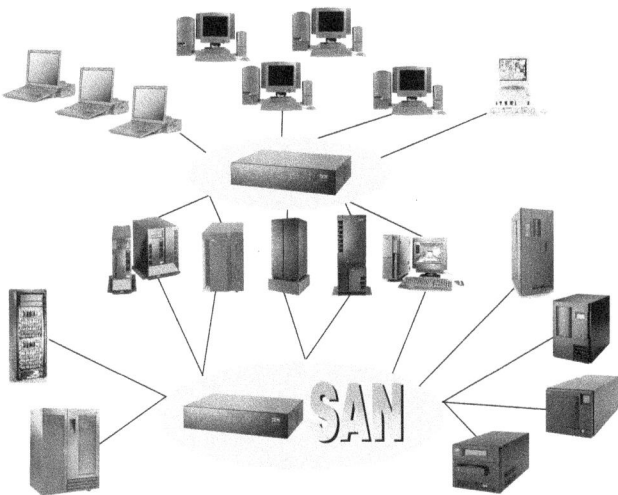

Abb. 13. Storage Area Networks (SAN) ermöglichen die gemeinsame Nutzung und zentrale Verwaltung von Daten unterschiedlicher Systemumgebungen. Sie beruhen auf Fiber Channel-Protokollen und vereinfachen das Speichermanagement

Vielleicht wirkt die Flutwelle in diesem gedanklichen Rahmen weniger bedrohlich: Wenn sich das Weltwissen und die Informationsdichte im Arbeitsalltag für viele wie eine bedrohliche Flutwelle gebärden mag, so kann das auch daran liegen, dass wir noch mit der Verfügbarkeit zu kämpfen haben. Noch nie waren Informationen, war Wissen so leicht und schnell verfügbar und zugänglich wie heute.

4.2.5 Feenstaub, Lichtspiele und Tausendfüssler

Was bisher geschah: Der Mensch speicherte seine Informationen zuerst im Kopf, dann auf Tonscherben, später auf Papier in Bibliotheken, dann elektronisch kodiert auf Magnetplatten. Zuletzt ging es ihm dabei vor allem darum, das Wissen möglichst sicher zu bewahren und schnell zugänglich zu machen. Bisher haben wir Speichertechnologien also fast ausschließlich unter dem Aspekt der Zeit betrachtet, ganz im Sinne unseres Leitgedankens der Beschleunigung. Ein Speicher ist aber ein räumlicher Begriff, was deutlich wird, wenn man den Begriff in einem beliebigen Wörterbuch nachschlägt. Nach Wahrigs Wörterbuch entstammt das Wort dem lateinischen Wort für „Ähre", spica, das spicarium war demnach der Kornspeicher. Für ein Unternehmen ist der Datenspeicher die Vorratskammer, die darin enthaltenen Informationen sind das Korn, das das wirtschaftliche Überleben sichert.

Die Anforderungen an den Speicher als Ort lassen sich in verschiedenen Qualitäten beschreiben: Er muss ein Klima aufweisen, das dem Inhalt zuträglich ist, er muss darüber hinaus für Freunde leicht zugänglich, gegen Feinde aber geschützt sein. Vor allem aber muss er über genügend Stellplatz verfügen, sonst verfehlt er seinen Grundzweck. Hier stemmt sich eine mächtige Minimalisierungstendenz der raumgreifenden Informationsflut entgegen und versucht die Frage zu beantworten: Wie lagere ich so viel Information wie nötig auf so wenig Platz wie möglich?

Die Minimalisierung bei der Speichertechnologie spielt sich auf zwei Ebenen ab: Zum einen geht es darum, die Primärinformation – all die Texte, Pläne, Präsentationen, Berechnungen, Tabellen so zu kodieren, dass sie wenig Platz einnehmen. Zum anderen geht es aber darum, die physikalischen Strukturen, auf denen diese Speicherung tatsächlich stattfindet, immer winziger zu machen. Einerseits ist also ein flexibler Kornsack gefragt, andererseits die optimale Anordnung im Speicherraum. Hier haben sich in der Computertechnologie in letzter Zeit einige spannende Entwicklungen ergeben.

Aus der Sicht der Computertechnologie besteht das ganze Speicherproblem in der Anstrengung, die Information 0 oder 1 auf möglichst kleinem Raum zu hinterlegen. Die Entwicklung der letzten 20 Jahre sprengte immer wieder die physikalischen Grenzen. Doch findig ringen die Forscher dem Mikrokosmos und seinen diversen Materialien immer mehr Boden ab – bis man gar ins Reich der Feen vorstieß.

Der technologische Umschwung kam mit der Entwicklung der magnetoresistiven Technik (MR – die Eigenschaft, den elektrischen Widerstand unter Einfluss eines Magnetfeldes zu ändern), die im Unterschied zu früheren Lesemethoden nicht mehr mit einem klassischen Schreib/Lesekopf arbeitet, der die Miniaturisierung aufgrund seiner technischen Anforderungen hemmte. Mit der magnetoresistiven Aufzeichnung kam die Verwendung von Dünnfilm in Form einer Metalllegierung auf den Markt, womit die Speichertechniken in Zukunft immer kleiner werden konnten. Heute liegen die Standardmaße für Festplatten bei 3,5 Zoll in Plattensubsystemen und 2,5 Zoll in PCs und Laptops. Innerhalb von nur 10 Jahren konnte mit der MR-Technik die Aufzeichnungsdichte von 16 Millionen Bits auf dem Quadratzentimeter auf über eine Milliarde Bits pro Quadratzentimeter gesteigert werden.

Allerdings musste auf dem Weg zum Erfolg der MR-Technologie ein nicht geringes Hindernis überwunden werden, das immer dort auftritt, wo es in kleinen Räumen mit hoher Geschwindigkeit zur Sache geht: die Hitze. Also machte man sich daran, den Platzgewinn durch eine entsprechende Kühlungstechnologie zu sichern. Bei IBM hieß die Antwort darauf IceCube Brick-Technologie: Zwölf 120 Gigabyte-Laufwerke werden in einen Kühlschrank gepackt, dessen Aufheizung über das sogenannte Heatpipe-Verfahren abgeleitet wird. Die Laufwerke arbeiten in kuscheligen 20 bis 30 Grad Celsius, je nach Drehgeschwindigkeit und der damit verbundenen Hitzeentwicklung. Durch diese Abkühlung erhöht sich die Zuverlässigkeit der Laufwerke drastisch. Die nutzbare Kapazität eines IceCubes mit 2,5 Zoll-120 Gigabyte-Festplatten beträgt 1,2 Terabyte.

Ebenfalls gegen die Hitzeentwicklung der MR-Technologie richtet sich eine weitere neue Technologie für Festplatten: 1999 entdeckte das IBM Forschungslabor in Almaden den sogenannten paramagnetischen Effekt, der durch die Stabilisierung zweier nahezu gleichzeitig erzeugter Bits die Aufzeichnungsdichte auf über 5 Milliarden Bits pro Quadratzentimeter ermöglicht. Diese Technik ist heute als AFC-Technologie – AntiFerro Magnetically Coupled Recording – auf dem Markt, auch bekannt unter dem Namen „Pixie-Dust", dem englischen Wort für Feenstaub. Der Schlüssel zur Pixie-Dust-Technologie ist eine nur drei Atome dicke Schicht des Elements Ruthenium, eines kostbaren Metalls ähnlich wie Platin, das zwischen zwei magnetischen Schichten eingebettet ist. Das Ruthenium wirkt dabei technisch als „Antiferromagnetisches Koppel-Medium" (AFC). Mit dieser Technologie erreicht man eine höhere Drehgeschwindigkeit der Platten und entsprechende Datenraten, ohne die problematische Hitzeentwicklung der MR-Platten. Pixie-Dust befindet sich seit 2001 in der Massenproduktion und wird beispielsweise in Microdrives integriert, die dann Kapazitäten von vier bis sechs Gigabyte auf der Größe einer Zwei-Euro-Münze aufweisen werden.

Abb. 14. Das Bild zeigt einen Versuchsaufbau mit dessen Hilfe die Speicherung von Daten in einem holgrafischen Gitter möglich ist

Eine technische Methode, die drei Dimensionen des Raumes abzubilden, ist die Holographie. Auch dieser virtuell erzeugte Raum kann für die Speicherung von Informationen zum Einsatz kommen. Die Technik befindet sich noch im Forschungsstadium, erste Laborversionen existieren jedoch bereits, so zum Beispiel eine voll funktionsfähige holographische Platte mit einer Kapazität von einem Terabyte in Almaden. Um Informationen per Holographie dauerhaft zu speichern braucht es spezielles Filmmaterial und eine kohärente und ausreichend starke Lichtquelle, also Laserstrahlen. Ein Laserstrahl wird als Datenquelle verwendet, ein zweiter mit anderer Frequenz dient als Referenzlaser. Beide zusammen erzeugen auf einem belichtungsfreundlichen Material sogenannte Interferenzfelder oder Hologramme. Die Speicherpotenz eines Hologramms ist dabei enorm: Es kann heute etwa 300 000 Schnittstellen und somit ebenso viele Bits widerspiegeln.

Als Material, auf dem die Hologramme erzeugt und gespeichert werden, kommen anorganische Kristalle oder organische Polymere zum Einsatz. Im Prinzip sind der herkömmliche Tesafilm oder ein Luftballon perfekt geeignet für diese neue Speicherart. Auf dieser Basis werden in Zukunft Speicherchips, klassische wiederbeschreibbare Medien, CD-Roms und ganze Archive entstehen. Forscher halten es durchaus für realistisch, dass sich die holographische Methode als CD-Standardformat durchsetzen wird, das 50 bis 150 Gigabyte fasst und eine Lebenszeit von mindestens 100 Jahren hat. Auch dürfte die Produktion wesentlich billiger sein, als etwa die einer heutigen Vier-Layer-DVD.

Kommt die MR-Technik auf eine Aufzeichnungsdichte von etwa 1 Milliarde Bit pro Quadratzentimer, sind mit den holographischen Speichern 30 Milliarden Bit pro Quadratzentimeter möglich. Einen Quantensprung auf bis zu 500 Milliarden Bit pro Quadratzentimeter erhofft sich die Forschung von der sogenannten Millipede- bzw. „Tausendfüßler"-Technologie. Die extreme Dichte von einem Terabit pro Quadratzoll wird mit Hilfe der Nanomechanik erzielt: Mit Tausenden von feinsten Spitzen „schreibt" der Tausendfüßler winzige Vertiefungen, die einzelne Bits repräsentieren, in einen dünnen Film aus Kunststoff. Für das Lesen, Schreiben, Löschen und Überschreiben werden die Spitzen mit dem nur wenige Nanometer dünnen Polymerfilm auf dem Siliziumsubstrat in Kontakt gebracht. Das Schreiben von Bits erfolgt durch Aufheizen des in den Kantilever (Federzungen aus Silizium) integrierten Widerstands auf 400 Grad Celsius. Die dadurch ebenfalls aufgeheizte Spitze weicht das Polymer auf, sinkt ein und hinterlässt eine Vertiefung. Zum Lesen wird die Temperatur des Widerstands auf 300 Grad Celsius reduziert. Bei dieser Temperatur wird das Polymer nicht aufgeweicht. „Fällt" nun die Spitze in eine Vertiefung, kühlt sich der Widerstand wegen des besseren Wärmetransports leicht ab, was zu einer messbaren Veränderung des Widerstands führt. Um Daten zu überschreiben, ätzt die Spitze leicht versetzte Vertiefungen in die Oberfläche. Deren äußere Ränder überlappen die alten Vertiefungen und löschen so die alten Daten. Mehr als 100.000 Schreib- und Überschreib-Zyklen haben den Nachweis erbracht, dass sich das Konzept für einen wiederbeschreibbaren Speichertyp eignet. Laut Nobelpreisträger Gerd Binnig sind damit Speicherschritte weit über den Terabit-Meilenstein hinaus möglich, da nanometer-scharfe Spitzen einzelne Atome adressieren können. Und dabei steht der nanomechanische Ansatz erst am Anfang und hat Entwicklungspotenzial für tausendfach höhere Kapazitäten als die Festplattentechnologie, mit der wir heute noch im Alltag hantieren.

Gerade in den Computern für die Hand, wo das Raumproblem am sinnfälligsten wird, kann diese Speichertechnologie einen erneuten Innovationsschub auslösen. Eingesetzt in Flash Memories, mobilen Geräten wie PDAs, Mobiltelefonen und multifunktionalen Armbanduhren kann Millipede diesen Produkten enorme Speicherkapazität verleihen. Eine Bibliothek könnte tatsächlich bald in der Jackentasche Platz finden – eine ganze Bibliothek. Darüber hinaus wird bereits über andere mögliche Anwendungen nachgedacht, beispielsweise die Lithographie im Nanometerbereich, mikroskopische Abbildungen von relativ großen Bereichen, oder atomare und molekulare Manipulation.

Abb. 15. Das Millipede-Konzept beruht auf Nanotechnologie und erreicht eine Speicherdichte von einer Billion Bits pro Quadratzoll

Es ist also einiges, was sich da auf sehr engem Raum abspielt. Hält man sich noch einmal vor Augen, dass die erste 1 Terabyte-Speicherplatte bereits existiert, dann kommen einem die 17 Millionen Bücher der Library of Congress mit ihren etwa 136 Terabyte an Speicherplatz gar nicht mehr so unfassbar groß vor. Und da die nanomechanische Methode die Holografiekapazitäten noch um ein zehn bis zwanzigfaches übertreffen könnte, erahnt man, dass es in gar nicht allzu ferner Zukunft so weit kommen könnte, dass wir nahezu das gesamte Weltwissen in der Jackentasche mit uns tragen. Die bedrohliche Informationsflut gebändigt auf Handy-Größe. Man braucht dazu nicht mal einen Internetanschluss.

4.2.6 Reale und virtuelle Speicher

Nachdem wir die klösterliche Bibliothek jetzt auf Taschenformat haben schrumpfen lassen, schauen wir trotzdem noch mal hinein und fassen sie als klassischen Speicher für Wissen auf. Im Speichernetzwerk von Unternehmen und Institutionen, dem SAN-Stadium des Informationsspeichers, ist das Wissen zwar unheimlich schnell bereit und verfügbar, dennoch gibt es folgendes Problem: Das Speichervermögen der Bibliothek, das sich ja nach der Formel Länge mal Breite mal Höhe berechnen lässt, entspricht nicht ihrem tatsächlichen Speichervermögen. Das Verhältnis wäre gleich, wenn das Wissen in lauter einheitlich großen Ziegelsteinen vorliegen würde, die sich bis an die Decke stapeln ließen. Dem ist aber nicht so. Das Wissen liegt in unterschiedlichen Schwarten, Karten, Büchern, Zeitschriften, Pergamenten, elektronischen Medien usw. vor. Noch dazu sind die unterschiedlichen Abschnitte der Bibliothek nur bedingt für bestimmte Wissensträger geeignet, weil sie etwa zu feucht, zu heiß, zu kalt, zu niedrig sind, oder weil hier zu viele Ratten hausen, die das Pergament anfressen könnten. Ähnlich sieht es im übertragenen Sinne in manchen Storage Area Networks aus: Vom Grundgedanken her sollten SANs lokale Netzwerke entlasten. Die zunehmende Auslagerung des Storage-Equipments führt jedoch nun dazu, dass die Speichernetze selbst immer komplexer und heterogener werden. Mit steigendem Umfang der IT-Umgebung wird immer mehr Expertenwissen benötigt, um einen reibungslosen Betrieb zu garantieren. Dazu gehören unter anderem Bereiche wie Hard- und Software, Betriebssysteme sowie Applikationen und auch die genannten Disaster-Recovery- und Business-Continuity-Maßnahmen sind nur von erfahrenen Technikern zu bewältigen.

Abhilfe schafft hier eine gewaltige Abstraktionsleistung – man trennt die Eigenschaft Speicherplatz von allen anderen Merkmalen wie Hersteller, Format usw. die mit den einzelnen Speicherkomponenten zu tun haben, und schafft sich so einen Pool mit reiner Speicherkraft – so als könnte man die Informationen darin tatsächlich im nahtlosen Ziegelsteinformat ablegen. Man virtualisiert den Speicher zu einem homogen verwalteten „Datenpool", der jedoch heterogen gehalten wird. Für den Verwalter des Wissens – den Bibliothekar und heutigen Netzwerkverwalter – ist das eine enorme Erleichterung.

4.2.7 Das Haltbarkeitsdatum von Informationen

Aber soll man wirklich allen Ernstes alles speichern? Ebenso wichtig wie diese ganzen raumsparenden, ausgeklügelten Speichertechnologien ist es, den Speicher zu leeren, Wissen, das das Haltbarkeitsdatum überschritten hat, wieder zu löschen, und damit überflüssiges Speicherfett loszuwerden. Denn nicht alles, was da gespeichert wird, ist es auch wert, aufbewahrt zu werden. Der Bibliothekar muss nicht nur einen Überblick darüber haben, welche Informationen vorliegen, sondern auch, welche unbrauchbar oder unnötig oder redundant geworden sind. Nur, was darf weg, was muss bleiben?

In der IT hat sich für dieses Problem der Begriff Information Lifecycle Management herausgebildet. Der Gedanke ist einfach: Alles hat seine Zeit, auch Informationen sind einem gewissen Haltbarkeitswert unterworfen. Sie können sich entweder als falsch, veraltet oder redundant erweisen. Die Schwierigkeit liegt jedoch darin, einen Prozess zu etablieren, der das Ausmisten zu einer regelmäßigen und zielgerichteten Angelegenheit macht. Information Lifecycle Management trennt die Informationsflut regelmäßig von allem Brackwasser, Schlick und Schlamm. Denn Frische ist das Gütekriterium der Information.

Information Lifecycle Management, kurz ILM, auf deutsch auch unter dem Begriff „Speicherqualifizierung" bekannt, ist allerdings keine Patentlösung, die man einfach nur in sein System schraubt und schon verpuffen alle Dateileichen zu Staub. ILM ist vielmehr ein Konzept, das aus einem ganzen Sammelsurium an Einzellösungen besteht. Nur durch das Zusammenwirken vieler einzelner Komponenten wie Speichertechnologie, Server, Anwendungen, Backup und Recovery, Datenreplikation, Archivierung und Content-Management, lassen sich die Unternehmensinformationen von der Geburt bis zum Grab verwalten. Mit Hilfe von genauen Regeln werden die Informationen genau an der richtigen Stelle gespeichert, rechtzeitig auf einen weniger prominenten Ort verschoben und am Ende liquidiert, damit sie keiner frischeren Information den so benötigten Speicherplatz wegnehmen. Das Ganze läuft überdies automatisch ab. Für die Bibliothekare und Wissensverwalter von heute spart das eine Menge Zeit und Nerven.

Das hat darüber hinaus den Vorteil, dass man auch hinsichtlich der Gesetzesvorgaben auf der sicheren Seite ist. Hat man vorher alle Akten mit dem Schriftverkehr fein säuberlich in den Keller getragen, wenn man ihn nicht mehr benötigte, so läuft heute das meiste in elektronischer Form ab. Aus Geschäftsbriefen wurden Mails, aus Papierverträgen elektronische Dokumente. Auch die Hüter der Steuergesetze haben sich mittlerweile auf diese neue Ablagekultur eingestellt und einige Gesetze auf den Weg gebracht, um die ganze Sache zu normieren. Unternehmen müssen wichtige Mails und Dokumente laut Gesetz und Basel II-Richtlinien über einen bestimmten Zeitraum sichern. Diese schwierige Organisations- und Überblicksarbeit soll ILM mit seinen Automatismen übernehmen. In der Praxis heißt das, die Guten ins Töpfchen, die schlechten ins Kröpfchen, die Einladung zum Mittagessen wird vom wichtigen Dokument getrennt, ersteres landet im Papierkorb, letzteres auf Tape oder einem anderen geeigneten Speichermedium.

4.2.8 Speicher und kein Ende

In den letzten Jahrzehnten hat sich mit dem Internet eine Technologie zu einem gesellschaftlichen Medium gemausert, von der man den Eindruck hat, dass sich hier über kurz oder lang das gesamte Weltwissen speichern lassen könnte - zugänglich für jeden. Hier scheint sich der ideale Speicherort der Zukunft gefunden zu haben. Der Vatikan hat diesem modernen Phänomen sogar einen passenden Schutzheiligen zugeordnet: Der heilige Isidor. Dieser Mönch war einer der ersten, der sich an das ehrgeizige Projekt gewagt hat, das gesamte Weltwissen aufzuschreiben. St. Isidor, der im siebten Jahrhundert lebte, gilt als Autor der ersten Enzyklopädie „Etymologiae", die 20 Bände umfasste. Gedruckt wurde sie allerdings erst ein Jahrtausend später mit Hilfe von Gutenbergs Buchdruck. Die Menge des per Buchdruck gesammelten Wissens hatte sich 300 Jahre später erstmals verdoppelt. Die nächste Verdopplungsspanne von 1940 bis 1990 umfasste danach nur noch die Hälfte der Zeit. Mittlerweile sind wir bei knappen fünf Jahren für die Verdopplung des vorhandenen Wissens angekommen, Tendenz sinkend. Und trotz dieser umfassenden Versorgung durch Wissen steigt der Durst nach Informationen weiter.

Doch entgegen der Stimmen aus dem kulturpessimistischen Lager bedeutet die Übergabe des Hauptspeichers – unseres kulturellen Gedächtnisses – an Festplatten und andere elektronische Medien nicht zwangsläufig den Untergang des Abendlandes. Die Entlastung unseres Gedächtnisses muss ja auch einen positiven Effekt haben, wo läge sonst ihr Sinn? Der freigeräumte Speicherplatz darf anderweitig genutzt werden. Der Mensch ist nicht geboren, um zu vergessen, sondern er muss lernen, die kognitiven Kapazitäten zu nutzen: Im freien Spiel der Phantasie, in der Erfindung, in ausgelebter Kreativität. Sein Geist wandelt sich vom großangelegten, intellektuell eher behäbigen Speicherapparat hin zu einem ratternden, funkensprühenden Werkzeug, mit dessen Hilfe er Ideen ausbrütet, Form gewinnen lässt und in die Tat umsetzt. Oder, wie es Dagmar Deckstein mit dem Philosophen Michel Serres in ihrem Essay Endlich intelligent! ausdrückt: „Unser kognitiver Apparat befreit sich von Erinnerungen, um Raum für Erfindungen zu schaffen und liefert uns einem ‚furchtbaren Schicksal' aus: ‚Frei von jedem Zitat, befreit von der erdrückenden Verpflichtung zur Fußnote, bleibt uns nichts anderes übrig, als intelligent zu werden.' "

5 Vernetzt arbeiten

Bisher ging es vor allem darum, Grundlagen zu schaffen für die E-World, eine Infrastruktur zu schaffen, die uns so flexibel, schnell und variabel macht, wie wir das brauchen – und das ohne sich selbst allzu sehr in den Vordergrund zu drängen. Im Gegenteil, was wir bis jetzt gefordert haben von der Technologie war, dass sie sich zurückhält, unauffällig bleibt und als stummer Diener schnell und effektiv ihre Arbeit verrichtet. Der normale Mitarbeiter wie Franz K. soll möglichst gar nicht mit dieser Infrastruktur in Berührung kommen, nicht von ihr behelligt werden. Die mit neuen Technologien sorgfältig aufgebaute IT-Versorgung soll als eine Art Black Box aus unserem Blickfeld verschwinden und damit aber auch so selbstverständlich werden, wie es beispielsweise eben die Stromversorgung heute schon ist.

Denn natürlich werden wir alle mit IT in Berührung bleiben, wenn auch auf andere Weise als zuvor. Die E-World zeichnet sich auch dadurch aus, dass jeder einzelne ganz selbstverständlich mit Technologie umgeht. Allerdings nicht als Selbstzweck, sondern um schnell und zuverlässig an die Informationen zu gelangen, die Kommunikationskanäle aufzubauen und die Arbeitsmittel zur Verfügung zu haben, die er gerade braucht. Das ist die Art und Weise, in der die Technologie nicht nur ganze Unternehmen, sondern jeden von uns fit macht für die E-World.

Dabei geht es vor allem um eines: Vernetzung. Denn auch wenn wir uns in Zeiten von Internet, E-Mail und täglicher Kommunikation zwischen Berlin, New York und Singapur schon ziemlich stark vernetzt fühlen – die E-World wird davon leben, dass diese Vernetzung noch enger, noch effektiver und vor allem noch selbstverständlicher wird. Ein Unternehmen kann nur dann schnell auf Veränderungen am Markt reagieren, wenn es Informationen über diese Veränderungen erhält, wenn es wie ein Seismograph schon bei kleinsten Ausschlägen aufmerksam wird. Dazu braucht es Mitarbeiter, die eng mit der Außenwelt in Kontakt sind, sich tagtäglich mit Lieferanten, Kunden und Partnern austauschen. Und wieder sind es Technologien, die diese Kontakte möglich machen oder zumindest vereinfachen. Drei Kerntechnologien werden vor allem Auswirkungen darauf haben, wie wir in Zukunft vernetzt arbeiten: Web-Services, die für eine enge Vernetzung zwischen Abteilungen und zusammen arbeitenden Unternehmen sorgen; mobile Systeme, die Informationen und den Zugriff darauf vom Schreibtisch lösen; und neue Konzepte für den Arbeitsplatz der Zukunft.

5.1 Ein Puzzle, das sich selbst zusammenfügt

An guten Tagen läuft für Franz K. die Kommunikation zu Kollegen, Partnern und Kunden geradezu wie geschmiert. Da liefert ihm der Kollege aus der Nachbarabteilung auf Anhieb die richtigen Statistiken, da kommen die neuen Preislisten gerade dann herein, wenn Franz K. sie für seinen Kunden braucht, da lässt sich mit dem Partner in Windeseile ein neues Projekt organisieren, weil sich herausstellt, dass beide das gleiche Ziel verfolgen. An solchen Tagen fühlt sich Franz K. wie die Spinne im Netz. Nicht dass er gerade auf ahnungslose Fliegen als Opfer wartet, so weit würde er die Analogie nicht treiben. Aber er sitzt dann im Mittelpunkt eines sorgfältig geknüpften Netzes aus Beziehungen und muss bei Bedarf nur noch die richtigen Fäden ziehen. An schlechten Tagen dagegen kommt er sich eher vor wie die Spinne, deren Netz drei Mal am Tag von einem wütenden Besen zerstört wird. Da stellt sich dann heraus, dass wichtige Fäden fehlen, andere ins Nichts führen oder so sehr an Spannkraft verloren haben, dass Franz K. die nötigen Beziehungen ganz neu knüpfen muss.

Die wachsende Bedeutung von Networking für den beruflichen Erfolg des Einzelnen heben nicht nur zahlreiche Ratgeberbücher zum Thema hervor. Das leicht anrüchige „Vitamin B" früherer Tage hat sich gewandelt zu einer durchaus seriösen Anforderung an den Mitarbeiter in modernen Unternehmen genauso wie an Freiberufler, Selbständige und Unternehmens-Chefs. Wer nicht über die notwendigen Netwerk-Beziehungen verfügt oder über die Begabung sich solche aufzubauen, tut sich schwer in den komplexen und miteinander verflochtenen Systemen, in denen er tagtäglich agieren muss. Das gilt im Unternehmen genauso wie für die Fäden, die nach außen verlaufen. Und im Gegensatz zum „Vitamin B" früherer Tage kommt es beim Networking glücklicherweise weniger auf verwandtschaftliche Beziehungen, gesellschaftlichen Status und elitäre Seilschaften an – obwohl auch diese Strukturen wahrscheinlich nicht so leicht auszurotten sein werden. Außerdem geht es auch nicht so sehr um einzelne Beziehungen, die einem einen konkreten Vorteil verschaffen können. Vielmehr bewegt sich heute jeder von uns in mehr oder weniger eng geknüpften Netzen, die im Idealfall Win-Win-Beziehungen möglich machen, also Vorteile für beide Seiten bringen. Das Besondere ist außerdem: Netzwerke, speziell die informellen, in denen wir uns eigentlich täglich bewegen, sind keine starre und stabile Struktur, vielmehr befinden sie sich im ständigen Wandel, die einzelnen Beziehungsfäden darin können sich ständig neu anordnen – und doch bleibt das Geflecht als Ganzes bestehen. Am Netzwerk teilnehmen kann im Allgemeinen jeder, der selbst etwas einbringen kann, was für die anderen Mitgliedern potenziell nützlich ist. Das kann vom Fachwissen zu einem bestimmten Thema bis hin zum Zugang zu neuen Absatzmärkten eigentlich alles sein. Franz K. ist sich möglicherweise nicht einmal darüber bewusst, in wie vielen Netzwerken er sich jeden Tag bewegt. Und doch stünde er vor echten Schwierigkeiten, hätte er nicht ganz intuitiv die richtigen Fäden gesponnen und sich immer wieder mit der Beziehungspflege nach innen und nach außen beschäftigt.

Auch Unternehmen als Ganzes agieren in Netzwerken. Beziehungen zu Lieferanten, Partnern und Kunden sind heute netzwerkmäßig organisiert – auf Win-Win-Situationen ausgerichtet, bei Bedarf schnell aufzunehmen, danach aber auch schnell wieder in den Ruhezustand zu versetzen und eng verflochten auf allen Ebenen. In der beschleunigten Welt kommt es vor allem darauf an, dass diese Beziehungen schnell und ohne Komplikationen funktionieren. Wo just-in-time produziert wird, muss ein Hersteller seinen Zulieferern möglichst ohne Verzögerungen mitteilen können, was er als nächstes braucht, ja am besten wäre es, der Zulieferer hätte die Hand praktisch direkt am Puls und an den Nervenenden des Kunden, so dass Verzögerungen und Übermittlungsfehler weitgehend ausgeschaltet werden können. Ähnliches gilt bei der Zusammenarbeit vieler Unternehmen mit Partnern: In dem ganz bestimmten Bereich, der für die Zusammenarbeit jeweils relevant ist, ist eine möglichst enge Verflechtung, ja gar eine Integration ein echter Geschwindigkeitsvorteil.

Doch das ist schwieriger als es klingt. Selbst innerhalb eines Unternehmens läuft der Informationsfluss ja meist nicht so reibungslos und automatisch, wie er das eigentlich sollte. Oft weiß Abteilung B nicht, was Abteilung A längst ausgearbeitet hat, und arbeitet im schlechtesten Fall selbst noch einmal daran. Informationen einzufordern ist mühsam und kompliziert, Daten werden oft über mehrere Zwischenstellen vermittelt, bevor sie an ihrem Zielort ankommen. Verzögerungen und sogar Fehler bei der Übermittlung sind damit vorprogrammiert.

Die nötige Integration zu schaffen, so dass ein Unternehmensteil automatisch an die Nervenenden des anderen angeschlossen ist, also dessen Gedanken lesen kann ohne die fehleranfällige Übermittlung durch Kommunikation, das ist vor allem eine Frage der Unternehmensorganisation. Barrieren müssen niedergerissen, komplizierte Wege vereinfacht und Netzwerkbahnen aufgebaut werden. Die Geschäftsprozesse müssen so ausgerichtet werden, dass Nahtstellen möglichst wenig anfällig für Störungen aller Art bleiben – damit das unternehmensinterne Netzwerk auch wirklich funktionsfähig ist. Wenn das geschafft ist, kann sich das Unternehmen den Nahtstellen nach außen zuwenden und auch hier ähnliches versuchen.

Dieses allgemeine Vorgehen sollte natürlich optimalerweise von der IT-Infrastruktur unterstützt werden. Doch auch hier tun sich hartnäckige Barrieren auf, die es erst einmal niederzureißen gilt. Der Wildwuchs der installierten Systeme, der sich auf der Hardware-Seite mit einer durchdachten Konsolidierung beheben lässt, hat gerade in den letzten Jahren auch vor der Software-Seite der meisten Unternehmen nicht Halt gemacht. Wir sprachen es schon einmal an, dass die höchste Stufe der Konsolidierung die Anwendungsintegration ist. Doch wie lässt sich eine solche überhaupt realisieren? Eine neue, eigens geschaffene monolithische Lösung ist für die meisten Unternehmen ausgeschlossen. Zu hoch wäre der Kosten- und Zeitaufwand, sich von der alten IT-Landschaft zu verabschieden und eine komplett neue Lösung einzuspielen. Also müssen sich die IT-Manager eine andere Lösung einfallen lassen, um die Vielzahl der Systeme, die in der Vergangenheit oft hektisch angeschafft wurden, miteinander zu verbinden. CRM-, ERP- und SCM-Systeme sollen ja nicht isoliert nebeneinander betrieben werden. Was nützt es schließlich, wenn der Vertrieb genau weiß, dass der Kunde die qualitativ hochwertigsten Teile will, der Einkauf jedoch weiterhin nur nach dem günstigsten Preis anschafft? Was nützt es, wenn sich die Erkenntnisse aus beiden Systemen nicht in Mitarbeiterstruktur und Unternehmensorganisation niederschlagen, weil keiner es schafft, die Verbindung zur Enterprise Ressource Planning-Anwendung herzustellen? Oder wenn Daten aller Art zwar automatisch generiert werden, dann jedoch mühsam von Hand ausgewertet und ins andere System übertragen werden müssen, weil die Schnittstelle nicht stimmt?

Womit wir bei einem wichtigen Stichwort angekommen wären: der Schnittstelle. In der Informationstechnologie versteht man unter einer Schnittstelle einen genormten Weg, Daten zu übertragen. Systeme, die über eine funktionierende Schnittstelle miteinander verbunden sind, sprechen die gleiche Sprache, sie verstehen einander. Und genau darauf kommt es an.

In der vielfältigen IT-Landschaft von heute haben wir es allerdings eher mit einem babylonischen Wirrwarr zu tun. Daten auszutauschen und Kommunikation zwischen Systemen herzustellen wird damit zu einem mühsamen Geschäft, Übersetzer und Dolmetscher sind gefragt. In der frühen Vergangenheit konnten unterschiedliche Software-Anwendungen nur Daten austauschen, wenn die Anwendungen direkt über eine sogenannte Application-to-Application-Verbindung zusammengeschlossen wurden. Der Nachteil: Bei einer Vielzahl von Anwendungen musste auch eine ganze Reihe von Verbindungen geschaffen werden, jedes System, das mit einem anderen sprechen wollte, brauchte sozusagen seinen eigenen Privat-Dolmetscher. Darüber hinaus mussten die Verbindungen unter Umständen mit hohem Aufwand modifiziert werden, wenn die Applikationen aktualisiert oder sonst wie verändert wurden. Das ist als müsste der Dolmetscher alle paar Monate eine neue Sprache lernen oder zumindest einen neuen Dialekt.

Als nächster Schritt wurden immerhin schon Dolmetscherkabinen eingerichtet, aus denen die Übersetzung an mehrere Teilnehmer automatisch verteilt wurde. Das Schlagwort Enterprise Application Integration (EAI) kam auf, Strategien wurden entwickelt, um die heterogenen Landschaften miteinander zu verbinden. Als Dolmetscherkabine dienten Middleware-Komponenten, also extra geschaffene Zwischenstücke aus Software, über die der Datenaustausch vorgenommen wurde. Auf diese Weise mussten nur noch Verbindungen von jeder Anwendung zur Middleware-Lösung hergestellt werden, nicht aber Verbindungen aller Applikationen untereinander. Doch auch dies war oft noch ein sehr teures und mühsames Unterfangen.

5.1.1 Software wird intelligent

Noch einen Schritt weiter geht die Idee von Web Services. Sie könnte zu einem Art Esperanto der Informationstechnologie werden. Die Kunstsprache hat sich zwar bisher in der Realität nicht durchgesetzt. Doch die Idee einer Weltsprache für alle Menschen, die alle Kommunikationsbarrieren aufheben könnte, hat durchaus etwas Faszinierendes.

Am Esperanto für die Software-Anwendungen dieser Welt wird derzeit noch gearbeitet. Erste Standards bestehen schon, weitere sind noch im Entwicklungsstadium. Und wie beim Esperanto liegt die Krux weniger in der technischen Realisierung der gemeinsamen Sprache als in ihrer breiten Akzeptanz.

Technische Basis für künftige Unternehmensanwendungen ohne Übersetzungsprobleme ist eine sogenannte „Service-orientierte Architektur". Statt der Daten stellt diese Struktur Services in den Vordergrund, Software-Programme sollen künftig in vielen kleinen Einzelmodulen („Services") entwickelt werden, die sich selbst beschreiben und auffinden können. Die Module beruhen auf dem Standard XML (Extensible Markup Language), einer Programmiersprache, mit deren Hilfe Daten Plattform- und Software-unabhängig ausgetauscht werden können. Die komplexen Gebilde großer und teurer monolithischer Anwendungen mit Tausenden von zum Teil nie benötigten Funktionen sollen ersetzt werden durch in sich geschlossene, eigenständige und mit ganz bestimmten Funktionalitäten ausgestattete Software-Puzzle-Teile. Diese lassen sich dann untereinander flexibel zu unterschiedlichen Anwendungen zusammenfügen. Ganz so wie sich in der Netzwerkökonomie heutiger Tage auch einzelne Projektgruppen, Einzelpersonen oder Unternehmen je nach Anforderung flexibel zu unterschiedlichen Projekten zusammenfinden.

In einem Web Service-Modell treten diese einzelnen Software-Module nun untereinander in Kommunikation. Dazu schicken sie sich gegenseitig Nachrichten, die einfache Bearbeitungsinformationen enthalten – beispielsweise die Aufforderung, einen Prozess mit speziellen Parametern durchzuführen. Wenn das Programm den Auftrag ausgeführt hat, schickt es das Ergebnis an das anfragende Programm zurück. Was dabei herauskommt, kann man sich exemplarisch am Beispiel einer Abfrage von Börsenkursen vorstellen: Das anfragende Programm verschickt eine Wertpapierkennnummer, das Empfänger-Programm sucht den aktuellen Kurs der Aktie und schickt das Ergebnis an das anfragende Programm zurück. Die Kommunikation hat ohne manuellen Zwischenprozess funktioniert. Auf diese Weise sollen Geschäftsprozesse einfacher und flexibler gestaltet, Projekte effizienter und kostengünstiger abgewickelt werden.

5.1.2 Alter Wein in neuen Schläuchen

Dabei ist die Idee an sich, verschiedene Software-Module über das Web zu verbinden, nicht neu. Schon in der Vergangenheit sind ähnliche Technologien mit dem gleichen Anspruch angetreten – und gescheitert. IT-Experten nicken bei den Abkürzungen CORBA (Common Object Request Broker Architecture), DCOM (Distributed Component Object Model) oder RMI (Remote Method Invocation) wissend mit dem Kopf. Doch keine dieser Technologien konnte sich wirklich für eine dynamische und firmenübergreifende Integration durchsetzen.

Die Gründe für das Scheitern waren nach Meinung des IT-Beratungsunternehmens Meta Group vielfältig, hatten aber eines gemeinsam: Sie verlangten von den Anwendungen, die integriert werden sollten, gewisse technische Voraussetzungen. So waren bei CORBA beispielsweise kompatible sogenannte ORBS (Object Request Broker) auf beiden Seiten notwendig, RMI setzte die Programmiersprache Java auf beiden Seiten voraus und DCOM war nur auf Windows-Systemen einsetzbar. Das ist als würde man eine andere Sprache als Weltsprache einführen, die aus aussprachetechnischen Gründen nur von Menschen gesprochen werden kann, die eine romanische Sprache als Muttersprache haben. Damit ist die Weltsprache eben einfach keine Weltsprache mehr. Das Neue an Web-Services hingegen ist, dass es solche einschränkenden Voraussetzungen nicht gibt: Die einzelnen Bausteine basieren auf dem herstellerunabhängigen Datenformat XML und lassen sich so problemlos von vielen Anwendungen und Tools weiterverarbeiten. Sie hängen nicht mehr von speziellen Programmiersprachen oder Betriebssystemen ab. Das führt zum Einen dazu, dass die Palette potenziell verfügbarer Anwendungen steigt. Zum anderen erhalten die Anwenderunternehmen einen gewissen Investitionsschutz und Zukunftssicherheit. Denn auch wenn die Software eines bestimmten Anbieters einmal nicht mehr verfügbar sein sollte, können andere Anwendungen noch über den gemeinsamen Standard mit ihr kommunizieren.

Ein weiterer Vorteil gegenüber den gescheiterten Lösungen ist auch, dass sich wichtige IT-Anbieter wie IBM oder Microsoft auf Standards und Protokolle geeinigt haben. Diese regeln genau, wie der Datenaustausch funktionieren soll. Die gemeinsamen Standards wurden inzwischen von offiziellen Gremien wie dem World Wide Web Consortium (W3C), einem Zusammenschluss von rund 500 Software-Herstellern, oder OASIS, dem über 600 Unternehmen und Privatleute angehören, übernommen.

Den Prozess kann man sich ähnlich vorstellen, als wollte man in der EU eine gemeinsame Verwaltungssprache einführen. Gegen Englisch als die Sprache, die sicherlich die meisten EU-Bürger zumindest als Fremdsprache beherrschen, würde sich wahrscheinlich nicht nur Frankreich heftigst wehren. Statt dessen würde man sich auf das unabhängige Esperanto einigen, das keinem Land einen besonderen Vorteil einräumt. Auch wenn die Politik noch nicht so weit ist und wahrscheinlich nie so weit sein wird: In der IT-Welt haben sich bereits verschiedene Web-Services-Standards als Elemente des IT-Esperanto etabliert. Dazu gehören das XML-Schema sowie ein Standard für die zuverlässige Übermittlung von elektronischen Nachrichten zwischen Geschäftsanwendungen über das Internet namens SOAP (Simple Object Access Protocol). Weitere Standards sorgen dafür, dass Programme über Internet oder andere Netze zuverlässig miteinander kommunizieren können und dass Unternehmen eigene technische Standards untereinander austauschen können.

Diese Formate und Protokolle werden inzwischen von einer breiten Reihe von Hersteller- und Anwenderfirmen unterstützt. Das ist auch entscheidend, denn die Krux an einem Standard ist ja, dass er erst als solcher bezeichnet werden kann, wenn er sich in der Anwendung durchgesetzt hat und von einer breiten Mehrheit akzeptiert wird. Auch hier besteht wieder die Gemeinsamkeit zur Sprache: von oben verordnete Standards und Regelungen funktionieren hier nur selten, ob es nun die neue deutsche Rechtschreibung ist oder das offizielle Verbot von Anglizismen im Französischen. Standard ist, was die meisten für Standard halten, was dank einem schwer nachvollziehbaren Prozess der gesellschaftlichen Übereinkunft als „normal" angesehen wird. Wo es auf wirtschaftlich relevante Standards ankommt, machen die widersprüchlichen Interessen der Herstellerunternehmen den Einigungsprozess zu einem komplizierten Verfahren, auf das jeder seinen Einfluss geltend machen möchte. Doch fehlende Standards führen nur dazu, dass die Anwender und Käufer verunsichert sind und sich erst einmal zurückhalten. Ein Beispiel aus der Technik sind hier die Hersteller von DVD-Brennern, die sich durch die Aufspaltung in zwei Lager seit Jahren gegenseitig blockieren. Da sich der Käufer nicht darauf verlassen kann, dass ein DVD-Gerät mit DVD- auch DVD+ Scheiben lesen kann, verkaufen sich die Brenner insgesamt schlechter als das bei einem gemeinsamen Standard zu erwarten wäre. Und doch finden sich Herstellerunternehmen oft erst dann in Einigungsgremien und Konsortien zusammen, wenn der Druck groß genug ist.

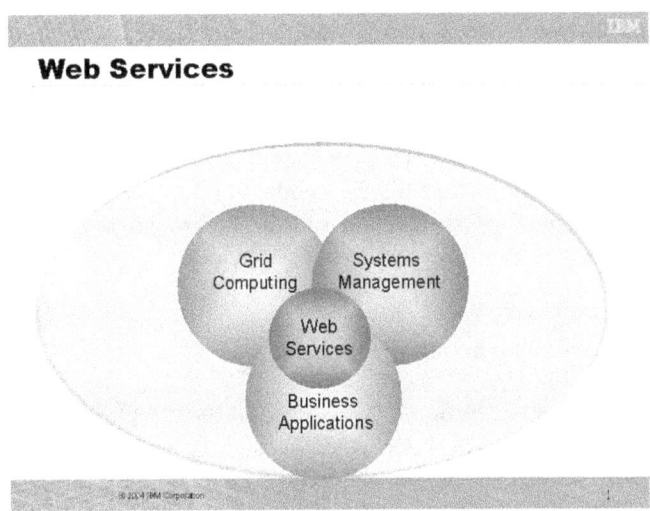

Abb. 16. Web-Services vereinen Funktionen des Grid-Computing, System-Management und Geschäftsanwendungen

5.1.3 Sicherheit muss garantiert sein

Dass Web Services den endgültigen Durchbruch als Esperanto für die Kommunikation zwischen Software-Anwendungen bislang noch nicht geschafft haben, liegt vor allem daran, dass es für bestimmte Bereiche noch immer keine endgültigen Standards gibt. Vor allem der Sicherheitsaspekt wurde in der Vergangenheit von Unternehmen kritisch beäugt: Denn wenn IT-Anwendungen über eine Internet-Verbindung miteinander kommunizieren, muss sichergestellt werden, dass sie dabei nicht belauscht werden, das heißt, dass die ausgetauschten Daten nicht von Dritten eingesehen werden können. Außerdem dürfen nur berechtigte Nutzer Zugang zu den Anwendungen bekommen und es muss garantiert sein, dass die Daten während des Austauschs nicht verändert werden können. Verschiedene Sicherheitsstandards wurden bereits definiert, harren jedoch noch der breiten Anerkennung. Einer der wichtigsten hierbei ist der sogenannte WS-Security-Standard (Web-Services-Security), der dafür sorgt, dass Systeme unterschiedlicher Hersteller digitale Signaturen austauschen können und so die Teilnehmer am Datenaustausch korrekt authentifiziert werden. Damit wird die Sicherheit von Nachrichten gewährleistet, wenn Informationen versendet oder empfangen werden.

Darüber hinaus fehlen momentan noch endgültige Standards für Workflows oder Transaktionen. Zeitkritische Abfragen scheitern teilweise auch noch an den langen Antwortzeiten, die gelegentlich bei der Kommunikation zwischen zwei Anwendungen auftreten.

Außerdem ist die versprochene hundertprozentige Interoperabilität teilweise in der Realität doch noch nicht gegeben. Der Grund: für das IT-Esperanto XML haben sich zahlreiche Dialekte ausgebildet, die das gegenseitige Verständnis erschweren. Es existieren inzwischen diverse XML-Schema-Standards, die von den meisten Tools oder Produkten nur zum Teil unterstützt werden. So kann es passieren, dass bestimmte Nachrichten von Absender oder Empfänger doch nicht verstanden werden. Zur Lösung dieses Problems haben die wichtigsten Software-Firmen die Organisation WS-I (Web Services Interoperability) gegründet, quasi als Überwachungsinstanz für die Reinheit und Eindeutigkeit der Sprache. Die oberste Sprachhüter-Organisation soll die Mehrdeutigkeiten in den Standardspezifikationen identifizieren und beseitigen.

5.1.4 Web Services werden erwachsen

Ungeachtet der noch bestehenden Probleme sind die Marktforscher sich jedoch einig, dass Web Services eines der bedeutendsten IT-Themen der kommenden Jahre sein werden. Bestehende Anwendungen zu integrieren und wiederzuverwenden ist demnach eine der wichtigsten Aufgaben, vor denen die IT-Abteilungen der Unternehmen in den nächsten Jahren stehen. So schaffen sie die Basis für die integrierten, rasant beschleunigten Geschäftsprozesse der E-World.

In den USA nutzen schon heute laut einer Studie des Marktforschungsinstituts Gartner rund 92 Prozent der befragten Unternehmen in ihren aktuellen Integrationsprojekten Web Services. Allerdings zeigen die weiteren Fragen der Marktforscher, dass viele Unternehmen bereits den reinen Einsatz von XML mit Web Services gleichzusetzen scheinen. Denn nur 31 Prozent der befragten Firmen gaben an, SOAP-Standards zu berücksichtigen, 14 Prozent wollen UDDI nutzen und nur drei Prozent WSDL. Konkrete Zahlen liefern die Auguren von IDC: Sie orakeln, dass der Markt für Web-Services in Westeuropa inklusive Hardware, Software und Dienstleistungen von 108 Millionen Dollar im Jahr 2002 auf 7,8 Milliarden Dollar im Jahr 2007 ansteigen wird. Dies entspräche einer jährlichen Wachstumsrate von rund 135 Prozent.

Ein Zeitszenario haben die Marktforscher von Berlecon Research entwickelt: Während das Jahr 2002 zwar vom allgemeinem Web Services-Hype beherrscht war, jedoch nur einzelne Pilotprojekte sah, kam es im Jahr 2003 bereits zu einem pragmatischen Einsatz in einfachen Integrationsprojekten sowie vereinzelt zu Integrationen in erste innovative Software-Produkte. Das Jahr 2004 bezeichnen die Marktforscher als „Erwachsenwerdung": Die Hauptprobleme fehlender Standards seien jetzt gelöst und es würde ein gemeinsames Verständnis über Möglichkeiten und geeignete Einsatzbereiche bestehen. Doch erst im Jahr 2005 soll die allgemeine Akzeptanz steigen und Web Services in geeigneten Anwendungsbereichen etabliert werden.

Eines der großen weltweit agierenden Unternehmen, das bereits Erfahrungen in Sachen Web-Services gemacht hat, ist DaimlerChrysler. Der Autohersteller hat in den vergangenen Jahren eine Reihe von Portal-Projekten vorangetrieben, um für Partner und Mitarbeiter den Zugriff auf die großen Datenmengen und Anwendungen einfacher zu strukturieren. In die Portallösungen sind unterschiedliche Anwendungen eingebunden, die auf ganz unterschiedlichen Technologien aufsetzen, wie beispielsweise IBM Lotus Notes, IBM WebSphere oder SAP. Um mit der Portal-Infrastruktur sprechen zu können benötigen all diese Anwendungen eine einheitliche Schnittstelle, die das IT-Esperanto spricht. Nur so können die Kernfunktionen des Portals auf Informationen aus den Anwendungen zugreifen. Und genau daraus ziehen die Portale ihren Nutzen: beispielsweise hat DaimlerChrysler ein Zulieferer-Portal inklusive einem B2B-Infoservice eingerichtet. Über diesen erhalten die Zulieferer indirekten Zugriff auf das Benutzerverzeichnis.

Damit das funktioniert, wurde die Originalschnittstelle des B2B-Benutzerservices um ein intern entwickeltes Protokoll erweitert, das auf dem Web Service-Standard XML und auf HTTP aufbaut. Praktisch umgesetzt wurde es als Web-Anwendung mit Servlet-Technologie. „Wir wollten eine Komponente anbieten, auf die man effizient von innerhalb – und später vielleicht auch außerhalb – unserer Firewall zugreifen kann. Ziel war es, eine standardisierte Schnittstelle aufzubauen, die grundsätzlich für alle Anwendungsplattformen verfügbar ist. Die Web Services Technologie erfüllt genau diese Anforderungen", begründet Hans-Jürgen Gross, Manager of IT-Methods and Technology bei DaimlerChrysler am Standort Sindelfingen, die Entscheidung in einer Pressemitteilung vom August 2003. Alle integrierten Anwendungen im DaimlerChrysler Lieferantenportal werden die neu entwickelten Web Services nutzen – andere Portale in naher Zukunft ebenfalls.

5.1.5 Zukunftsvisionen: Esperanto für die B2B-Kommunikation

Die ersten Web Services Projekte wurden also bereits umgesetzt, doch kommen sie heute noch vor allem unternehmensintern zum Einsatz und integrieren hier die unterschiedlichen Anwendungen innerhalb eines Unternehmens (Enterprise Application Integration). Allerdings sollen in wenigen Jahren auch die Unternehmensgrenzen überschritten werden. Geplant ist, Systeme verschiedener Unternehmen über Web Services miteinander sprechen zu lassen und so die Business-to-Business (B2B) Kommunikation ebenfalls schneller und effizienter zu machen. „Wir gehen davon aus, dass eine Technologie mit so großem Potenzial uns in Zukunft dabei unterstützen kann, manuelle Prozesse zu automatisieren und diese noch besser mit den Prozessen unserer Partner zu integrieren – und das alles bei akzeptablen Kosten", beschreibt Hans-Jürgen Gross die Pläne bei DaimlerChrysler für die nächsten Jahre. Je früher sich also ein Unternehmen entscheidet, Web Services als Esperanto für die interne System-Kommunikation einzusetzen, desto flexibler kann es künftig auch die Kommunikation mit anderen Unternehmen gestalten.

Auch bei künftigen Mergers & Acquisitions könnten Web Services eine entscheidende Rolle spielen. Denn entscheidend für den Erfolg eines Firmenzusammenschlusses ist, wie schnell sich das aufgekaufte Unternehmen in das Mutterhaus integrieren lässt. Wie bei den Mitarbeitern Unterschiede in Unternehmenskultur und Kommunikationsverhalten zu Verständigungsschwierigkeiten führen können, so sind es auf technischer Seite oft inkompatible Systeme, die sich nicht verstehen und dadurch die Kosten der Integration in die Höhe schnellen lassen. Gerade in der Anfangsphase können über Web Services die wichtigsten Anwendungen schnell zusammengeschlossen werden. Mögliche Synergien machen sich auf diese Weise schneller bezahlt. Die Kosten und der Zeitaufwand für die Integration neuer Töchter können nach Einschätzung von unabhängigen Experten durch den Einsatz von Web Services um bis zu zwei Drittel gesenkt werden.

5.1.6 e-business für jedermann

Die Visionen der IT-Anbieter gehen aber noch einen Schritt weiter. Ihrer Vorstellung nach werden die einzelnen Web Services künftig in einem zentralen Web-Verzeichnis gespeichert. Unternehmen könnten sich daraus dann ihre individuellen Lösungen zusammenpuzzeln. Gerade für mittelständische Unternehmen werden e-business-Applikationen so bezahlbar, weil sie keine großen, monolithischen Lösungen bezahlen müssen und damit eine Vielzahl von Funktionen, die sie gar nicht benötigen. Statt dessen kaufen sie nur die Anwendungsbausteine ein, die wirklich auf ihren individuellen Bedarf abgestimmt sind. Was das bedeuten kann, versucht Sander Duivestein, Unternehmensberater bei der niederländischen Cap Gemini Ernst & Young, anhand des fiktiven Pizza-Lieferdienst-Betreibers Mario Guavone zu beschreiben, der dank Web Services ein hoch technologisiertes Unternehmen führen und damit viele Arbeitsprozesse erheblich rationalisieren könnte.

So könnten sich die Pizza-Fahrer bei Schichtantritt via Authentifizierungs-Service in den Pizza-Server einloggen. Nachdem der Server ihre Berechtigung festgestellt hat, weist er ihnen ein Lieferfahrrad zu. Dabei definiert ein Profil-Service, welches der Fahrräder, die ein Bike-Service verwaltet, den körperlichen Anforderungen des Auslieferers entspricht.

Wenn ein Kunde eine Pizza bestellen will, wählt er mit seinem WAP-Handy die Telefonnummer von Mario Guavone. Nachdem er sich über den Authentifizierungs-Service ausgewiesen hat, wird ihm vom Profil-Service eine Auswahl seiner Lieblings-Pizzas angeboten. Der Kunde entscheidet sich für eine Pizza und bestätigt den Preis, woraufhin ihm der Betrag von seiner Kreditkarte, die ein Kreditkarten-Service auf ihre Gültigkeit hin überprüft hat, abgebucht wird. Ein Verrechnungs-Service bucht das Geld vom Konto des Kunden auf das Konto von Mario Guavone.

In der Zwischenzeit wird dem Pizza-Bäcker die Bestellung auf einem Display in seinem Pizza-Ofen angezeigt. Ein GPS-Webservice analysiert anhand der Handy-Daten, wo sich der Kunde aktuell befindet. Diese Koordinaten werden an einen Straßenkarten-Dienst übermittelt, der sie verarbeitet und dem Lieferjungen eine exakte Routenbeschreibung an dessen PDA sendet. Der Pizza-Fahrer muss dann nur noch in die Pedale treten, während ein SMS-Service dem Kunden die Nachricht schickt, dass seine Pizza in zwanzig Minuten bei ihm eintrifft.

Um die Vision von Mario Guavone, aber auch die der B2B-Integration in die Realität umzusetzen, müssen die IT-Hersteller ihre Unternehmenskunden jedoch noch davon überzeugen, anderen Unternehmen Zugang zu ihren digitalen Diensten zu gewähren. Den Firmenchefs muss die Angst genommen werden, dass sie dabei aus Versehen ihre geschäftskritischen Daten der Öffentlichkeit preisgeben. Gelingt dies nicht, werden Web Services höchstens im digitalen Umgang mit lang vertrauten Geschäftspartnern ihren Einsatz finden. Die eigentlich viel größere Vision, dadurch die weltweite Software-Landschaft zu verändern, wird dann aber nur eine Utopie bleiben.

5.1.7 Vom Netzwerk zum Schwarm

Doch wenn die Sicherheitsbedenken durch akzeptierte Standards aus der Welt geschafft werden können, dann hat das IT-Esperanto Web Services das Potenzial zum Networking der Zukunft beizutragen. Über eine gemeinsame Sprache ist es eben wesentlich einfacher, Beziehungen zu knüpfen, und zwar, wie es sich in modernen Netzwerken gehört, ohne hierarchische Strukturen und bürokratische Regeln.

Und doch könnten die heutigen Netzwerkstrukturen bald abgelöst werden, so sehen es jedenfalls die Zukunftsforscher des z_Punkt Büros für Zukunftsgestaltung, die eine Reihe von Szenarien dafür entwickelt haben, wie unsere Gesellschaft im Jahr 2020 aussehen könnte. Im Szenario *Aufbruch in die Schwarm-Gesellschaft* gehen sie davon aus, dass sich künftig selbst die Organisation in Netzwerken als zu starr und technisch erweisen könnte. Da im Netzwerk jeder mit jedem kommuniziert, steigt der Bedarf an gegenseitiger Abstimmung und wird zu einem echten Zeitfresser. Die Schnittstellen-Problematik, so die Zukunftsforscher, könnte bald überhandnehmen und auch mit künstlicher Intelligenz nicht in den Griff zu kriegen sein. In ihrem Szenario organisiert sich die Gesellschaft des Jahres 2020 deshalb in „Schwärmen", Gruppen, die durch gemeinsame Leitbilder zusammengehalten werden, dem Einzelnen aber große individuelle Beweglichkeit und Entscheidungsfreiheit lassen. Kooperationen in und zwischen Unternehmen finden in diesem Szenario ständig statt, allerdings auf einer Mikro-Ebene, also individuell organisiert, nicht zentral gesteuert. Eine

Art kollektives Bewusstsein stellt sicher, dass alle auf ein gemeinsames Ziel hinarbeiten.

Die Web Services mit ihrer Mikro-Struktur der Software-Module scheinen dieses Schwarm-Szenario auf der IT-Ebene schon vorwegzunehmen. Kooperationen sind dank der gemeinsamen Sprache jederzeit möglich und doch muss nicht jeder mit jedem sprechen und jeder jede Information erhalten. Zusammenarbeit zwischen Modulen, und damit auch zwischen Abteilungen und Gruppen im Unternehmen und zwischen Unternehmen, ist jederzeit möglich und kann unkompliziert organisiert werden. Dabei bleibt aber gesichert, dass alle auf die gleichen, jederzeit aktuellen Daten und Informationen zugreifen – eine wichtige Voraussetzung um das kollektive Bewusstsein in die richtige Richtung zu lenken.

Sicher, an manchen Tagen läuft für Franz K. bereits jetzt alles reibungslos. Aber wie wird es erst in 15 Jahren sein, wenn ihm äußerlich jede Bewegungs- und Entscheidungsfreiheit gewährleistet ist, und er gemeinsam mit wechselnden „Schwärmen" an der Verwirklichung eines Leitbilds arbeitet? Vielleicht wird für ihn dann der Umgang mit der IT genauso natürlich sein, wie der Gebrauch der Muttersprache, über die er sich keine Gedanken mehr machen muss? Vielleicht werden Sprache und IT-Lösungen auf Basis von Web Services ihm gleichermaßen zur Kommunikation innerhalb und außerhalb seines Unternehmens dienen und ihm das Dasein in der Schwarm-Gesellschaft erleichtern? Sicher jedenfalls ist: Ein Schattendasein wie die reale Weltsprache wird das IT-Esperanto Web Services nicht fristen müssen.

5.2 Ohne Draht auf Draht

„Jetzt versuchen wir seit Ewigkeiten, unseren Nachbarn zum Schweigen zu bringen und jetzt kommt ihr Leute und macht alles noch viel schwieriger", schimpfte Mark Twain, als Graham Bell 1876 die ersten Festnetztelefone vorstellte. Was erst hätte der Schriftsteller gesagt, wenn er geahnt hätte, dass rund 130 Jahre später Telefone auch in Kneipen, Bussen, auf Straßen oder in Theatern unablässig und penetrant klingeln werden?

Kaum eine technische Errungenschaft hat unsere Gesellschaft binnen kürzester Zeit so verändert wie der Mobilfunk. Zwar reagierte der Mensch bei der Einführung der ersten Mobiltelefone ähnlich, wie er immer auf Veränderungen reagiert: Er lehnte sie – wie Mark Twain – ab. Doch schon bald musste selbst der erbittertste Handy-Gegner einsehen, dass nicht nur Yuppies ihre tragbaren Telefone als Prestige-Objekt auf Restaurant-Tischen platzieren und triumphierend in die Runde schauen, wenn sie anfangen zu klingeln. Vielmehr profitiert jeder Mensch zumindest manchmal davon, mit anderen Menschen ohne großen Aufwand und unabhängig vom Ort kommunizieren zu können. Franz K. fragt sich inzwischen sogar manchmal, wie das früher eigentlich alles funktioniert hat ohne Handy: Treffpunkte verabreden, Verspätungen ankündigen, die Kinder nach

Hause rufen und schnell mal die Fußballergebnisse nachschauen, das alles tut er seit langem über sein Mobiltelefon. Und beruflich könnte er es schon gar nicht missen, schließlich erwarten Kunden und Kollegen, dass er auch auf Reisen ständig erreichbar ist.

5.2.1 Von Null auf Siebzig – in zwölf Jahren

Der Siegeszug von Handy-Herstellern und Mobilfunkprovidern in den 90er Jahren hätte glorioser nicht sein können: 1992 wurde das Mobilfunknetz D-Netz in Deutschland eingeführt, zehn Jahre später verfügten sieben von zehn deutschen Einwohnern über ein Handy. Junge wie alte Leute, Berufstätige wie private Verbraucher nutzen ihr mobiles Telefon inzwischen ganz selbstverständlich in allen Lebensbereichen. Insgesamt sind heute allein in Deutschland über 60 Millionen Mobiltelefone im Einsatz. Von dieser explosionsartigen Entwicklung konnte der gute alte Graham Bell nur träumen: Sein Festnetztelefon brauchte fast hundert Jahre, um sich flächendeckend in den Privathaushalten zu etablieren. Noch in den 70er Jahren des 20. Jahrhunderts lief nämlich ein Großteil der Menschen in öffentliche Telefonzellen, um mal eben schnell jemanden anzurufen.

Dabei dürfte uns die Vorstellung, dass sich mobile Kommunikation im Telefonieren mit dem Handy erschöpft, schon in wenigen Jahren so belustigen wie der Anblick eines Telefonapparates made by Bell. Telekommunikationsanbieter sowie Hard- und Software-Entwickler bringen in Rekordgeschwindigkeit Lösungen auf den Markt, die noch vor 20 Jahren nur in Science-Fiction-Filmen denkbar gewesen wären. Gerade das Zusammenspiel von Internet und Mobilfunk eröffnet dabei neue Perspektiven, die das Leben der Menschen im Job und im privaten Alltag erheblich verändern werden. Unabhängig vom stationären PC im Büro oder zuhause haben sie dank mobiler Zugangsgeräte überall auf der Welt Zugang zu wichtigen Informationen und Programmen. Damit wird der Warteraum im Flughafen zum virtuellen Büro, das Stammcafé zum globalen Informations-Marktplatz. Zugute kommt den Entwicklern dabei, dass sich auch die Mobilfunknetze immer weiter entwickeln: Dank GPRS (General Packet Radio Service), UMTS (Universal Mobile Telecommunications Service) und Public WLAN nimmt die Bandbreite dieser Netzwerke immer mehr zu, so dass künftig nicht nur kurze Text-Botschaften (SMS) sowie Sprache übermittelt werden können, sondern beispielsweise auch Bilder und Videos.

Die technische Entwicklung passt zu einem Trend, der sich im Arbeitsleben schon seit einigen Jahren abzeichnet: Zukunftsforscher, Soziologen und andere Experten sind sich einig, dass das starre Arbeitsmodell mit seiner festen Arbeitszeit von neun bis fünf, seinen hierarchischen Strukturen und festgelegten Laufbahnen eher früher als später der Vergangenheit angehören wird. Ja, teilweise tut es das schon heute. Franz K. jedenfalls hat schon in vier verschiedenen Unternehmen gearbeitet und das in zwei völlig verschiedenen Aufgabenbereichen und drei unterschiedlichen Städten – zu einem echten „Jobnomaden" ist für ihn der Weg gar nicht mehr so weit.

Den Begriff des Jobnomaden für den Arbeitnehmertyp von morgen hat Gundula Englisch in ihrem gleichnamigen Buch geprägt. In diesem Ansatz geht die Mobilität weit über alles hinaus, was ein Mobiltelefon ausmacht – für Gundula Englisch sind Jobnomaden nicht nur räumlich mobil, also bereit von Ort zu Ort umzuziehen oder umherzureisen. Sie sind vor allem geistig beweglich und flexibel und bewegen sich auch zwischen verschiedenen Arbeitgebern mit einer Leichtigkeit hin und her, die dem fest angestellten Arbeitgeber vergangener Jahre ein Graus sein dürfte. Autonomie, Selbstverwirklichung und spannende Arbeitsinhalte stehen dabei im Vordergrund, nicht so sehr die Jobsicherheit.

Nun ist das sicher eine sehr positive Sicht auf eine Entwicklung, die auch ihre negativen Seiten hat. Allzu leichtherzig gibt in Zeiten mit schwieriger Arbeitsmarktlage niemand einen sicheren Job auf, nur weil woanders eine spannende aber unsichere Alternative winkt. Unerlässlich ist es außerdem, dass das soziale Netz gespannt bleibt, gerade in Zeiten wachsender Unsicherheit und zahlreicher Wechsel. Doch um eines kommen wir nicht herum: Das Modell, nach dem die Generationen vor uns von der Ausbildung bis zur Rente in derselben Firma blieben, wird keinen Bestand haben. Schon heute wechseln Arbeitnehmer öfter die Stelle als früher, arbeiten viele nicht mehr in dem Beruf, den sie ursprünglich erlernt haben, ist räumliche und geistige Mobilität eine unabdingbare Voraussetzung für fast alle Bereiche des Berufslebens geworden.

Die Nomadisierung des Arbeitslebens gehört zu den Veränderungen, die die beschleunigte Wissensökonomie mit sich bringt. Denn die flexiblen Unternehmen von morgen werden ebenso „nomadisch" wie die Arbeitnehmer. Um beweglich zu bleiben, so stellt es Gundula Englisch dar, verzichten sie auf alles, was belasten könnte, und arbeiten stattdessen mit vernetzten Betriebsabläufen und Partnern. Für Projekte finden sich künftig temporäre Teams zusammen, die Mitglieder werden je nach Aufgabe ausgewählt. Mehr Ballast ist auch nicht nötig, denn in der Wissensökonomie von morgen ist: „die Schlüsselgröße (…) nicht aus Stahl oder Metall, sondern aus Fleisch und Blut: Es ist der Mensch mit seinen vielfältigen Fähigkeiten und Fertigkeiten, seinem Bedürfnis nach Kommunikation, seiner Kreativität, seiner Vorstellungskraft und seiner leidenschaftlichen Neugier." So formuliert es Gundula Englisch in ihrem Essay „Das Ende der Sesshaftigkeit". Und den Grund für diese Entwicklung sieht sie in den technischen Errungenschaften der letzten Jahre:

> „Die digitale Revolution, die wir erleben, hat - ebenso wie Gutenbergs Erfindung - Monopole aufgelöst und Ideen entfesselt. Wissen und Informationen sind nicht länger an Papier oder Aktenordner gebunden und auch nicht an Firmenzentralen oder andere geschlossene Territorien. Sie sind nicht mehr fest verwurzelt und sesshaft, sondern mobil und nomadisch. Der Strom aus Daten, Bildern und Ideen bewegt sich körper-, schwere- und mühelos über räumliche und zeitliche Grenzen hinweg und hat das morsche Gerüst des Industriezeitalters unwiderruflich unterspült."

5.2.2 Unterwegs zuhause

Was sind nun also die mobilen Technologien, die die Arbeitswelt von morgen prägen werden? Vom Mobile Business profitieren bisher vor allem die Menschen, die berufsbedingt viel unterwegs sind. Mithilfe eines Mobiltelefons, eines Laptops oder eines internet-fähigen PDAs verlieren sie nie den Kontakt zur Zentrale und haben auf Knopfdruck all diejenigen Informationen parat, mit denen auch die stationären Kollegen im Büro tagtäglich arbeiten. Außendienst-Mitarbeiter müssen auf diese Weise beispielsweise beim Kunden nicht mehr Berge von Formularen ausfüllen oder vergeblich versuchen, einen Ansprechpartner in der Zentrale zu erreichen. Wo früher Informationen teuer und aufwändig über Telefon, Fax oder Post übermittelt wurden, lassen sich heute die Daten einfach über das Internet anfordern oder versenden. Ein Knopfdruck genügt und die Vertreter können den aktuellen Produktbestand der Zentraldatenbank tagesaktuell mit ihren mobilen Geräten abrufen. Im Gegenzug werden die generierten Bestellungen ebenfalls automatisch an die Zentrale übermittelt. Aber auch wesentlich komplexere Anwendungen sind heute schon realisierbar: So können beispielsweise Vertriebsmitarbeiter mit einem PDA, der mit einem Barcode-Leser ausgestattet ist, die Lagerbestände ihrer Kunden erfassen, dabei automatisch ermitteln lassen, welche Produkte nachbestellt werden müssen und die Bestellung noch beim Kunden an die Zentrale übermitteln, die sofort die Lieferung veranlasst. Warum das für Unternehmen attraktiv ist, liegt auf der Hand: Mitarbeiter, die überall erreichbar sind und sich mit aktuellen Informationen versorgen können, können viel produktiver arbeiten. Die Kundenberatung wird kompetenter, da die vorhandenen Informationen wirklich dem entsprechen, was aktuell ist. Kein Außendienstler muss mehr Kunden verärgern, weil er Produkte verkauft, die gerade nicht am Lager sind. Und besteht der Kunde doch auf genau dieser Version des Produkts, dann kann der Mitarbeiter ihm die genaue Lieferzeit sagen und muss keine unzuverlässige Schätzung abgeben. Last but not least beschleunigen die mobilen Geräte natürlich auch die Geschäftsprozesse: Bestellungen können schneller abgewickelt, Informationen schneller eingeholt, Entscheidungen schneller getroffen werden, wenn man sich schnell ins Unternehmensnetz einloggen kann, oder blitzschnelle Absprache mit Vorgesetzten oder Kollegen halten. Womit wir wieder bei unserem zentralen Punkt der Beschleunigung angekommen wären.

Die übrigens auch ganz eindeutig positive Auswirkungen haben kann, wie derzeit im Gesundheitswesen deutlich wird: Überall in der Welt wird momentan in Pilotprojekten getestet, wie mobile Geräte die Arbeit von Ärzten und Rettungskräften optimieren können. Diese Arbeit ist ja das Paradebeispiel dafür, dass es wirklich auf Sekunden ankommen kann, Sekunden, die tatsächlich über Leben und Tod entscheiden. Viel hängt davon ab, ob der Notarzt beim Patienten innerhalb kürzester Zeit und unter großem Druck die richtigen Entscheidungen trifft – welche Behandlungsmethode, welches Medikament, stimmt die Diagnose? Erfahrung und große Belastungsfähigkeit sind hier gefragt, doch technische Hilfsmittel können ein Stück des Drucks von den Schultern des Notarztes nehmen. So sollen Fachärzte aus der Klinik ihre Kollegen im Rettungswagen künftig über GPRS- und UMTS-Netze bei Diagnose und Erstbehandlung unterstützen. Kommt beispielsweise ein Notarzt bei einem Patienten mit Verdacht auf Herzinfarkt an, kann er die Daten des ersten EKGs über die schnellen mobilen Datennetze erst einmal an einen erfahrenen Kardiologen ins Krankenhaus schicken, bevor der Patient unnötig Medikamente mit hohen Nebenwirkungen verabreicht bekommt. Darüber hinaus wird der Befund auch schon vor dem Eintreffen des Patienten an das Krankenhaus übermittelt. So sind die Ärzte dort bereits besser über seinen Zustand informiert und können entsprechende Maßnahmen einleiten.

Nun sind Geräte, die beweglich, tragbar, mobil werden, nur die eine Seite der Medaille. Natürlich wird das Telefon zum Handy, der Desktop-PC zum Laptop und der Wandkalender samt Adressbuch zum PDA. Doch sind das ja alles eigentlich nur klassische Büro-Hilfsmittel, die laufen gelernt haben. Statt täglich um neun Uhr ins Büro zu gehen, tragen wir also nun unser Büro in Miniaturform durch die Gegend. Das allein hat ja bereits enorme Auswirkungen darauf, wie wir leben und arbeiten. Doch dazu kommt, dass auch das Internet längst laufen gelernt hat und sich dabei keineswegs nur auf die Schnittstellen beschränkt, die als typische Zugangsgeräte gelten. Pervasive Computing nennt sich der Trend, wonach der Internet-Zugang unabhängig von den Endgeräten erfolgen soll. Damit verbunden ist die Erwartung, dass es in Zukunft neben Personal-Computern andere internetfähige Geräte in enorm hoher Zahl geben wird. Diese werden vom Nutzer aber nicht mehr als Computer wahrgenommen. Beispiele sind der Personal Digital Assistant, das Mobiltelefon, das Internet Screenphone, die Set-Top Box, die Telematik-Einheit im Automobil, der Bildschirm an Mikrowelle und Kühlschrank und nicht zuletzt die zunehmende Anzahl intelligenter Sensoren, die Gebäude und Geräte steuern und überwachen. Alle diese Geräte werden es erlauben, jederzeit und überall auf gespeicherte Informationen zuzugreifen sowie Dialoge und Transaktionen durchzuführen. Eine wachsende Bedeutung mobiler Endgeräte für die Zukunft belegen auch die Marktforschungsinstitute mit ihren Studien: Gartner zufolge sollen bis zum Jahr 2005 weltweit über eine Milliarde mobiler Endgeräte eingesetzt werden. Laut Meta Group erfolgt schon heute mehr als die Hälfte der Internet-Zugänge nicht mehr über den PC, sondern über mobile Geräte. In Deutschland investieren Unternehmen immer stärker in mobile Helfer wie Notebooks, PDAs und Smartphones: Betrugen die Investitionen im Jahr 2001 dafür noch 1,85 Milliarden Euro, so sollen diese im Jahr 2004 auf über 2,47 Milliarden Euro ansteigen.

Kein Wunder, ist der Wissensarbeiter im modernen Unternehmen ja hauptsächlich auf Informationen und auf Kommunikation angewiesen, damit er seine Arbeit tun kann. Auch sein Output sind immer seltener unhandliche Produkte, seien es nun Schuhe oder Autos, die werden ja längst mehr und mehr maschinell produziert. Das Arbeitsergebnis lässt sich vielmehr in elektronischer Form in wenigen Megabyte auf eine Festplatte packen – oder, wenn es sich um Kommunikationsleistungen und Entscheidungen handelt, vielleicht gar nicht mehr erfassen. Wenn Kommunikation und Information nun also überall verfügbar sind, kann der Wissensarbeiter auch an jedem Ort seine Arbeit tun. Sei es nun auf dem Flughafen, im Zug oder am heimatlichen Schreibtisch, Arbeit ist immer da und kann immer erledigt werden.

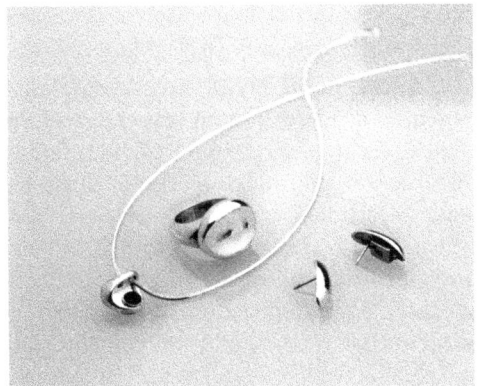

Abb. 17. Die heute noch in Computern vorhandene Rechenleistung könnte künftig in Alltagsgeräten und andere Accessoires integriert sein. Ein Beispiel ist diese Design-Studie, die beispielsweise Lautsprecher in Ohrringe integriert, eine Halskette als Mikrophon verwendet sowie einen Ring, der einmal dazu dienen könnte, über Bildschirme zu scrollen

Franz K. merkt tagtäglich, wie sehr ihn das beeinflusst: Auch er kann nicht umhin, in der Pause eines Seminars seinen Anrufbeantworter abzuhören und ein paar wichtige Telefonate zu erledigen. Wenn er morgens um 6 am Flughafen sitzt, weil er auf dem Weg zum Kunden ist, dann arbeitet er nebenbei an der Präsentation für die nächste Woche. Und wenn ihm am Wochenende ein Problem keine Ruhe lässt, dann checkt er auch mal am Sonntag Nachmittag von zu Hause aus, ob sich der Kollege aus den USA nicht doch noch gemeldet hat. Arbeitszeit und Freizeit, Arbeit und Privates fangen damit an, sich zu vermischen – und werden das noch mehr tun, wenn unser ganzes Arbeitsleben „nomadischer" im Sinn von Gundula Englisch wird. Die strenge Trennung von Arbeits- und Privatleben ist ja auch ein typisches Phänomen der Industriegesellschaft und eigentlich erst mit ihr entstanden. Wenn sich die beiden nun also in der Wissensgesellschaft neu vermischen, so scheint das nur konsequent. Allerdings melden sich nicht nur bei Franz K. leise nagende Zweifel, ob das so wünschenswert wirklich ist. Schließlich haben wir nicht ohne Grund unsere Freizeit, unsere Erholungsphasen liebgewonnen. Mit den wachsenden Möglichkeiten wächst leider auch oft der Druck: Wer auf Reisen nicht arbeitet und am Wochenende die Finger vom E-Mail-System lässt, läuft dann Gefahr als unangepasst zu gelten. Erstaunlich viele Arbeitnehmer lassen sich von solchen Situationen teilweise ganz unnötigerweise unter Druck setzen – hier gilt es mit genügend Eigenverantwortung auf Freiräumen zu bestehen, sich selbst Erholungszeiten einzuplanen und diese auch einzuhalten. Auf Unternehmensseite ist dabei auch Vertrauen in die Eigenverantwortlichkeit der Mitarbeiter gefragt.

Sind diese Voraussetzungen gegeben, dann können sich die Möglichkeiten, die sich aus den mobilen Technologien ergeben, auch positiv auswirken. Zum einen auf die Motivationslage des Einzelnen und damit auf den Spaß an der Arbeit: Nur wer sich mit seiner Arbeit identifiziert, wer Freude daran hat, wird bereit sein die strikte Trennung aufzugeben. Unternehmen müssen also dafür sorgen, dass ihre Mitarbeiter motiviert und loyal sind. Zum anderen auf ganz pragmatische Fragen: Telearbeit beispielsweise, Arbeit von zu Hause aus, lässt sich in der E-World immer einfacher umsetzen und bringt vielen Arbeitnehmern ein Stück zusätzliche Lebensqualität, sei es nun weil lange Fahrtzeiten wegfallen oder weil es einfacher wird, die Kinder von der Schule abzuholen.

5.2.3 Maschinen werden intelligenter

Der nächste große Meilenstein in der Geschichte der Mobilfunktechnologie wird jedoch sein, dass nicht nur Menschen miteinander kommunizieren, sondern auch Maschinen. Mit dem Gedanken spielte nicht zuletzt schon Regisseur James Cameron in seinem Science-Fiction-Blockbuster „Terminator", der in düsteren Bildern zeigt, wie die autark gewordenen Maschinen versuchen, sich nach Jahren der Knechtschaft jetzt selbst die Menschen Untertan zu machen. Doch im realen Leben wollen die Markt-Akteure natürlich das Gegenteil erreichen: Noch stärker als bisher sollen standardisierte Geschäftsabläufe automatisiert und von Maschinen selbständig abgewickelt werden. Den Menschen bleibt so mehr Zeit, sich den wirklich wichtigen Dingen im Leben zu widmen – sei es im Job oder im Privatleben.

Der Elektrogeräte-Hersteller Miele beispielsweise hat bereits intelligente Waschmaschinen im Angebot. Diese diagnostizieren sich selbst und leiten Wartungsbedarf oder Störungen sofort eigenständig per Mobilfunk an das Miele Call-Center weiter. Dort wird die Meldung klassifiziert und der nächste Miele-Fachhändler mit dem Service beauftragt. Der Techniker erfasst seinen Zeit- und Materialaufwand per mobilem Endgerät direkt vor Ort und übermittelt die Daten an das Miele-Service-Zentrum. So lassen sich Fehler früher identifizieren und Termine entsprechend planen. Das bringt dem Fachhändler eine Arbeitserleichterung und dem Kunden im Idealfall einen besseren Service.

5.2.4 Kleine Chips kontrollieren große Logistik-Ketten

Auch Logistik-Prozesse können mittels kleiner Funkmodule erheblich rationalisiert werden. Radio Frequency ID (RFID) ist eine Zukunftstechnologie, die gerade das Laborstadium verlassen hat und nun auf ihren Einsatz wartet. Konkret bedeutet RFID, dass alle Waren, die produziert werden, vor Verlassen der Fabrik mit einem kleinen Funkchip und einer Antenne ausgestattet werden, die die Produktdaten je nach Bauart bis über einige Meter Entfernung per Funk an ein Empfangs- oder Lesegerät übermitteln können. Auf diese Weise kann der Weg der Ware überall nachvollzogen werden. Nachdem beispielsweise in einem Unternehmen ein Gabelstaplerfahrer die neuen Waren vom Laster transportiert hat, kann er auf dem Weg ins Lager durch zwei Funk-Gates fahren, die die neuen Warenbestände über Funk erfassen. Die Daten zur Identifikation werden automatisch in das Warenwirtschaftssystem eingegeben und so bei jeder Lieferung aktualisiert. Warenlager können so einfacher und kostensparender organisiert werden.

Für den Endverbraucher wird RFID den bislang gewohnten Alltag ebenfalls verändern. Denkt man nämlich noch einen Schritt weiter, dann ersetzen die kleinen Funkstreifen auch die Kasse im Supermarkt. Auf dem Weg nach draußen registriert ein Kassenterminal vollautomatisch, welche Produkte gekauft wurden und schickt die Rechnung per Mobilfunk auf das Kunden-Handy. Via PIN-Eingabe bestätigt der Kunde die Transaktion – und kann nach Hause fahren, ohne wie gewohnt stundenlang an der Kasse zu warten. Datenschützer wie Verbraucher haben allerdings noch berechtigte Bedenken gegen dieses Verfahren, schließlich kann man damit ganz einfach nachvollziehen, welche Einkaufsgewohnheiten jeder Kunde hat, ob er nun einmal in der Woche für die Großfamilie einkauft oder drei Mal in der Woche einen Salat für die Mittagspause. Deshalb sind klare, wenn notwendig gesetzliche Regelungen dazu gefragt, welche Daten gespeichert werden dürfen und welche nicht. Wieder einmal gilt: Nicht alles, was technisch möglich ist, sollte auch umgesetzt werden. Als gläserner Konsument möchte sicherlich niemand durch die Gegend laufen und dieser Wunsch sollte unbedingt respektiert werden, sonst verderben sich die Anbieter das Vertrauen ihrer Kunden.

Abb. 18. Die RFID-Technologie ermöglicht die berührungslose Übertragung von Produktinformationen für die gesamte Lieferkette vom Hersteller bis ins Ladenregal

Die ersten Projekte zum großflächigen Einsatz von RFID-Chips sind allerdings schon gestartet. So betreibt der Handelskonzern Metro seit Juli 2004 einen Großversuch mit RFID, in dem Lieferanten und Partner die Technologie unter realistischen Bedingungen testen können. In einem Innovationszentrum in Neuss hat Metro eine Testanlage eingerichtet, in der Einkaufssituationen simuliert werden, darunter ein Lebensmittelmarkt und ein Bekleidungsgeschäft. Der Konzern plant, die ersten Funkchips ab November 2004 in der Praxis einzusetzen. Bereits im Januar 2006 sollen die ersten 250 Filialen mit RFID arbeiten. Allerdings wird das Supermarkt-Szenario auf absehbare Zeit noch Zukunftsmusik bleiben und das nicht nur wegen der Bedenken in punkto Datenschutz. Denn da die Kosten der RFID-Tags im Vergleich zum Joghurtbecher für 35 Cent derzeit noch relativ hoch sind, rechnet sich der Einsatz dieser Technologie eher in großen Elektronikmärkten oder Möbelhäusern als bei Aldi um die Ecke.

Doch seit kurzem planen Entwickler, auch magnetische, chemische oder optische Verfahren einzusetzen, die sich dafür eignen eine Funk-ID zu erzeugen und auszulesen. Die Verfahren sind bereits seit längerem bekannt, doch erst seit sich abzeichnet, dass RFID tatsächlich in größerem Stil zum Einsatz kommen wird, werden diese Technologien ohne Halbleiter und Chips von Unternehmen vorangetrieben. So wurde im Juni 2004 von mehreren Unternehmen in den USA das CL-ID-Denter (Chipless-ID) gegründet, das sich als Forschungszentrum für chiplose ID-Techniken etablieren und technische Standards ins Leben rufen soll. Zu den neuen Technologien gehören beispielsweise chemische Nanoteilchen mit unterschiedlicher magnetischer Ladung, die in Papier eingebettet oder aufgedruckt werden und bei Bestrahlung mit elektromagnetischen Wellen Signale abgeben. Andere Unternehmen verwenden kleinste Aluminium-Fasern um ein lesbares Muster zu bilden. Sobald die neuen Verfahren über das Experimentierstadium hinaus sind, können sie eine kostengünstige Variante zu den RFID-Chips bilden. Experten gehen davon aus, dass beide Alternativen ihre Anwendungsfelder finden, je nach Anforderung. Wichtig dabei wird jedoch sein, dass unabhängig von der ID-Technik die Infrastruktur so aufgebaut ist, dass sie mit Chips genauso wie mit chiplosen Verfahren zurecht kommt.

Auch in anderen Bereichen kommen zunehmend intelligente Chips zum Einsatz. Und im Vergleich mit diesen komplett ausgerüsteten Sensoren, teilweise sogar mit eigenem Betriebssystem, scheinen die RFID-Chips fast schon „dumm": Versorgungsunternehmen können beispielsweise die Strom- und Wasserzähler mit kleinen Sendern ausstatten und sich so von den Geräten selbst mitteilen lassen, wie viel Strom oder Wasser verbraucht wurde. Automatenaufsteller erhalten von den Geräten, die mit Sensoren ausgestattet wurden, per Funk die Nachricht, wann sie wieder aufgefüllt werden müssen. Laternen und Ampeln melden ihren Städte- und Gemeindeverwaltungen eigenständig, wann eine Glühbirne ausgefallen ist. Und Hausverwaltungen können zentral von einer Stelle aus alle Heizungen einschalten, die Rolläden hochfahren oder ganze Gebäudekomplexe fernüberwachen lassen.

5.2.5 Bequemlichkeit auf Knopfdruck

Nicht nur das Geschäftsleben, auch das Privatleben spürt den Einfluss der neuen Mobilität der Technologie. Wo auch immer sie sind, können die Verbraucher heute schon per Handy oder einem anderen mobilen Endgerät Bankgeschäfte erledigen, Flugtickets buchen oder das örtliche Kinoprogramm abrufen. Darüber hinaus können sie sich Spiele und Musik aus dem Internet herunterladen oder ihren Freunden Bilder und Videos aus dem Urlaub schicken. Allerdings sind viele dieser Funktionen heute noch vergleichsweise teuer, bevor sie sich wirklich durchsetzen können, müssen sie wohl noch wesentlich günstiger werden. So hat beispielsweise die MMS, mit der auch Bilder über das Handy verschickt werden können, bisher erst wenige Abnehmer gefunden, und das obwohl inzwischen fast jedes neue Handy mit einer Fotofunktion ausgestattet ist. Kosten und Nutzen müssen für den Verbraucher eben in einem vernünftigen Verhältnis stehen und bis es soweit ist, müssen wohl die Services noch besser werden und die Preise noch sinken.

An Ideen für die Zukunft der mobilen Dienste mangelt es nicht: So soll das Handy künftig beispielsweise auch zum persönlichen Einkaufsberater umfunktioniert werden. Dann nämlich werden Händler und Restaurants potenzielle

Kunden in der Gegend per Handy und sogenannten Location Based Services über aktuelle Sonderangebote informieren oder sie zur Weinprobe ins nächstgelegene Wirtshaus einladen. Und sie stoßen dabei auf ein erstaunlich großes Interesse der Handy-Nutzer: Laut einer Umfrage des Deutschen Multimedia Verbandes würden 80 Prozent Location Based Services nutzen. Damit nicht genug könnte das Handy künftig auch als virtuelle Geldbörse fungieren. Statt im Hotel in der Schlange auf das Auschecken zu warten, können Handy-Besitzer dann beispielsweise ihre Rechnung auch mobil begleichen. In Japan hat NTT Docomo bereits Geräte gebaut, die über einen Barcode am Gerät für solche Zahlungsweisen schon gerüstet sind.

Abgesehen vom Handy drängen auch Sensorik-Chips und tragbare Spezialgeräte ins Privatleben. Intelligente Maschinen sorgen beispielsweise als Telematik-Lösungen in PKWs für die Möglichkeit, im Falle einer Panne oder eines Unfalls eine Warnmeldung abzugeben. Spezialisierte Dienstleister können das Fahrzeug orten und dessen Zustand analysieren sowie weitere Hilfsmaßnahmen einleiten. Und kleine tragbare Geräte könnten künftig rund um die Uhr den Gesundheitszustand von chronisch Kranken oder Risikopatienten überwachen und die Daten über Funk an sogenannte Disease-Management-Center übermitteln. Bei auffälligen Befunden informiert das Center den zuständigen Hausarzt, der dann geeignete Heilmaßnahmen einleitet. Durch Früherkennung und rechtzeitige Vorbeugemaßnahmen soll die Anzahl kostenintensiver Notfälle reduziert und die Sicherheit für den Patienten verbessert werden.

5.2.6 Das intelligente Haus – Wohltat oder Terror?

Nach extremer Zukunftsmusik hört sich heute noch das sogenannte „intelligente Haus" an. Wie bei einer Art Fernbedienung soll der Hausbewohner künftig physische Prozesse in seinem Heim von außen anstoßen. Küchengeräte und Hauselektronik lassen sich in diesem Szenario via Handy oder PDA steuern. So wird von unterwegs die Kaffeemaschine in Gang gesetzt oder die Heizung reguliert. Umgekehrt wird sich auch die Haustechnik zu Wort melden, wenn sie auf Unregelmäßigkeiten am heimischen Herd stößt: Der Kühlschrank, der auf abgelaufene Mindesthaltbarkeitsdaten hinweist oder nach seiner freitäglichen Fisch-Lieferung verlangt, ist schon lange keine Utopie mehr. Dem Handel dürfte ein solches Szenario noch nicht weit genug gehen: Denn aus Sicht der großen Lebensmittelketten sollte das intelligente Haus nicht nur reagieren, sondern auch selbst aktiv werden. Im Idealfall würde sich das digitalisierte Tiefkühlfach selber updaten und bei Erreichen eines vorher definierten Leervolumens neues Schokoladeneis ordern. Bleiben wir aber realistisch: Nicht alles technisch Machbare ist auch alltagstauglich. Die Vorstellung, dass der eigene Kühlschrank zur einer mobilen Telefonkonferenz mit seinem Besitzer und der örtlichen Supermarkt-Filiale einlädt, ist dann vielleicht doch zu skurril, um in die Wirklichkeit umgesetzt zu werden. Zwei Faktoren werden mobilen Services immer Grenzen setzen: Die Selbstbestimmung und – mehr noch – die Bequemlichkeit des Konsumenten. Niemand lässt sich gerne von seinen Küchengeräten vorschreiben, was er zu tun hat – schon gar nicht, wenn zeitraubende Programmierarbeiten damit verbunden sind.

Abb. 19. Die technischen Möglichkeiten eines intelligenten Heims zeigt das Beispiel des Futurelife-Musterhauses in Hünenberg in der Schweiz. Im Bild ein Blick in die Küche des Hauses mit einem Bestellterminal für den Einkauf

Hier gilt dasselbe wie für die anderen mobilen Dienste. Bei allen Vorteilen der technisch unterstützten Kommunikation und der technisch unterstützten Dienstleistungen sollten wir eines nicht vergessen: Kaum ein technisches Kommunikationsinstrument ersetzt das persönliche Gespräch, kaum ein Automat kann dem Kunden ein solch gutes Gefühl vermitteln wie der Faktor Mensch. In unserer Wohlstandsgesellschaft gehen wir ja nur noch selten einkaufen um einen echten Bedarf zu erfüllen. Viel öfter haben wir das Bedürfnis uns etwas zu leisten und wollen mit einem guten Gefühl aus dem Geschäft gehen, in dem wir unseren Kauf getätigt haben. Franz K. kennt dieses Bedürfnis selbst bei seinem freitäglichen Lebensmitteleinkauf für die Familie: Seine Lieblingsgeschäfte sind der große, helle, saubere Supermarkt, weil er dort das Gefühl hat, alles aussuchen zu können, was er will. Und der kleine Bäcker um die Ecke, weil er nicht nur das beste Brot macht, sondern weil die Verkäuferin ihm dort regelmäßig die gleiche Anzahl Brötchen einpackt und nachfragt, ob er Besuch hat, wenn es einmal mehr sind. Wahrscheinlich könnte ein mobiler Dienst Franz K. auch an seinem Handy erkennen und ihm automatisch die richtige Anzahl Brötchen im Ausgabefach eines Automaten präsentieren. Doch Franz K. bezweifelt, dass ihm dann der Einkauf noch so gut tun würde, wie jetzt. Ein Unternehmen, das an Endkunden verkaufen will, sollte darauf achten, aus dem Einkauf ein rundum angenehmes Erlebnis zu machen – nicht umsonst richten vom Buchhändler bis zum Juwelier immer mehr Geschäfte ihre Räumlichkeiten angenehm, vielleicht sogar mit einer besonderen Atmosphäre ein. Sie sollten darüber hinaus den menschlichen Aspekt nicht unterschätzen: Eine freundliche Verkäuferin, ein lächelnder Kassierer bringt die Kunden viel eher ein zweites Mal ins Geschäft als eine perfekt funktionierende mobile Bezahllösung. Die mobilen Dienste sollten deshalb immer als Zusatzangebot, nicht als Ersatz gedacht und geplant werden.

5.3 Soviel Information wie nötig, soviel Wissen wie möglich

Wir schreiben das Jahr 2004. Es ist 8.00 Uhr morgens und Franz K. betritt sein Büro. Gähnend holt er sich eine Tasse Kaffee, dann fährt er den Rechner hoch. Während er sein SAP-Programm startet, überlegt er, ob die Marketingabteilung ihm wohl endlich die neuen Vorschläge für die Verkaufs-Flyer gemailt hat. Ein Blick in sein E-Mail-Eingangsfach zeigt 126 neue Mails - 83 davon werben für Stimmungsaufheller, Potenzmittel oder vermeintlich günstige Sofortkredite. Eine Mail aus der Marketingabteilung kann Franz K. auf den ersten Blick jedoch nicht erkennen. Dafür findet er versteckt zwischen all dem Spam die Anfrage eines Geschäftsmannes vor, der sich von einer Zusammenarbeit beider Unternehmen gute Marktchancen verspricht. Doch Franz K. hat nur beschränkt Ahnung vom Marktsegment des vermeintlichen Kooperationspartners. Wer von seinen Kollegen könnte hier Bescheid wissen? Ob vielleicht der ...? Doch ist der nicht gerade auf Geschäftsreise? „So kann doch kein Mensch arbeiten", murmelt Franz K. leise vor sich hin.

Dabei könnte es ihm noch viel schlimmer ergehen, schließlich stehen ihm Kommunikationsmöglichkeiten zur Verfügung, die schnell und vielfältig sind. Franz K. muss sich ja schließlich nicht mehr mit der Rohrpost mit den Kollegen in der Marketingabteilung oder vom Vertrieb verständigen. Er hat nicht nur Festnetztelefon und Handy in greifbarer Nähe, sondern auch E-Mail, Instant Messaging, SMS, MMS und andere Benachrichtigungsfunktionen. Weit entfernt ist er von jenem Jesuitenpater Matteo Ricci 1583 mit seiner Missionsstation in China, dessen Anfragen an seine europäische Zentrale ungefähr ein Jahr benötigten und der ebenso lange auf die Antwort warten musste. Franz K. kann sich heute mit einer chinesischen Niederlassung genauso schnell verständigen wie mit seiner Marketing-Abteilung zwei Stockwerke weiter unten.

Zuviel des Guten vielleicht? Zu viel Kommunikationswege, zu schnell der Abstimmungsbedarf, zu dispers die Informationen? Wahr ist, dass der heutige Arbeitsplatz mit all seinen Interaktionsmöglichkeiten unglaublich dynamisch geworden ist. Und mit dieser Dynamik gilt es erst einmal zurecht zu kommen. Sie bedarf einer Abstimmung auf den Menschen, der sich in ihr bewegt. In der Physik bezeichnet Dynamik die Lehre vom Einfluss der Kräfte auf die Bewegungsvorgänge von Körpern. In der modernen Arbeitswelt geht es um den Einfluss der technischen Möglichkeiten auf die Arbeitskraft und Effizienz des Mitarbeiters. Dem Newtonschen Axiom, dem dynamischen Grundgesetz „Kraft ist gleich Masse mal Beschleunigung", entspricht in der Arbeitswelt der E-World das Axiom Effizienz ist gleich Arbeitspensum mal Beschleunigung. Die modernen Kommunikationsmittel treiben den Faktor Beschleunigung, sprich *Zeit*, in schwindelnde Höhen. Moderne technische Arbeitsplatzkonzepte arbeiten daran, diese Kräfte immer weiter zu verfeinern, ähnlich wie die Ingenieurteams einen Formel Eins-Rennwagen. Ihr visionäres Leitbild ist das eines intelligenten Arbeitsplatzes der Zukunft.

Konzepte, die diesem Ziel ziemlich nahe kommen, existieren bereits und können Franz K. und Kollegen schon jetzt im Büroalltag zu einer gesteigerten Produktivität verhelfen. Kernelement des intelligenten Arbeitsplatzes sind ausgeklügelte Software-Tools, die den Mitarbeitern schnellen und einfachen Zugriff auf genau die Informationen gewähren sollen, die sie brauchen, um ihr tägliches Arbeitspensum und die täglichen Anforderungen ihres Berufes zu bewältigen. Bislang verbringen Arbeitnehmer rund ein Viertel ihrer Arbeitszeit mit dem Suchen nach Informationen oder Daten, das hat das amerikanische Marktforschungsinstitut Forrester Research herausgefunden. Wie frustrierend und effizienzhemmend das sein kann, wie sehr es einem den Spaß an der Arbeit verderben kann, das hat sicher jeder von uns schon einmal selbst erfahren. Der intelligente Arbeitsplatz soll dabei helfen, dass statt dessen die strategischen oder kreativen Aspekte der Arbeit wieder mehr im Vordergrund stehen.

Basis eines solchen intelligenten Arbeitsplatzes ist ein webbasiertes Portal, auf das alle Mitarbeiter stationär am Büro-Computer genauso wie mobil über WAP-Handy oder PDA zugreifen können. Durch das Angebot von virtuellen Teamräumen, Instant Messaging, E-Mail, Chatrooms und E-Meetings wird darüber hinaus die Kommunikation unter den Mitarbeitern erleichtert. Zusätzlich können dank der Portaltechnologie die Geschäftsprozesse des eigenen Unternehmens direkt mit denen von Partnern, Kunden und Lieferanten verknüpft werden. Anwendungen für Dokumentenmanagement können ebenso in den intelligenten Arbeitsplatz eingebunden werden wie Lernprogramme oder Software-Werkzeuge für die gemeinsame Arbeit an Projekten. Voraussetzung ist allerdings, dass das Portal und die Anwendungen, die eingebunden werden sollen, aufeinander abgestimmt sind, damit der Arbeitsplatz auch einfach gehandhabt werden kann.

5.3.1 Moderne Schatzsuche

Der ideelle Schatz eines Unternehmens von heute sind seine Informationen. Dieser Schatz kann ungenutzt in Tresoren vermodern, oder von Mitarbeitern genutzt werden, um mit ihrer Hilfe den realen Schatz zu vermehren. Brach liegende, unzugängliche Informationen sind das tote Kapital von Unternehmen, die es nicht in die E-World schaffen werden. Ein intelligenter Arbeitsplatz ermöglicht den Wissensarbeitern von heute die ungestörte Teilhabe an der Dynamik des Wissensaustauschs. Mit einem einzigen Passwort haben sie – bildlich ausgedrückt – so etwas wie den Schlüssel zu einer einzigartigen Schatzkammer in der Hand, in der statt Diamanten und Goldbarren der gesamte Wissensschatz eines Unternehmens funkelt. Per Mausklick sind gespeicherte Dokumente wie Broschüren, Handbücher, Dokumentationen oder Geschäftsberichte abrufbar. Es finden sich Produkt-Präsentationen, Projekt-Beschreibungen, Urlaubspläne, Seminar-Unterlagen, Kantinen-Speisepläne, der Umsatz-Forecast für den laufenden Monat oder aktuelle Mitteilungen der Geschäftsleitung an alle Mitarbeiter.

Per se versprach die IT-Branche dies den Unternehmern bereits seit der Erfindung des Intranets. Dass viele Intranet-Projekte dennoch scheiterten, lag häufig an der schlechten Informations-Strukturierung. Schon eine einzige unverständliche Überschrift im Intranet eines mittelgroßen Unternehmens, so ermittelte der Usability-Papst Jacob Nielsen, kostet bis zu 5.000 Dollar. Durch schlechte Navigationstools, mangelnde Suchfunktionen und fehlende Design-Standards gehen den Unternehmen schon zehn Millionen Dollar pro Jahr verloren, rechnet Nielsen weiter. „Wenn die meistgenutzte Anwendung in Ihrem Intranet der Kantinenplan ist, machen Sie etwas falsch", bringt es Dr. Peter Schütt, Wissensmanagement-Experte bei IBM, auf den Punkt. Denn dann sei das Intranet kaum mehr als ein extrem teures Verfahren, den Essensplan zu publizieren. Statt die Mitarbeiter durch einen Generalzugriff auf alle Unternehmens-Informationen mit unnötigem Wissen zu überfluten, sollte eine Portal-Lösung ihnen vielmehr genau die Informationen und Nachrichten zur Verfügung stellen, die sie für ihre tägliche Arbeit auch wirklich benötigen.

5.3.2 Von der eierlegenden Wollmilchsau zum Lego-Baustein

Der Begriff Portal gelangte über die Kunstgeschichte in die Informationstechnologie. Ursprünglich gemeint ist damit ein künstlerisch gestalteter Eingang eines Bauwerks, der oft mit reichen Ornamenten verziert war. In der IT bezeichnet das Portal den Eingang ins Unternehmensnetzwerk. Hier geht es heute und in Zukunft darum, die aufwändige, aber die Dynamisierung hemmende Ornamentik überfunktionaler Informationszugänge auf ein effizientes, schlankes Maß zurecht zu stutzen, so dass jeder Mitarbeiter von hier aus den bequemsten Eintritt in seine Arbeitswelt erhält. Während in bisherigen Unternehmens-Portalen vor allem normale, webfähige Anwendungen gebündelt präsentiert wurden, erfasst der dynamische Arbeitsplatz der Zukunft den konkreten Mehrwert eines Portals darin, Informationen aus verschiedenen Anwendungen in sinnvollen Kontexten zusammenzufassen. Statt dass ein Mitarbeiter wie bislang beispielsweise eine SAP-Anwendung hochladen muss, um an spezielle Kundendaten zu gelangen, soll er diese Informationen künftig ohne umständlichen Ladeprozess als Bestandteil seines individuellen Arbeitsplates finden. Auf diese Weise bleibt ihm erspart, sich in einem langwierigen Lernprozess mit der Funktionalität der komplexen SAP-Software auseinandersetzen zu müssen, er bekommt lediglich die Funktionen präsentiert, die er für seine tägliche Arbeit tatsächlich benötigt. Gleichzeitig spart sich das Unternehmen die lange Einarbeitungszeit seiner Mitarbeiter – und damit erheblich Geld.

Es geht hier einmal mehr um den Wechsel zwischen Barock und Klassik in der IT. Der Weg zum Wissensschatz führt den Mitarbeiter nicht mehr über eine kurvenreiche Strecke zum Ziel, sondern geradlinig. Dynamikhindernisse gilt es dabei mehr und mehr zu beseitigen. Diese neue Strategie erfordert jedoch auch ein Umdenken der Software-Hersteller: Galt es bisher als schick, in eine Anwendung so viele Funktionen wie möglich zu packen, so muss die Devise jetzt heißen, Software in so kleine Module wie möglich aufzuspalten. Diese Module können die Unternehmen jetzt wie kleine Lego-Steinchen zusammenstecken und so für jeden Mitarbeiter die individuell erforderliche Arbeits-Umgebung schaffen. In ihrem personalisierten „Center" haben die Mitarbeiter auf einen Klick Zugriff auf alle notwendigen Arbeitswerkzeuge. Weil sich die Tätigkeiten im Laufe eines Tages ändern, soll jeder Mitarbeiter für bestimmte Zeitfenster verschiedene Center zusammenstellen können, die ihm die Arbeit erleichtern. Ist er beispielsweise morgens vor allem mit der Pflege der Kundendatenbank beschäftigt, muss jedoch trotzdem ständig Überblick über seine eingehenden E-Mails haben, dann zeigt ihm sein Arbeitsplatz-Center in einem großen Feld die Datenbank-Maske an, während viel kleiner das E-Mail-Eingangsfach eingeblendet wird. Nachmittags steht die Teilnahme an einer Web-Konferenz in seinem Terminkalender: Das entsprechende Center zeigt ihm zusätzlich die Agenda, die Präsentationsfolien, wer sonst noch teilnimmt und welche wichtigen Dokumente den Vortrag ergänzen. Im Idealfall merkt der Mitarbeiter gar nicht mehr, dass er gerade drei Software-Lösungen, nämlich Web-Conferencing, Instant Messaging und Dokumenten-Management, benutzt. Er hat „einfach nur" den direkten und schnellen Zugriff auf alle notwendigen Informationen und Arbeitsmittel, die ihn bei seinem Job effizient unterstützen. Langwieriges Suchen und umständliche Software-Benutzung entfallen.

5.3.3 Wissen zugänglich machen

Doch ist die Bereitstellung von Unternehmensinformationen nur eine Seite der Medaille. Auf der anderen Seite müssen die Betriebe natürlich auch versuchen, das Wissen ihrer Mitarbeiter irgendwie dingfest zu machen. Ein Unternehmen lebt von seinen Wissensträgern, es bezahlt sie dafür, dieses Wissen und die damit verbundenen Fähigkeiten einzubringen, um dadurch am Wachstum teilzuhaben. Das Problem dabei ist nur, dass Wissen etwas höchst individuelles ist, das man nur sehr schwer objektiv erfassen kann. Dies stellt die Geschäftsleitung häufig vor große Probleme. Rund 80 Prozent des Wissens einer Organisation, so schätzt die Giga Information Group, steckt in den Köpfen der Mitarbeiter und entzieht sich einer Dokumentation. Verlässt ein Mitarbeiter das Unternehmen, geht sein Know-how mit ihm. Versuche seitens der Unternehmen, Mitarbeiter dazu zu motivieren, ihr Wissen in sogenannten Knowledge Management Systemen schriftlich niederzulegen, scheiterten in der Vergangenheit oftmals kläglich. Zu groß war die Angst der Mitarbeiter, sich durch die öffentliche Preisgabe von Wissen entbehrlich zu machen.

Ganz anders stellt sich dich Angelegenheit jedoch dar, wenn sich ein Mitarbeiter gegenüber seinen Kollegen oder Vorgesetzten als Experte profilieren kann. Von jemandem um Rat gefragt zu werden, gilt auch heute noch als Ehre. Die meisten Kollegen werden einer solchen Bitte gerne nachkommen - vorausgesetzt, sie werden gerade nicht bei dringenderen Aufgaben gestört. Eine der wichtigsten Management-Aufgaben ist es daher, das Gespräch und den fachlichen Austausch der Mitarbeiter untereinander zu fördern, ohne dass die allgemeine Produktivität darunter leidet. Moderne Collaboration-Lösungen, die traditionelle Kommunikationsinstrumente erweitern, helfen hier weiter.

5.3.4 Flurfunk in neuen Kanälen

In den meisten Unternehmen verläuft die Kommunikation zwischen den Mitarbeitern heute noch immer auf streng hierarchischer Basis. Manager unterhalten sich mit Managern, Arbeiter mit Arbeitern, Sekretärinnen mit Sekretärinnen. In der Kantine sitzen zumeist die Kollegen einer Abteilung am selben Tisch, interdisziplinärer Austausch findet kaum statt. Welcher Arbeiter nimmt sich die Zeit, mit der Vorstandsetage einen Termin zu vereinbaren, um dort einmal zu erläutern, wo in der Produktionsschiene tagtäglich Probleme auftreten? Welche Vertriebsassistentin wagt es, dem Marketing-Leiter einmal zu sagen, welche Nachfragen sie regelmäßig von ihren Kunden bekommt, weil diese die neuen Marketing-Broschüren nicht verstehen? Und welcher Mitarbeiter hat denn gerade in großen Unternehmen noch den Überblick darüber, welcher Kollege für welches Fachgebiet der richtige Ansprechpartner wäre?

Das Resultat: Statt sich in endloser Kleinarbeit durchzufragen, ziehen die meisten Angestellten es vor, sich in tagelanger Recherche ein Halbwissen anzueignen, während der Experte vielleicht nur drei Etagen höher säße. Die einzelnen Abteilungen sprechen ihre Projekte zu wenig ab und die Vorstands-Etage hat häufig nur wenig Einblick in die täglichen Probleme der Arbeiterschicht. Den Informations-Staudamm zu brechen und zu einem Informationsfluss zu verwandeln - das gelingt unter anderem auch dadurch, dass über intelligente Arbeitsplätze die interne Unternehmenskommunikation quer durch alle Abteilungen und Hierarchien erleichtert und vehement gefördert wird. Neue Kommunikationsformen wie Instant Messaging, Web-Konferenzen oder virtuelle Projekträume versuchen, die Lücken zu schließen, die klassische Kommunikationsformen wie Telefon (Störfaktor), Brief (lange Reaktionszeiten) oder E-Mail (mangelnde Empfangskontrolle) bislang hinterließen. Hier geht es um Kommunikationsformen, die durch intelligente Zwischenstufen in Sachen Beschleunigung und Dynamisierung der Kommunikationsprozesse noch etwas zulegen, also um eine Art Feintuning hinterm Komma. Aber nicht nur dass - es geht auch darum, das Teilnehmerspektrum der Kommunikation aller am Arbeitsprozess Beteiligten in die Breite zu ziehen und zu einem gewissen Grade zu demokratisieren, um möglichst alle wichtigen Stimmen im Arbeitsprozess zu erfassen. Das Ziel: Kein Wissen soll verloren gehen. Im folgenden wollen wir diesen neuen Kommunikationsmitteln drei kleine Exkurse widmen.

5.3.5 Instant Messaging: Echtzeitkommunikation ohne Störfaktor

Was liegt heute zwischen einem Telefonat und der E-Mail? Schriftliche Mitteilungen, die sich so schnell und interaktiv austauschen lassen wie am Telefon.

Wenn man so will, ist das eine Art Umkehrung der Voicemail. Die Praxis zeigt, dass das keine bloße Spielerei ist, sondern eine höchst effektive neue Kommunikationsmethode.

Unter Instant Messaging (IM) versteht man den Austausch von kurzen Textnachrichten über das Intra-, Extra- oder auch Internet. Der neuen Internet- „Killeranwendung" prophezeien Marktforscher in den kommenden Jahren rasant steigende Nutzerzahlen. Bislang benutzen Instant Messaging allerdings hauptsächlich Privat-Surfer, Untenehmen sind damit hierzulande noch eher zaghaft. Das liegt daran, dass die IT-Verantwortlichen Instant Messaging entweder als unnötige Spielerei ansehen oder befürchten, dass sich die Mitarbeiter durch private Chats zu sehr von ihrer Arbeit ablenken lassen. Auch die Gefahr, sich über öffentliche IM-Lösungen, wie sie beispielsweise AOL, Yahoo oder ICQ anbieten, Viren einzufangen, sehen die Unternehmen als kritisch an. Dabei berücksichtigen die Firmen jedoch nicht, dass serverbasierte Lösungen, sogenanntes Enterprise Instant Messaging, die unternehmensintern oder als Hosted Service betrieben werden, derartige Risiken weitgehend ausschließen.

Als synchrones Kommunikationsmedium bietet Instant Messaging eine Funktionalität, die zwischen Telefon und E-Mail liegt. Der besondere Clou aber am IM ist, dass Nutzer in Echtzeit miteinander kommunizieren und dabei vorher über Anwesenheitslisten überprüfen können, ob der jeweilige Gesprächspartner vor Ort und gesprächsbereit ist. Doch anders als beim Telefon hat der Empfänger einer Instant Message die Freiheit, nicht augenblicklich antworten zu müssen, wenn es seine aktuelle Situation gerade nicht erlaubt. IM eignet sich vor allem für Nachrichten mit hoher Priorität, die eine direkte und spontane Kommunikation verlangen. Anfragen, die Zeit haben, werden dagegen auch weiterhin bevorzugt über E-Mails verschickt werden.

Schon heute haben sich große Unternehmen wie Daimler Chrysler, Reuters, Infineon, Fujitsu-Siemens oder die deutsche Bundeswehr davon überzeugen lassen, dass IM echte Vorteile für die interne Unternehmens-Kommunikation bietet. Bei IBM, wo Instant Messaging vor vier Jahren eingeführt wurde, haben sich von den 300.000 Mitarbeitern mittlerweile etwa 280.000 die entsprechende Software besorgt. Jeden Tag werden bei IBM im Schnitt rund drei Millionen Instant Messages versandt und damit viele Telefonate eingespart. „Und das ohne irgendwelchen Zwang", wie Dr. Peter Schütt von IBM versichert. Das Gute dabei: Über ein ausgeklügeltes System zeigt die IM-Software an, in welchem Kommunikationsmodus sich ein Unternehmensmitarbeiter befindet, ohne dass dieser selbst aktiv etwas tun muss. Meldet sich ein Mitarbeiter in Local Area Network eines Unternehmens an, überprüft die Software in regelmäßigen Abständen, ob auf dem Client Maus oder Tastatur bewegt wurden. Ist dem so, wird über eine farbliche Markierung signalisiert, dass der Gesprächspartner mit hoher Wahrscheinlichkeit direkt erreichbar ist. Wird über eine längere Zeit keine Maus oder Tastatur bewegt, schaltet die Erreichbarkeits-Ampel um auf gelb. Dies bedeutet, dass ein Teilnehmer zwar prinzipiell online, aber gerade wohl nicht an seinem Arbeitsplatz ist. Wer sich gar nicht im LAN angemeldet hat, weil er etwa auf Geschäftsreise ist, wird ebenfalls farblich markiert. Darüber hinaus können Mitarbeiter auch aktiv eintragen, dass sie gerade nicht gestört werden wollen oder nur über das Mobiltelefon zu erreichen sind - auch dies wird in der Teilnehmer-Liste für alle sichtbar vermerkt.

Diese Erreichbarkeitsanzeige ist die Funktion, die den eigentlichen produktiven Mehrwert durch Instant Messaging sichert. Immer mehr Mitarbeiter nutzen diese auch dann als Informationsquelle, wenn sie einen anderen Kommunikationskanal als Instant Messaging nutzen wollen. Eine IBM-Mitarbeiterin berichtet, dass sie neuerdings grundsätzlich einen Blick auf die Anzeigenliste wirft, bevor sie zum Telefonhörer greift. Unproduktive Anrufe, bei denen der Gesprächsteilnehmer nicht ans Telefon geht oder nur eine Botschaft auf der Mailbox hinterlassen wird, haben sich ihrer Erfahrung nach dadurch immens reduziert. Die etwaige Befürchtung der Mitarbeiter, dass die Geschäftsleitung über die Erreichbarkeitsanzeige die Anwesenheitszeiten ihrer Angestellten kontrollieren kann, ist im Normalfall unbegründet. Denn wie die Gewerkschaft IG Metall in Frankfurt betont, dürfen Unternehmen Instant-Messaging-Systeme nur mit Zustimmung der Arbeitnehmervertretung einführen. In der Regel würden dann Rahmenverträge geschlossen, die vorsehen, dass mit dem Tool keine Leistungs- und Verhaltenskontrollen durchgeführt werden, so Dieter Scheitor, Teamleiter IT-Industrie beim Vorstand der IG-Metall in Frankfurt.

Die Einsatzmöglichkeiten für Instant Messaging sind vielfältig: Ein Betreiber von Bahnhofs- und Flughafenkiosken in Skandinavien beispielsweise hatte früher die Bestellungen der einzelnen Kioske per Telefon abgefragt. Das war problematisch, weil die Kiosk-Angestellten während des Telefonats keine Kunden bedienen konnten. Heute wickelt der Betreiber seine Bestellungen per Instant Messaging ab. Hat ein Kiosk-Verkäufer einen Kunden, wird die Kommunikation einfach für kurze Zeit unterbrochen. Bestellungen per E-Mail wären für das Unternehmen keine Alternative gewesen, da mit den Kioskbetreibern viele Details wie Absatzstrategien, die Platzierung neuer Produkte und Umsatzerfolge in Dialogform zu besprechen waren. Auch beim Militär kommt Instant Messaging zum Einsatz: So nutzt beispielsweise die Collaboration on Sea, eine Verbindung zwischen Bundesmarine, US Navy, Royal Navy und der Australischen Marine Instant Messaging mit Verschlüsselung zum schnellen und sicheren Informationsaustausch zwischen ihren U-Booten. Das Telefon erschien dem Militär-Verbund nicht abhörsicher genug, darüber hinaus können über Instant Messaging auch dann Informationen ausgetauscht werden, wenn nur sehr geringe Bandbreiten verfügbar sind.

5.3.6 Web-Konferenzen sparen Zeit und Geld

Die Wissensarbeiter eines Unternehmens arbeiten heute nicht mehr alle an einem Fleck. Auch innerhalb eines Unternehmens führen viele Mitarbeiter ein nomadenhaftes Arbeitsleben. Die Kommunikationsstrecke Peking-Rom, die noch in der Renaissance eine Zweijahresfrist beanspruchte, wird heute tagtäglich mehrere Male per Flugzeug, aber noch ungleich häufiger per elektronischer Kommunikation zurückgelegt. Peking, das ist in modernen Weltkonzernen eine Abteilung ein, zwei Stockwerke weiter. Dass dazwischen doch erheblich mehr

Raum liegt, zeigt sich immer dann, wenn sich die Wissensarbeiter zu einer Konferenz treffen. Der dynamische Arbeitsplatz setzt sich über diesen Raum hinweg.

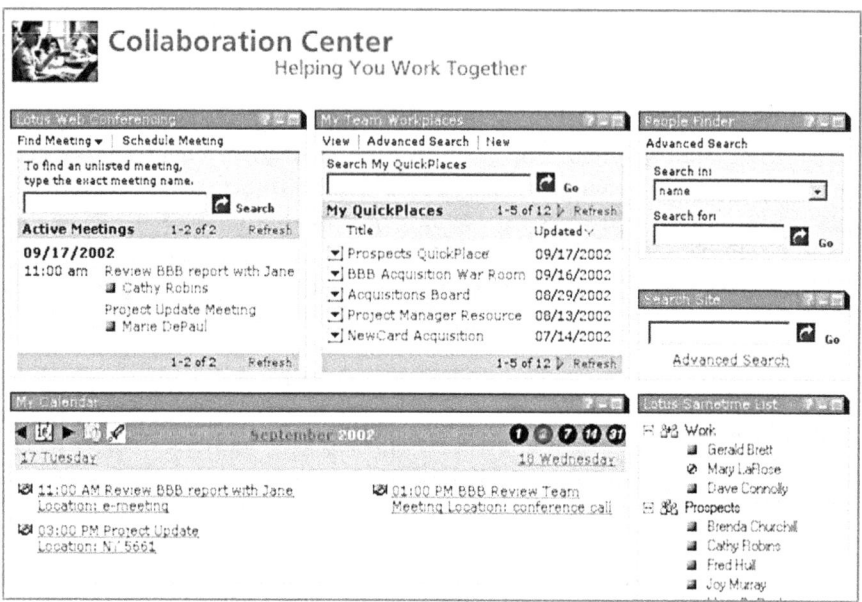

Abb. 20. Der Screenshot zeigt einen Arbeitsplatz mit Web-Konferenzen und ähnlichen Funktionen auf Basis von IBM WebSphere und Lotus

Web-Konferenzen sind dabei eine konsequente Fortführung des Instant Messagings. In intelligenten Arbeitsplätzen gibt es integrierte Lösungen, über die sich Mitarbeiter wahlweise in virtuellen Meeting-Räumen treffen können, Audio- und Videokonferenzen abhalten oder über Instant Messaging Dokumente in Echtzeit verschicken. Die Kommunikation zwischen mehreren Gesprächsteilnehmern, die bislang nur in zeit- und kostenaufwändigen persönlichen Meetings herzustellen war, wird dadurch erheblich erleichtert. Unabhängig von ihrem jeweiligen Aufenthaltsort können sich die Mitarbeiter von ihrem intelligenten Arbeitsplatz aus in ein virtuelles Meeting einklinken, Informationen austauschen und nach kurzer Zeit effizient weiterarbeiten. Noch mehr Komfort bieten virtuelle Team-Räume ihren Nutzern. Hier können sich Projektgruppen treffen, aktuelle Projektunterlagen abspeichern oder Arbeitsaufträge austauschen. Statt wie bisher jedem Projekt-Teilnehmer regelmäßig per E-Mail die aktuellen Unterlagen zuzuschicken, finden die Projektteilnehmer nun automatisch den jeweils gültigen Projektstand in ihrem Team-Raum. Das spart gerade bei speicherintensiven Dateien nicht nur Übertragungs-Ressourcen. Vielmehr ist auch garantiert, dass jeder Projektteilnehmer tatsächlich auf dem aktuellen Stand der Dinge ist und nicht aus Versehen eine E-Mail übersehen oder ein Dokument nicht abgespeichert hat.

Während viele reale Meetings häufig nicht dokumentiert werden, hat eine Web-Konferenz zudem den Vorteil, dass sie aufgezeichnet werden kann. Auf diese Weise fixiert ein Unternehmen nicht nur vorhandenes Know-how, sondern erweitert auch das Einsatzspektrum im E-Learning. Präsentiert beispielsweise der Vertriebs-Vorstand seinen Verkaufsmanagern ein neues Produkt über eine Web-Konferenz, kann dieses Material später auch dem gesamten Vertriebsteam angeboten werden. Die Mitarbeiter können zu einem für sie passenden Zeitpunkt die Aufzeichnung abrufen und sind damit auf dem gleichen Wissensstand wie ihre Vorgesetzten - ohne großen Aufwand oder Produktivitätseinbußen.

In den meisten Unternehmen, die solche Tools bereits einsetzen, müssen die Mitarbeiter nicht lange zur Organisation von Web-Konferenzen überredet werden. Die Akzeptanz ist normalerweise hoch und auch externe Gesprächspartner von außerhalb des Unternehmens werden ohne großes Zögern integriert. Die Web-Konferenzen sind eine willkommene Methode, Gesprächspartner um einen virtuellen Tisch zu versammeln, statt immer nur per E-Mail und Einzeltelefonat zu kommunizieren. Und gleichzeitig sind sie für das Unternehmen eine Methode Reisekosten zu sparen – selbst wenn sie nicht alle realen Treffen ersetzen können. Den Energie- und Automationstechnik-Hersteller ABB sowie eine Reihe ölfördernder Unternehmen hat das Einsparpotenzial von Web-Konferenzen jedenfalls überzeugt: Sie nutzen die virtuellen Zusammenkünfte beispielsweise, um bei Schadensfällen den Experten bereits in einer sehr frühen Phase per eingebundener Webcam einen Schadensüberblick geben zu können. Reparaturzeiten und damit Kosten werden auf diese Weise drastisch reduziert.

5.3.7 Von der Insel zum vernetzten Konglomerat

Neben einer auf die persönlichen Bedürfnisse jedes einzelnen Mitarbeiters abgestimmten Arbeitsoberfläche, dem schnelleren Zugriff auf relevante Informationen und der Erleichterung der internen Unternehmenskommunikation bieten intelligente Arbeitsplätze noch einen weiteren, nicht zu vernachlässigenden Vorteil: Über webbasierte Schnittstellen lassen sich auch internationale Niederlassungen oder wichtige Kooperationspartner in der ganzen Welt ganz leicht an das Unternehmens-Portal anbinden. Gerade in Zeiten, die vom Trend zu Akquisitionen und Globalisierung geprägt sind, hat ein Unternehmen, das eine schnelle Vernetzung aller Unternehmensteile leisten kann, erhebliche Wettbewerbsvorteile. „Kein Mensch ist eine Insel", lautet der berühmte Vers des englischen Dichters John Donne. Er lässt sich mühelos auf moderne Wirtschaftsunternehmen ummünzen: Ohne in stetiger Kommunikation mit der Geschäftswelt zu stehen, ist ein Unternehmen wie eine Insel im Ozean – verloren. Erst die Vernetzung untereinander macht die einzelnen Inseln zu einer schlagenden Einheit. Durch schnelle Kommunikation und funktionierenden Wissensaustausch werden Entscheidungswege kürzer. Das Management kann schneller auf aktuelle Markttrends reagieren. Mitarbeiter in allen Teilen der Welt können per Mausklick über neue Vertriebsstrategien diskutieren und die Marketing-Abteilung jeder einzelnen Niederlassung hat bei der Produktion der länderspezifischen Werbemittel direkten Zugriff auf die aktuellen Produktfotos – unabhängig von Arbeitszeiten und Zeitverschiebungen in den jeweiligen Ländern.

Abb. 21. Der intelligente Arbeitsplatz – hier ein Beispiel bei IBM in Saarbrücken – bietet über eine einzige Oberfläche Zugriff auf alle Kommunikations- und Arbeitsmittel

5.3.8 Intelligenter Arbeitsplatz in der Versicherung

Wie real das Konzept des dynamischen Arbeitsplatzes heute schon ist und wie groß der Bedarf in Unternehmen, zeigt etwa das Beispiel Zurich Financial Services, das auf der CeBIT 2003 vorgestellt wurde. Diese haben die Vorteile des einheitlichen Zugriffs über ein Unternehmens-Portal und intelligente Arbeitsplätze zu schätzen gelernt.

Das Unternehmen betreibt Niederlassungen in 60 Ländern und zählt weltweit 68.000 Mitarbeiter. Die IT-Landschaft des Unternehmens war bis vor kurzem aufgrund der Akquisition mehrerer Gesellschaften von zahlreichen Insel-Lösungen geprägt, die meist nicht miteinander verknüpfbar waren. Es wurden mehrere Intranets und Websites parallel betrieben, was hohe IT-Kosten für Administration und Pflege verursachte. Durch ein einheitliches Unternehmens-Portal wollte die Zurich mehr Übersicht und Transparenz in die Informations- und Kommunikationsstrukturen des internationalen Unternehmens bringen. Für das Top-Management bestand die Herausforderung darin, einen einheitlichen Markenauftritt und eine Unternehmenskultur an alle Angestellte in den verschiedenen Tochtergesellschaften und weltweiten Niederlassungen zu kommunizieren.

Der Versicherungskonzern entschied sich schließlich für die Einführung dynamischer Arbeitsplätze. Die dezentralen Intranets wurden im neuen Portal zusammengefasst und Schritt für Schritt konsolidiert. Heute finden die Mitarbeiter auf dem Portal alle notwendigen Informationen – vom elektronischen Telefonbuch und Organigramm über Reisekostenformulare bis hin zu Handbüchern und Richtlinien wie die Controlling Policy oder aktuelle Informationen der Personalabteilung. Instant Messaging zeigt an, welche Kollegen gerade telefonisch oder per Chat erreichbar sind. In virtuellen Teamräumen können einzelne Arbeitsgruppen der Zurich Informationen und Dokumente austauschen. Rund 16.000 Unique Visitors nutzen monatlich das Portal, analysierte die Versicherungsgruppe. Für Dr. Stefan Benz, Head of eCommunications der Zurich Financial Services, hat sich das Projekt absolut bewährt: „Es sollte keine Frage mehr sein, ob ein Unternehmen ein Portal braucht oder nicht", so seine Aussage. „Die Fülle an Daten und Informationen und die Vielzahl an internen Websites verlangen in der Praxis einen einheitlichen Zugang, der allen Mitarbeitern offen steht."

5.3.9 Technik als Ergänzung

Trotz aller technischer Finessen wie Unternehmens-Portal, Instant Messaging oder Web-Conferencing gilt für die Kommunikation im Unternehmen das gleiche wie auch für die mobile Kommunikation: Das persönliche Gespräch unter den Mitarbeitern darf nicht zu kurz kommen und nicht abgetötet werden. Gerade geschriebene Kommunikation kann die leisen Zwischentöne eines persönlichen Gesprächs nicht vermitteln. Projektgruppen, die sich nur in virtuellen Konferenzräumen, jedoch nie in der Realität kennenlernen, werden sich im vertrauensvollen Umgang miteinander schwer tun. Kritik, die per E-Mail geäußert wird, trifft den Empfänger unter Umständen schwerer als gewollt. E-Mail, Instant Messaging und Video-Konferenzen sind daher immer nur eine Unterstützung, nicht aber ein Ersatz für das persönliche Gespräch. Sie eignen sich zur Vermittlung aktueller und sachlicher Inhalte. Wer emotionale, persönliche und soziale Themen über E-Mail, Instant Messaging oder das Unternehmensportal publiziert, riskiert die Gefahr von Missverständnissen und Fehlinterpretationen. Die Aufgabe des Top-Managements ist es, die verschiedenen Kommunikationswege geschickt zu kombinieren, um auf diese Weise einen effizienten Informationsaustausch unter allen Mitarbeitern zu fördern.

Was bedeutet der intelligente Arbeitsplatz für Franz K.? Nun, er braucht seine Kollegin in der Marketing-Abteilung gar nicht fragen, wo der aktuelle Verkaufsflyer ist, weil er diesen einfach per Mausklick auf dem Unternehmens-Portal findet. In der ebenfalls allgemein zugänglich abgelegten Experten-Liste sieht er, dass nicht der Kollege im Urlaub, wohl aber ein Mitarbeiter in Mexiko ihm bei seinem fachlichen Problem helfen kann. Und ein Blick auf die Anwesenheitsliste der Instant Messaging-Lösung signalisiert ihm, dass besagter Kollege in Mexiko gerade an seinem Arbeitsplatz ist und ihm sicherlich bei seinem Problem helfen kann. So hat Franz K. in einer halben Stunde erledigt, worüber er sich bislang einen halben Vormittag geärgert hätte. Da bleibt ihm noch genug Zeit für ein persönliches Gespräch mit der netten neuen Vertriebsassistentin.

6 Der Mensch und seine Zeit

Jede neue Technologie verheißt der Wirtschaft mehr Effizienz. Das Effizienzversprechen ist das goldene Kalb geworden, vor dem alle in die Knie gehen. Doch steht ebenfalls in Stein gemeißelt, dass der einzige Weg dorthin über neue Technologien führt? Führen uns allein mehr Rechenleistung, mehr Speicherplatz, mehr „Power" zu dem erhofften Ziel der Supereffizienz? Wir ahnen es bereits – wer sich hier in wilden Kalkulationen verstrickt und dabei den Faktor Mensch nur zu einer sekundären oder gar tertiären Variablen in seiner Rechnung macht, der läuft Gefahr, sein Ziel zu verfehlen. Eine Technik beherrschen bedeutet immer, dass eine Gesellschaft über die zweckmäßigsten und wirtschaftlichsten Mittel verfügt, um ein bestimmtes Ziel zu erreichen. Technik ist großartig und hat uns zu einem Lebensstandard verholfen, wie ihn keine Generation zuvor erleben durfte. Dennoch sollte sie immer bleiben, was sie ist – das Rad, das den Menschen bewegt, kein Göppel, das er täglich drehen muss. Nicht der Mensch wird durch die Technik beherrscht; der Mensch beherrscht die Technik. Technik ohne Objekt, ohne Ziel läuft ins Leere.

6.1 Die Stunde des Wissensarbeiters

Die treibende Kraft in der E-World ist nicht die Technik. Die treibende Kraft in der E-World ist Franz K., der Wissensarbeiter. Seine Arbeit ist es, die die Dinge in der E-World entstehen lässt, seine Ideen umreißen die Zukunft dieser Welt, seine Tatkraft macht sie betretbar. Die Technik spannt nur den Rahmen auf, innerhalb dessen sich Franz K. unbeschwert bewegen kann. Sie soll ihm alle Werkzeuge an die Hand geben, damit er seinen Job bestmöglich erfüllen kann.

Wie kann die Technologie das? Vor allem, indem sie seine wichtigsten Ressourcen schützen hilft: seine Zeit und seine psychischen Energien.

In der E-World wird sich die Arbeitswelt verändern, das haben wir bereits öfter anklingen lassen. Die Wissensgesellschaft baut nicht mehr auf manueller oder industrieller Produktion auf. Statt dessen steigt eben der Anteil der Wissensarbeiter, derer, die Wissen erzeugen und über Wissen verfügen und dadurch Mehrwert für ihren Arbeitgeber schaffen. Die Palette reicht vom Call-Center-Beschäftigten bis zum Software-Entwickler, vom Marktanalysten bis zum Vertriebsleiter, und immer steht das Wissen im Vordergrund, ist als Qualifikation wichtiger als jede manuelle Fertigkeit. Das geht weit über die pure Information hinaus: Außer auf das explizite Wissen, das meist strukturiert vorliegt, sich verbal ausdrücken lässt und auch relativ einfach weitervermittelt werden kann, kommt es für fast jede Wissensarbeit auch auf das implizite Wissen an. Darunter versteht man nach Michael Polany jenen Teil des Wissens, der nicht vollständig in Worten ausgedrückt werden kann – unter anderem Erfahrung, Können und viel Hintergrundwissen, auf das der „Wissende" sich unbewusst verlässt.

Monotone Fertigungsarbeiten werden uns mehr und mehr von der Technik abgenommen. Der Rationalisierungsprozess, der in der Mitte des 19. Jahrhunderts eingesetzt hat, ist immer noch im Gange, die Automatisierung von Produktion und Fließbandarbeit schreitet weiter voran. Was heißt, dass der Wert eines Mitarbeiters für das Unternehmen sich nicht mehr nur auf seine feinmotorischen Fähigkeiten beschränkt. Es sind heute viel mehr die kreativen Ideen, die ihn zu einem Kapital des Unternehmens machen, seine psychischen Energien im Umgang mit komplexen und schwierigen Aufgaben und Menschen. Die Technologie ist für die optimalen Rahmenbedingungen dieses Zustandes zuständig.

Darin liegt ein Risiko und eine Chance: Einerseits befreit die Technik den Menschen von einer Vielzahl an Arbeiten, die sein geistiges Potenzial nicht im geringsten beanspruchen, ihn daher unterfordern oder gar frustrieren. Arbeiten, die daraus bestehen, dass man den ganzen Tag irgendwelche Metallteile in eine Bohr-, Hammer, oder Biegemaschine steckt oder den immer gleichen Handgriff an einem Produkt auf einem Fließband vornimmt, werden immer weniger – sobald kein Wissen, ob explizit oder implizit, mehr gefragt ist, können Roboter und Computer den Job früher oder später auch erledigen, manchmal sogar besser, weil regelmäßiger, als der Mensch. Etwas enthusiastisch ausgedrückt: Die Technologie befreit uns von Handlungen, die jeden Tag Unmengen an Zeit töten, indem sie Menschen dazu zwingen, immer wieder das gleiche zu tun. Die technologische Effizienzbeschleunigung befreit den Menschen von untergeordneten Tätigkeiten und steigert damit das psychische Potenzial des Mitarbeiters. Er wird nach der Kant'schen Befreiung aus der selbstverschuldeten Unmündigkeit und dem damit verbundenen Appell, den eigenen Denkapparat einzusetzen, nun auch von seinen lästigen Produktionsmitteln befreit.

Doch liegt natürlich genau darin auch das Risiko für unsere Gesellschaft: In Anbetracht gleichbleibend hoher Arbeitslosenzahlen und dem sich abzeichnenden Abbau von Sozialleistungen wirkt der Gedanke einer Befreiung auf den ersten Blick eher zynisch. Denn das Vorurteil will, dass die stringente Rationalisierung die Menschen vor allem von einem befreit – ihrer sicheren Existenz, aufbauend auf einer geregelten Erwerbsquelle. Schließlich können nicht alle Mitglieder der Gesellschaft Ingenieure, Informatiker und Manager sein. Das Vorurteil sagt auch, dass nicht jeder von Haus aus kreativ und ideenreich ist. Wird die E-World für diese Menschen nicht zwangsläufig zur Falle? Was helfen ihnen Technologien, die sie nicht zu beherrschen wissen, die vielmehr an ihrer Unentbehrlichkeit zu nagen scheinen?

Diese Ängste muss man ernst nehmen. Das heißt allerdings nicht, dass man die Uhr zurückstellen muss, um die Industrie auf ein Niveau zurückzufahren, wo Menschen wieder die Technologie ersetzen, weil sie wieder billiger geworden sind. Abgesehen davon, dass das eine Negativutopie ist, die kein westlichdemokratisch gesinntes Land der Erde freiwillig auf sich nehmen würde. Nicht nur, dass eine solche Regression ökologisch und politisch fatal wäre und auch ökonomisch einem Desaster gleichkäme, gleichzusetzen mit einem Rückfall ins 19. Jahrhundert und tiefer. Sie würde unsere Arbeit wieder auf das primitive Niveau zurückwerfen, das wir schon zuvor nur mit viel zähem Fleiß und unter permanenten Anstrengungen der Selbstverleugnung auf uns genommen haben. Wir würden die Freiheit von diesen Tätigkeiten wieder verlieren und zurückfallen in die Sklaverei eines monotonen Produktionsprozesses. Diese Negativentwicklung erführe zusätzliche Dynamik dadurch, dass jeglicher Anreiz, die Rahmenbedingungen zu verbessern, wegfallen würde. Unsere Gesellschaft hat sich spätestens seit der Erfindung des Rades selbst auf Wachstumskurs gebracht. Sie hat sich für die Technologie entschieden und muss diesen Weg weiterverfolgen.

Zwar stimmt es, dass der Mensch auch in sehr einfachen Tätigkeiten tiefes Glück und Zufriedenheit erfahren kann; aber seien wir ehrlich - bei sehr vielen Tätigkeiten im harten Industrieprozess ist es mehr Wille und Vorsatz, denn wahre Zufriedenheit. Fest steht jedenfalls, dass sich das Rad nicht zurückdrehen lässt. Kein Land der Welt wird Maschinen abstellen, um dadurch Menschen in Arbeit zurück zu bringen, es sei denn der unwahrscheinliche Fall tritt ein, die menschliche Arbeit wird wieder so billig, dass sich der Technologieeinsatz nicht rentiert. Vom sozialpolitischen Standpunkt stellt sich also vielmehr die Frage, welche Rahmenbedingungen geschaffen werden müssen, damit der Mensch sein psychisches Potenzial voll einbringen kann. Denn dieses Potenzial wird in Zukunft zur einzigen Erwerbsquelle seines Unterhalts werden.

Die Politik ist aufgerufen, die Menschen auf diese neue Zeit vorzubereiten. Das heißt vor allem Bildung, Bildung und noch mal Bildung. Denn nur mit dem notwendigen geistigen Rüstzeug kann der Mensch in der E-World Ideen auf hohem Niveau einbringen und verwirklichen. Schweiß und Fleiß, die vormals direkt in die Arbeit investiert wurden, müssen heute vor allem im Vorfeld, in der Vorbereitung auf diese Arbeit gezollt werden. „Wissen schafft Wachstum", so lautet das Fazit der entsprechenden theoretischen Untermauerung dazu von Stanford-Professor Paul Romer. Das ist ein anderes Wachstum, als wir es noch von früher kennen, wo es für Unternehmen immer nur darum ging, größer und schwerer zu werden. Die neuen Wachstumsparolen von heute lauten schneller und schlauer. Die ehemalige Grundsubstanz des Wachstums – mehr Rohstoffe, mehr Kapital, mehr Arbeit – führen nicht mehr zum Erfolg. Ideen sind laut Romer an ihre Stelle getreten, um die Wirtschaft weiterzubringen. Wolf Lotter beschreibt in seinem Brand Eins-Essay *Die Blechtrommler*, um welche Art Wissen es dabei geht:

Wissen ist dabei nicht einfach eine Phrase, die den alten Fetisch von mehr Maloche, mehr Geld und mehr Umweltausbeutung esoterisch ersetzt. Patente, zugängliche Innovationen und Verbesserungen, die genutzt werden können, gehören in diese Kategorie. Dazu kommen die Kenntnisse und Fertigkeiten, das Know-how von einzelnen Personen, das so genannte Humankapital. Die Ausbildung beider Faktoren hängt eng zusammen. Forschung und Bildung sind die treibenden Kräfte hinter diesen Wachstums- und Entwicklungsmotoren. Deshalb fordert Romer, ganz im Gegensatz zu den Vertretern der neoklassischen

Wachstumstheorie, den Staat als Lenkungsmittel – allerdings dort, wo er wirklich gebraucht wird: Als Organisator und Manager einer offenen Bildungsgesellschaft, die die optimalen Chancen zur Entwicklung des Humankapitals – Du und Ich – liefert.

Das bedeutet auch, dass in der Politik einige Dinge neu durchdacht werden müssen. So ist etwa die Subventionspolitik, die bestimmte Industriestandorte begünstigt, nicht mehr zeitgemäß. Stattdessen sollte dieses Geld gleich in Bildung, Forschung und Weiterbildung fließen. „Damit werden die von außen wirkenden, exogenen Faktoren zu endogenen, von innen gesteuerten Prozessen. Mehr Bildung, mehr Wissen schafft mehr Ideen, und die schaffen mehr Wachstum", lautet der Rat von Wolf Lotter.

Um so schlimmer, dass es in Sachen Bildung in Deutschland derzeit nicht zum Besten steht. Fast gemeinsam mit der wirtschaftlichen Flautestimmung zeigt das PISA-Ergebnis, dass es in Deutschland auch eine kulturelle Krise gibt. Dabei war es doch einmal ganz anders: Im 19. Jahrhundert und in der Zeit bis zum Ersten Weltkrieg gingen von Deutschland noch sehr viele innovative Anstöße aus. Das Rechtssystem wurde beispielsweise in viele andere Länder exportiert, ebenso die Sozialgesetze und damit die Grundlagen für die von der Bundesrepublik einst so vorbildhaft gepflegte soziale Marktwirtschaft. Aber vor allem in den Wissenschaften waren die Deutschen einmal ganz weit vorne. Das Humboldt'sche Schulsystem und die deutschen Universitäten brachten zwischen 1901 und 1933 10 Physik-Nobelpreise, 14 Chemie-Nobelpreise und 6 Medizin-Nobelpreise hervor. 1861 erfand Johann Philipp Reis das Telefon, 1879 erfand Franz von Siemens die erste Elektrolokomotive, 1885 Gottlieb Daimler das erste Motorrad, gefolgt vom ersten Auto 1885 von Karl Benz; weitere Innovationen aus Deutschland waren der Viertaktmotor, der Dieselmotor, das erste Düsenflugzeug, die erste Flüssigkeitsrakete und schließlich der erste Elektronenrechner von Konrad Zuse 1941 – diese wenigen Schlaglichter auf die deutsche Innovationsgeschichte zeigen, was sich an Geistern in diesem Land einmal geregt hat. Die Politik ist aufgerufen, alles zu tun, um dieses Klima wiederherzustellen.

Schlauer und schneller werden, das bedeutet auch: Mit geistigem Geschick die Zeit optimal ausnutzen, die für eine Aufgabe zur Verfügung steht. Ganz nach dem Spruch des römischen Philosophen Lucius Annaeus Seneca (ca. 4 v. Chr.-65 n. Chr.) „Es ist nicht wenig Zeit, die wir haben, sondern es ist die viele, die wir nicht nützen" helfen uns Technologien bei diesem Optimierungsprozess. Allerdings gilt es auch hier ein Gleichgewicht zwischen Zweckmäßigkeit und purem Technikoptimismus zu finden.

Wo die Technik dem Menschen ihre eigene Zeit aufzwingt und ihn aus seinem natürlichen Energiefluss herausreißt, da ist zu überlegen, ob sie wirklich wirtschaftlich am Erreichen des übergeordneten Zieles mitwirkt. Viele Funktionen des Computers am Arbeitsplatz sind eher dafür geeignet, den Wissensarbeiter in einen Zustand chronischer Bedrängnis und Ablenkung zu führen. Eine unruhige, ablenkende Arbeitsumgebung induziert viel mehr Stress, als harte, aber konzentrierte Arbeit. Flexibilität, die Wendigkeit der mentalen Fähigkeiten auf sich schnell ändernde Bedingungen, wird ab dem Stadium unproduktiv, ab dem er seine Aufmerksamkeit zu schnell auf neue Dinge lenken muss. Wenn

Franz K. stundenlang an einem neuem Problem arbeitet und plötzlich von einem Anruf aufgestört wird, dann erfordert es viel psychischen Einsatz, den verlorenen Faden wieder aufzunehmen. Ein Wissensarbeiter, der völlig ohne zeitlichen Spielraum für seine Ideen und Gedanken ist, dürfte in Sachen Effizienz hoffnungslos absinken. Und wer sich keinen ökonomischen Umgang mit seinem E-Mail-Eingang angewöhnt, läuft in ähnliche Gefahren. Viele können ihr Postfach gar nicht mehr aus den Augen lassen und bekommen ein schlechtes Gewissen, wenn sie eine E-Mail nicht sofort nach dem Empfang öffnen und beantworten. Sie lassen sich buchstäblich von ihrem E-Mail-System versklaven.

Unser Umgang mit der Zeit steht heute unter Generalverdacht. Vor allem Kulturpessimisten attestieren unserer Informationsgesellschaft immer wieder, dass wir in einem Klima der Reizüberflutung und Kurzzeitigkeit leben, die unsere Erlebnisweisen extrem negativ beeinflussen, unsere Lebensqualität zerstören und unsere moralischen und intellektuellen Fertigkeiten unterhöhlen. Sie alle tun so, als wäre der Mensch der reißenden Strömung der Zeit erbarmungslos ausgeliefert. Ohne Abwehrstrategie, ohne Hilfsmittel, im Boot ohne Ruder, verloren im Mahlstrom der Zeit. Natürlich ist Franz K. in vielfacher Hinsicht dem Diktat seines Terminkalenders unterworfen und natürlich setzt ihn das unter Druck. Aber wie groß wäre der Druck erst, wenn er keinen Terminkalender hätte, der seine Aufgaben ordnet und alle gleichzeitig auf ihn einstürmen würden. Natürlich ist die Frequenz zwischen den einzelnen Zeitabschnitten schneller geworden, eine Erlebnisgewohnheit, die beispielsweise von der Filmtechnik mit harten Schnitten und Blenden bedient wird. Die Frage ist aber, was kam zuerst? Diese Techniken löschten ja nicht die Langsamkeit aus der Welt. Die Langsamkeit existiert nicht in der Vergangenheit, sondern neben der Schnelligkeit als alternativer Modus, den der Mensch je nach Bedarf wählen kann oder nicht. Jedes Medium besitzt einen Knopf, mit dem es sich abschalten lässt. Und die Langsamkeit eines Abends im Ledersessel mit Kognak-Schwenker und einem Chopin'schen Nocturno im Hintergrund mag der richtige Modus für verschiedenes sein, nicht aber unbedingt für einen Acht- bis Zehn-Stunden-Tag an der Arbeit.

Man darf die Dinge natürlich nicht klein reden: Die Beschleunigung unserer Zeit, die uns laut Kulturpessimismus immer schneller davon läuft, verkürzt bestimmte Erfahrungsräume und erschwert Kontrolle und Überprüfung, ob die ganze Richtung, die das Unternehmen und das Leben nimmt, überhaupt noch die richtige ist. Viele Dotcom-Pleiten verdankten sich diesem blinden Spurt in die fatale Leere. Andererseits gibt es in der Wirtschaft im Augenblick keine Alternative zur Beschleunigung. Hier gilt es: Lernen auf der Welle zu reiten, den eigenen Informationsfluss mit Hilfe von moderner Kommunikationstechnologie der Geschwindigkeit anzupassen. Denn dieser Fluss ist das Herzblut eines Unternehmens und ermöglicht flexible Reaktionen auf innere und äußere Veränderungen.

Jedoch – alle Schnelligkeit ist zu nichts nutze, wenn sie keine Qualität hervorbringt. Zu den ersten Nutznießern der Internet-Technologie gehörte die Forschungsgemeinschaft. Sie wurde durch das Netz befähigt, ihre Gedanken schneller und leichter auszutauschen als früher über periodische Fachzeitschriften und Symposien. Dazu kam noch, dass sich auch viele auf den ersten Blick fakultätsfremde Stimmen mit in den Austausch mischten, was dazu führte, dass die Probleme viel detaillierter und aus verschiedenen, neuartigen Perspektiven angegangen wurden. Das Netz brachte nicht nur eine Beschleunigung des Transfers, sondern auch eine Qualitätssteigerung. Ebenso geht es in der Wissensgesellschaft viel mehr um Know-how-Transfer und damit um das Hauptziel der ganzen Beschleunigung: Die Informationen müssen so schnell fließen, damit am Ende die Qualität gesteigert wird. Qualität bedeutet, dass die Produkte, die die Wissensgesellschaft produziert, immer genauer auf die Bedürfnisse ihrer Kunden antworten. Das geht im B2B-Geschäft heute immer mehr in Richtung individuelle Lösungen, zugeschnitten auf Branchen, auf Unternehmen, auf Arbeitsgruppen, auf den einzelnen Mitarbeiter. Hier hat die Schnelligkeit keine Priorität mehr. Hier muss das Produkt stimmen, weil schnelle, unausgegorene Lösungen fatal wären. Der Mensch in der E-World arbeitet mit Ideen, arbeitet schnell und liefert Qualität.

Zeit ist der ökonomische Faktor schlechthin, immer mehr wird in immer kleinere Zeitintervalle eingeteilt. Der Motor läuft in allerhöchster Taktfrequenz. All dies lässt in uns mehr und mehr die Illusion entstehen, dass wir die Zeit beherrschen können, ja, vielleicht sogar unsere Zeitlichkeit überhaupt überwinden können. Das war einmal anders, wie der Zeitforscher Karlheinz Geißler bestätigt. Zeitmessung in ihren Ursprüngen ist eigentlich Benennung von Naturprozessen, die ohnehin ablaufen, also Sonnenauf- und –untergang, Mondphasen, Jahreszeitenwechsel, Regenzeiten, Gezeiten. Diese Abläufe wurden mit Zeitmustern definiert. Diese Zeitmuster wurden dann noch weiter klein gehackt, woraus die Stunden, Minuten und Sekunden entstanden. Nur weil wir uns eine kostbare Uhr umhängen, sind wir allerdings noch lange nicht in der Lage, die Zeit zu beherrschen. Auch wenn es uns so vorkommen mag und sogenannte Zeitmanagement-Seminare diese Vorstellung schüren. Dass wir uns hier in einem gewaltigen Irrtum befinden, zeigt unser gestörtes Verhältnis zur Natur. Diese bewegt sich in ihren eigenen Zyklen und Rhythmen und lässt sich von keiner Uhr etwas vorschreiben.

6.1.1 Franz K. als Zeitmanager

Nach Geißler ist Zeitmanagement nur dann sinnvoll, wenn es verschiedene Zeitformen zulässt und miteinander verbindet. Was im Augenblick läuft, fasst er kurzerhand als kurzfristig profitables Beschleunigungsmanagement auf: Langsamkeit kommt in diesem Konzept nur als Erholung zwischen zwei Beschleunigungsphasen vor. Aber auch die Langsamkeit habe ihre Qualitäten: Ein langsamer Teamarbeiter sorge für Stabilität und Genauigkeit, wenn ihm die richtigen Aufgaben zugeteilt werden. Auch das Warten, die Wiederholung und die Langsamkeit können demnach produktiv sein. Ein neues Zeitmanagement sollte sozial sein und Zeitpluralismus nutzen statt ihn zu bekämpfen. Dies gelte vor allem für den individuellen Umgang mit der Zeit. Die persönlichen Lebensziele ließen sich nur durch Zeitvielfalt miteinander in Einklang bringen. In der Familie und im Ledersessel zuhause ist die Langsamkeit viel notwendiger als Geschwindigkeit. Wenn Franz K. zuhause mit Zeitmanagementvokabular um sich wirft, dann macht er sich lächerlich. Zeitmanagement ist nur ein anderes Wort für Selbstmanagement. Denn im eigenen Zeitbewusstsein spiegeln sich Ängste, Hoffnungen, Erfolge und Misserfolge wider.

Geißler sieht einen Grund für das boomende Interesse am Thema Zeitmanagement in der Verbreitung des Internets:

„Das Reden über Zeit ist eine Reaktion auf die zunehmende Vernetzung unserer Welt. Diese Vernetzung erfordert Koordination in Raum und Zeit. Das räumliche Zusammenwachsen nennen wir Globalisierung, die Abstimmung verschiedener Zeitstrukturen wollen wir mit Zeitmanagement bewältigen. Zugleich kann der Einzelne in dieser vernetzten Welt so frei über seine Zeit entscheiden wie nie zuvor. Ein naheliegendes Beispiel ist das Internet. Es kennt keine räumliche Begrenzung. Im Internet gibt es auch keine Uhrzeit, kein Tag, keine Nacht und keine Jahreszeiten. Wir bewegen uns zwar im Internet, aber wir sind nicht mit dem Internet identisch. Deshalb müssen wir unsere eigene Zeit von der Zeit des Internets abgrenzen, sei es nur dadurch, dass wir zu einem bestimmten Zeitpunkt aufhören zu surfen."

Nach Karlheinz Geißler befinden wir uns im Übergang in eine andere Zeitorganisation. Die Uhrzeit als lineare Form der Zeitorganisation spiegelt heute nicht mehr die Anforderung wieder, viele Dinge gleichzeitig zu erledigen. Mit einer Uhr ließe sich diese Gleichzeitigkeit gar nicht mehr organisieren. Das Mobiltelefon sei die viel genauere Verkörperung der neuen Zeit: „Wenn ich heute zu spät zu einer Verabredung komme, lautet der Vorwurf nicht ‚du bist zu spät', sondern ‚hättest du doch angerufen'". Ebenso sei auch die klassische Sekundärtugend der Pünktlichkeit ein Auslaufmodell. Statt pünktlich zu sein, muss Franz K. ‚am Punkt' sein, das heißt flexibel auf jede Situation oder Aufgabe reagieren. Pünktlichkeit stehe der Flexibilität eher im Wege.

So wird Franz K. fit für die E-World mit den neuen Gesetzmäßigkeiten eines on demand Business, wie eingangs beschrieben. Durch den flexiblen Einsatz seiner psychischen Ressourcen macht er sich zu einem unentbehrlichen Wissensarbeiter, der durch neue Ideen am Wachstum der E-World Teil hat. Seine mentale Basis wird in seiner soliden Bildung gelegt, wo er seinen Ideenapparat in geistige Höhen schwingt, die einer Zeit angemessen sind, in der Supercomputer an der Simulation der Welt arbeiten und die Rechenkraft sich nach dem ehernen Moore'schen Gesetz ins Unermessliche steigert. Er hält sich offen für die geistigen Strömungen und ist mit Enthusiasmus bei der Arbeit, wie die Linux-Programmierer mit ihrer ethischen Arbeitsmoral. Die moderne Technologie mit Grid und Autonomic Computing hält ihm den Rücken frei und erweitert seine Ressourcen, ohne ihn mit einem Zuviel an Technologie in der Konzentration zu stören. Franz K. ist voll organisiert, er hat gelernt, sich aufs wesentliche zu konzentrieren und sein Spektrum zu konsolidieren wie die Server im Rechenzentrum; sein Wissensvorrat liegt wohlgeordnet und jederzeit greifbar im großen Speicher des kollektiven Gedächtnisses unserer modernen Speichertechnologien. Sein Arbeitsplatz ist nicht mehr nur auf seine Büroumgebung beschränkt, sondern dank moderner Vernetzung überall und jederzeit binnen Sekunden zu erreichen. Er ist mobil, flexibel und voll vernetzt ...

In diesem Jahr in die Bestseller-Listen gestürmt ist ein Roman mit dem Titel „Der Klang der Zeit". Dort findet zwischen dem sterbenden Vater und dem Sohn folgender kurzer Dialog statt: „Weißt du, was Zeit ist? Zeit ist das Mittel, mit dem wir verhindern, dass alles zugleich passiert", sagt der Vater. Der Sohn antwortet ihm: „Weißt du, was Zeit ist? Zeit heißt einfach nur, dass eine bescheuerte Sache nach der anderen passiert."

Für Franz K. durchweben sich in der E-World die verschiedenen Zeitebenen, Arbeits- und Privatleben überschneiden sich, rasantes Vorwärtspreschen und langsame Phasen des Innehaltens begleiten einander. Die Balance zu finden in diesem Kaleidoskop der Eindrücke und Aufgaben ist kein einfaches Unterfangen. Selbstverantwortung und ein aktives Ausgleichen der verschiedenen Lebensbereiche sind deshalb in der E-World mehr gefragt denn je. Denn schließlich kommt es am Ende weniger darauf an, wie wir die Zeit einteilen, als darauf, wie wir sie füllen.

Glossar

AIX: Advanced Interactive eXecutive ist die proprietäre Version des UNIX-Betriebssystems der Firma IBM. Die erste Version von AIX erschien im Jahre 1986. AIX wurde früher unter anderem für den IBM PC (PS/2-Systeme), IBM RS/6000 Workstations sowie Apple Network Server mit PowerPC-Prozessoren angeboten. Aktuelle AIX-Versionen unterstützen nur noch PowerPC-basierte Hardware von IBM (pSeries).

Algorithmus: genau definierte Verarbeitungsvorschrift zur Lösung eines Problems oder einer bestimmten Art von Problemen. Typischerweise wird ein Algorithmus durch eine endliche Folge von Anweisungen beschrieben, die nacheinander ausgeführt und oft in festgelegter Weise wiederholt werden.

Applikation: anderer Name für Software-Programm.

Autonomic Computing: Organische Computersysteme, oder Autonomic Computing, wie IBM es nennt, sind inspiriert von Ideen aus der Biologie. Ihre lebensähnlichen Eigenschaften wirken sich auf der Ebene des Gesamtsystems und beim Aufbau und Zusammenspiel ihrer Komponenten aus. Das Ziel des Organic Computing ist es, die in der Natur beobachteten Prinzipien technisch zu nutzen. In Ergänzung dazu sollen sogenannte „pervasive Rechner" in Alltagsgegenstände integriert werden und den Menschen von Routineaufgaben entlasten.

B2B: engl. Business-to-Business, Fachausdruck für die Geschäftstätigkeit zwischen Unternehmen.

Backbone: Netzknoten, der zwei Hauptverbindungsstrecken miteinander verknüpft. Das Internet besteht aus einer Vielzahl von Backbones.

Backup: Sicherheitskopie von Daten.

Bandbreite: gibt den Frequenzbereich in Hertz an, den ein Signal zur Übertragung benötigt. Auch: Maß für die Übertragungskapazität oder Übertragungsgeschwindigkeit, z.B. eines Audio- oder Videokanals.

Barcode-Leser: Gerät, das Barcodes auf Produkten abscannt und so die Produkte registriert.

Basel II: Neugestaltung der Eigenkapitalvorschriften der Kreditinstitute, die die Stabilität des internationalen Finanzsystems erhöhen soll. Risiken im Kreditgeschäft sollen besser erfasst werden und somit soll die Eigenkapitalvorsorge der Kreditinstitute risikogerechter gestaltet werden.

Betriebssystem: Basis-Software in einem Computer, die dessen Benutzung überhaupt erst ermöglicht. Das Betriebssystem verwaltet Betriebsmittel wie Speicher, Ein- und Ausgabegeräte und steuert die Ausführung von Programmen.

Bill Gates: Mitgründer des Software-Imperiums Microsoft.

Bit: „Binary Digit"; die kleinste Einheit im Computer mit dem Wert von „1" oder „0".

Blue Gene: kommerzieller Supercomputer von IBM, der im aktuellen Linpack-Benchmark Platz acht der schnellsten Supercomputer der Welt belegt.

Browser: Darstellungsprogramme von WWW-Seiten, die die HTML-Kommandos für den jeweiligen Computer in die entsprechende Bildschirmansicht umsetzen.

Bug: engl. Käfer. Bezeichnung für einen Fehler in einer Software. Der Name stammt aus den Zeiten von Relaisrechnern, als sich ein kleiner Käfer in den Relais verklemmte und so den Betrieb blockierte.

Bugfix: kleines Software-Programm, das Fehler (Bugs) in einer anderen Software behebt.

Business Continuity: Aufrechterhaltung des Geschäftsbetriebs, indem geeignete Maßnahmen getroffen werden, die eine spürbare Geschäftsunterbrechung gar nicht erst eintreten lassen.

CAD: „Computer Aided Design" (Computergestützte Konstruktion); Einsatz von Rechnern bei der Konstruktion.

CERN: „Centre Européen pour la Recherche Nucléaire"; europäisches Labor für Teilchenphysik in Genf. Entwickler des World Wide Web.

Chatroom: virtueller Raum, in dem sich Chatter treffen und unterhalten können.

Client-Server-Modell: Netzwerkarchitektur mit intelligenten Terminals („Client"), die Aufgaben an einen oder mehrere zentrale Netzrechner („Server") übertragen, einsammeln und für den Nutzer aufbereiten.

Cluster: von einem Dateisystem zu einer Verwaltungseinheit zusammengefasste Sektoren auf einer Festplatte.

Collaboration: engl. Zusammenarbeit. Die Zusammenarbeit der Mitarbeiter auch an entfernten Standorten kann durch moderne On-demand-Workplaces unterstützt werden.

Common Object Request Broker Architecture (CORBA): objektorientierte Middleware, die plattformübergreifende Protokolle und Dienste definiert.

Computer: lat. computare = rechnen. Gerät, das Informationen mithilfe einer programmierbaren Rechenvorschrift (Algorithmus) verarbeitet.

Content Management: Verwaltung aller Inhalte eines Unternehmens, mit dem Ziel, sie schnell auffindbar und schnell weiterverwendbar zu machen. Content Management Systeme verwalten die Inhalte einer Web-Seite und erlauben es Betreibern, auch ohne HTML-Kenntnisse Online-Inhalte zu verändern oder auszutauschen.

Customer Relationship Management (CRM): elektronisch gestützte Strategie zur individuelleren Betreuung von Kunden und Verbesserung der Kundenbindung.

Data Mining/Data Warehouse: Teilaspekt des Customer Relationship Management, bei dem aus gesammelten Kundendaten verborgenes Wissen abgeleitet werden soll, um dieses für die individuellere Zielgruppenansprache nutzen zu können.

Daten-Grid: leistungsfähiger Rechnerverbund, der einzelne Computer-Systeme und dahinter gelagerte IT-Ressourcen über ein leistungsfähiges Netzwerk zu einer einzigen beweglichen IT-Architektur zusammenschaltet.

dediziert: dediziert bedeutet in der IT, dass etwas nur für eine bestimmte Verwendung vorgesehen ist.

Deep Blue: ein von IBM entwickelter Schachcomputer, dem es 1997 erstmals gelang, einen amtierenden Schachweltmeister wie Garri Kasparow zu schlagen.

Desaster Recovery: Möglichkeit, wichtige Unternehmensdaten in kürzester Zeit wieder verfügbar zu machen, beispielsweise nach Hardware-Defekten, Naturkatastrophen oder menschlichem Versagen.

Desktop: englische Bezeichnung für Bildschirmoberfläche. Bezeichnet auch den typischen Büroarbeitscomputer am Schreibtisch.

Distributed Component Object Model (DCOM): von Microsoft definiertes Protokoll zur Kommunikation von Programm-Komponenten über Netzwerke.

DOS: „Disc Operating System"; Betriebssystem.

Duales Zahlensystem: Bezeichnung für ein Zahlensystem, das nur aus zwei Ziffern besteht, typischerweise der 0 und der 1.

Dünnfilm: Verfahren zur Chip-Herstellung, bei dem verschiedene, sehr dünne Schichten (Filme) aufgedampft werden. Das Verfahren wird auch bei Schreib-Leseköpfen benutzt.

on demand business: Dynamisch anpassbare IT-Infrastrukturen, die genau auf den aktuellen Bedarf der Unternehmen abgestimmt sind.

E-Learning: elektronisch gestütztes Lernen, beispielsweise über Internet, Intranet, CD-ROM oder Video.

Enterprise Application Integration (EAI): Strategie in Unternehmen, die vorhandenen Software-Lösungen miteinander zu verbinden.

Enterprise Ressource Planning (ERP): Integrierte Software-Lösung zur Geschäftsplanung, die alle Unternehmensbereiche vom Einkauf bis zum Verkauf abdeckt.

Ethernet-Adapter: Ethernet ist eine rahmenbasierte Computer-Vernetzungstechnologie für lokale Netzwerke. Ein Ethernet-Adapter stellt Verbindung her, auch wenn die Anschlüsse über unterschiedliche Formate oder Normen verfügen.

Festplatte: Speichermedium.

Fibre Channel: Der Fibre Channel-Standard ist Basis für den Datenaustausch in den meisten Storage Area Networks. Die Übertragungskapazitäten liegen bei bis zu zwei Gigabyte pro Sekunde.

File-Services: Bezeichnung für Datenbank-Dienste.

Firewall: Sicherheitseinrichtung zur Trennung der internen Netze eines Unternehmens (z.B. Intranet) vom Internet.

Flash Memory: digitale Speichermöglichkeit über Elektronen. Eine Karte mit Flash-Memory kann rund 100.000 Mal beschrieben und gelöscht werden.

Fließkommastellen: digitale Näherung für eine reelle Zahl, die in Computern verwendet wird. Im Gegensatz zur Festkommadarstellung wird dabei die Zahl getrennt in einer Mantisse und einem Exponenten gespeichert. Auf diese Weise kann ein größerer Wertebereich als bei Festkommadarstellung abgedeckt werden. Erfinder der Fließkommastellen war Konrad Zuse, der sie in seinen Computern Z1 und Z3 einsetzte.

Flow: engl. Ablauf.

General Packet Radio Services (GPRS): Standard zur Datenübertragung in Paketen mit einer maximalen Übertragungsrate von 171 Kbit pro Sekunde. Erweiterung von GSM.

General Public License (GPL): eine von der Free Software Foundation herausgegebene Lizenzvereinbarung für die Lizenzierung freier Software. Sie besagt, dass freie Software für jeden Zweck nutzbar und veränderbar ist sowie Kopien davon mit offenem Quellcode verteilt werden dürfen.

Global Positioning Service (GPS): System für die weltweite Standortbestimmung via Satellit.

Graham Bell: Erfinder der ersten Festnetztelefone im Jahr 1878.

Grid: engl. Gitter: Vernetzung von entfernten Rechnern mit dem Ziel, brachliegende Rechenleistung zu nutzen. Durch ein solches Grid lassen sich Aufgaben lösen, die ein einzelner Computer nicht bewältigen könnte.

Hacker: Computer-Experte, der illegal in fremde Computer-Systeme eindringt.

Handheld: kleiner Computer in Handgröße.

High Impact Outage: Bezeichnung dafür, wenn kleine Hardware-Bauteile komplette Computersysteme zum Absturz bringen.

High Performance Computing/Supercomputing: Teilbereich der IT-Branche, der sich auf die Entwicklung von Supercomputern und Software für Supercomputer konzentriert. Eine der Hauptaufgaben ist die Entwicklung von parallelen Algorithmus-Prozessen und Software, die in so kleine Stücke aufgeteilt werden kann, dass alle Teile gleichzeitig von unterschiedlichen Prozessoren abgearbeitet werden kann.

Holographie: ein von dem Ungarn Dennis Gabor gegen Ende der 40er Jahre entwickeltes Fotografieverfahren, das auf Interferenzen reinen monochromatischen und kohärenten Lichts auf einer Fotoplatte beruht.

Hosted Service: Service, der nicht innerhalb der eigenen IT-Infrastruktur gespeichert ist, sondern bei einem externen Dienstleister und von dort aus zur Verfügung gestellt wird.

http: „Hyper Text Transfer Protokoll": auf TCP/IP aufsetzendes Protokoll für den Transport von HTML-Seiten im World Wide Web.

Hyper Text Markup Language (HTML): im World Wide Web verwendete Dokumentenbeschreibungssprache, die Hyperlinks unterstützt.

Hyperlink: direkt ausführbarer Verweis auf andere Dokumente, zum Beispiel im World Wide Web.

I/O-Einheit: Einheit zur Befehlseingabe (Input) und zur Ausgabe der Befehlsergebnisse (Output) eines Computers.

I/O-Leistung: Bezeichnet die Geschwindigkeit mit der Daten eingegeben (Input) und verarbeitet werden können (Output).

Information Lifecycle Management: Möglichkeit, Daten von deren Erstellung an bis zu ihrer Entsorgung zu verwalten.

Installation: Kopieren von Software auf einen Computer.

Instant Message: Echtzeit-Kommunikation zwischen Internet-Nutzern, beispielsweise über Chat. Ein bekanntes und weit verbreitetes Programm dafür ist beispielsweise ICQ.

Internet Protokoll (IP): herstellerunabhängiges Protokoll für die Kontrolle des Datentransports, des Datenflusses und des Leitungswegs im Internet.

Interoperabilität: Fähigkeit zur Zusammenarbeit von Soft- und Hardware.

Intranet: geschlossenes Firmennetzwerk, das wie das Internet das TCP/IP-Protokoll nutzt, aber unberechtigten Nutzern keinen Zugang gestattet.

IP-Adresse, Netzwerk-Adresse: Adresse eines einzelnen Computers im Internet. Die IP-Adresse besteht aus vier Zahlen von 0 bis 255. Zur besseren Handhabung sind den Internet-Adressen Domain-Namen zugeordnet.

IT-Infrastruktur: Überbegriff für alle in einem Unternehmen vorhandenen Computer-Hard- und Software sowie ihre Verknüpfung untereinander.

Java: plattformübergreifende Programmiersprache, die ursprünglich von Sun entwickelt wurde.

John von Neumann/Von-Neumann-Rechner: Der 1903 in Budapest geborene Mathematiker, Chemiker und Physiker entwickelte ein Schaltungskonzept zur Realisierung universeller Computer, das einen gemeinsamen Speicher für Programm und Daten enthält. Die so genannte Von-Neumann-Architektur lässt Computer Programme selbst erstellen, modifizieren und ausführen. Die Mehrzahl der heutigen Computer basiert auf dieser Architektur.

Karl Zuse: Der in Berlin geborene Bauingenieur schrieb mit der Entwicklung, Konstruktion und Errichtung seiner ersten Computer (Z1 bis Z4), die jeweils auf den neuesten Schalter-Technologien (Relaisrechner) aufbauten, Forschungsgeschichte. Durch seine spätere Tätigkeit als Computer-Hersteller war er auch in großem Maße an der Einführung des Computers in Unternehmen der Wirtschaft beteiligt.

Knowledge Management: engl. Wissensmanagement. Speichersysteme für das in einem Unternehmen vorhandene Mitarbeiterwissen sowie sämtliche in einem Unternehmen vorhandenen Informationen unter der Prämisse der Wiederauffindbarkeit.

Kompatibilität: Bezeichnung für die Verträglichkeit unterschiedlicher Hard- und Software.

Konfiguration: (1) Anpassung von Hard- oder Software an Computer- oder Anwender-Bedürfnisse. (2) Individuelle Zusammenstellung von Produkten (z.B. Autos) nach Verbraucherwünschen.

Konsole: Einheit zur Befehlseingabe und zur Ausgabe der Befehlsergebnisse eines Computers.

Konsolidierung: Fachausdruck für Marktbereinigung, beispielsweise durch Unternehmensübernahmen oder Firmenpleiten. In der IT u.a.: Das Ersetzen eines heterogenen Netzes vieler verteilter Server durch wenige zentrale Systeme.

Large Hadron Collider (LHC): großer Hadronenbeschleuniger. Teilchenbeschleuniger (hauptsächlich Protonen auf Protonen) am CERN , der im Jahr 2006 fertiggestellt werden und der leistungsstärkste Teilchenbeschleuniger der Welt sein soll.

Library General Public License (LGPG): hauptsächlich für Programmbibliotheken geschaffene Lizenz mit ähnlichen Bestimmungen wie die der GPL.

Linpack-Datenbank: Die schnellsten Supercomputer werden zweimal im Jahr in einer Top-500 Liste neu aufgelistet. Der dafür angewandte Benchmark nennt sich Linpack.

Linus Torvalds: Der 1969 in Finnland geborene Linus Torvalds hat 1991 das Open-Source-Betriebssystem Linux ins Leben gerufen.

Linux: kostenloses Open-Source-Betriebssystem auf UNIX-Basis mit offenem Quellcode, das von Programmierern in aller Welt weiter entwickelt wird.

Local Area Network (LAN): lokales Computernetzwerk, beispielsweise zum Einsatz innerhalb eines Unternehmens.

Location Based Services (LBS): Service, der den Standort eines Nutzers anhand seines Mobiltelefons ermittelt und ihm auf den Standort abgestimmte Angebote unterbreitet, beispielsweise die Speisekarte eines Restaurants in der Nähe.

MacOS: „Macintosh Operation System"; Betriebssystem von Apple.

Magnetband: Speichermedium aus einer Kunststofffolie mit einer Beschichtung aus magnetisierbarem Material.

Magnetoresistive Aufzeichnung: Bezeichnung für ein Speicherverfahren

Mainframe: engl. Großrechner. Komplexes Computersystem mit erheblich höheren Kapazitäten als Personal Computer oder Server-Systeme, das im Gegensatz zu Supercomputern nicht auf hohe Rechenleistung, sondern vor allem auf Zuverlässigkeit und hohen Datendurchsatz optimiert ist.

Massachussetts Institute of Technology (MIT): weltbekannte Universität in Cambridge, Massachusetts, die als die weltweit führende Universität im Bereich von technologischer Forschung und Lehre gilt.

Max Weber: geb. 1864 in München. Deutscher Ökonom und Soziologe. Mitbegründer der Deutschen Gesellschaft für Soziologie im Jahr 1909.

Megabyte / Gigabyte / Terabyte / Exabyte: Bezeichnung von Dateigrößen. 1 Megabyte = 1.048.576 Byte, 1 Gigabyte = 1024 Megabyte, 1 Terabyte = 1024 Gigabyte, 1 Exabyte = 1.048.576 Terabyte.

Memory: engl. Gedächtnis. „Merkfähigkeit" eines Computers für Daten, die nicht auf einem Speichermedium gespeichert werden, Arbeitsspeicher.

Microdrive: sehr kleine Festplatten, die beispielsweise in PDAs oder digitalen Fotoapparaten zum Einsatz kommen.

Middleware: Software-Komponente, die die Verbindung unterschiedlicher Software-Lösungen herstellen soll.

Migrieren: Verlegen von Datenbeständen auf andere Hard- oder Softwareplattformen.

Mikro-Partionierung: Aufteilung der Partitionen einer Festplatte in Unter-Einheiten.

Mikroprozessor: zentrale Verarbeitungseinheit eines Rechners mit nur einigen Mikrometern Durchmesser.

Millipede: engl. Tausendfüßler. Ein von IBM entwickeltes Verfahren zur Datenspeicherung, das mit Mikromechanik anstelle von heute üblichen magnetischen oder optischen Mechanismen arbeitet. Dabei stanzt eine Vielzahl mikroskopisch kleiner Spitzen mit Hilfe von Hitze Vertiefungen in einen Kunststoff-Film. Zum Löschen der so gespeicherten Daten werden Vertiefungen in unmittelbarer Nähe erzeugt, welche die ursprünglichen Markierungen auffüllen.

Monolithisch: Fachausdruck für „zusammenhängend".

Mooresches Gesetz: Der 1929 in Kalifornien geborene Gordon E. Moore, später Mitbegründer der Firma Intel, fand 1965 heraus, dass die Dichte der Transistoren auf einer integrierten Schaltung und damit auch die Rechenleistung von Computern mit der Zeit exponentiell ansteigt. Das Gesetz besagt, dass sich die Taktrate der PC-Prozessoren etwa alle 18 Monate verdoppelt.

MPP-System: Massively Parallel Processing (MPP) bezeichnet die Verteilung und parallele Abarbeitung einer Aufgabe über mehrere Prozessoren, die jeweils auch über eigenen Speicher verfügen.

Multifunktionsdrucker: Drucker mit einer Reihe von Zusatzfunktionen wie Fax, Scanner oder Kopierer.

Multitasking: Fähigkeit eines Computers (bzw. eines Betriebssystems), viele Aufgaben mit verschiedenen Programmen parallel bearbeiten zu können.

Multi-Threading: Multi-Threading-fähige Betriebssysteme können Aufgaben in scheinbar gleichzeitig ablaufende Prozesse aufteilen und so die Bearbeitungszeiten beschleunigen.

Nanometer: Für menschliche Vorstellungen sehr kleine Längeneinheit, die beispielsweise zur Beschreibung von Atomen oder der Wellenlänge von Licht gebraucht wird. 1 Nanometer = 0,000000001 Meter.

Network Attached Storage (NAS): Erweiterung von Speicherkapazitäten durch Massenspeichereinheiten in lokalen Netzwerken.

New Economy: Bezeichnung für einen Wirtschaftszweig, der seine Business-Konzepte auf das Internet stützt.

Offener Standard: ein offener Standard zeichnet sich zum einen durch offen gelegte Schnittstellen und auf der anderen Seite durch Unabhängigkeit von speziellen Firmen aus.

On demand Workplace: Computer-Arbeitsplatz, der perfekt auf die Bedürfnisse seiner Nutzer abgestimmt ist.

Open Grid Services Architecture (OGSA): Grid auf der Basis von Webservices.

Open Source: frei zugänglicher Quellcode von Software-Programmen, damit Programmierer sie weiterentwickeln können, wie beispielsweise Linux.

OS/360: erstes Betriebssystem unter einem IBM-Großrechnersystem mit Unix-Personality. Vorgänger des Betriebssystems z/OS.

Partitionierung: Aufteilung der Festplatte in Einzelteile.

Peer-to-Peer/Peer-to-Peer-Computing: engl. Person-zu-Person. Netzwerk aus gleichberechtigten Rechnern ohne Zugriffskontrolle. Jeder Teilnehmer kann auf die freigegebenen Daten und Peripheriegeräte des anderen zurückgreifen.

Peripheriegeräte: Bezeichnung für Computer-Zusatzgeräte wie beispielsweise Drucker, Plotter, Maus, Tastatur, etc.

Personal Computer (PC): ein auf die persönlichen Bedürfnisse anpassbarer Computer. In den 70er Jahren wurden Computerbauteile so günstig, dass Computer auch für den persönlichen Gebrauch gebaut werden konnten.

Personal Digital Assistant (PDA): Klein-Computer, der elementare Computerfunktionen wie Terminverwaltung, Notizzettel oder Adressbuch unterstützt sowie Online-Fähigkeit besitzen kann.

Pervasive Computing: (engl. überall vorhanden) Strategie, nach der erwartet wird, dass es in Zukunft neben Personalcomputern eine Vielzahl anderer Geräte mit Internet-Zugang geben wird, die somit in der Lage sind, auf Informationen zuzugreifen und Transaktionen durchzuführen.

Pixie-Dust: Technologie zur Herstellung von Festplatten, die die Datendichte erhöhen soll. Pixie-Dust besteht aus einer Ruthenium-Schicht, die zwischen zwei Magnetschichten gelagert ist. In Anlehnung an das Märchen Peter Pan bezeichnen die IBM-Forscher die Ruthenium-Schicht auch als Pixie Dust (Feenstaub).

Plattensubsystem: Speicherebene in einem Network Attached Storage-System (NAS).

Plug-and-Play: engl. „Einstecken und Spielen"; bezeichnet eine Technologie, bei der neue Hardware vom Rechner direkt ohne Konfigurierung durch den Anwender vom Computer erkannt wird.

Policy: Bezeichnung für einen Verhaltenskodex.

Polymer: griech. aus vielen kleinen Teilen aufgebaut. Chemische Verbindung aus Molekülketten oder stark verzweigten Molekülen.

Proprietär: lat. proprius = eigen. Bezeichnung für Software, Formate und Protokolle, die nicht auf allgemein anerkannten Standards beruhen, sondern sozusagen hauseigene Lösungen sind.

Provider: engl. Versorger. Ein Internet- oder Mobilfunk-Provider bietet Unternehmen und Privatkunden Zugang zum Internet oder zu mobilen Telefonnetzen.

Prozessor/CPU: lat. procedere = voranschreiten. Der englische Begriff für Prozessor, Central Processing Unit, beschreibt die Funktion bildlicher: Es handelt sich um die zentrale Verarbeitungseinheit eines Rechners.

Public WLAN: Öffentlicher Zugang Funknetzen.

Quellcode: beinhaltet die in Programmiersprache abgefassten Befehle für ein Programm. Zur Ausführung muss der Quellcode mit einem Compiler in Maschinensprache übersetzt oder direkt mittels Interpreter ausgeführt werden.

Radio Frequency ID (RFID): neue Technik in der Logistik, bei der Waren mit Funkchip und Antenne versehen werden, die die Produktdaten bis über einige Meter Entfernung an ein Empfangs- oder Lesegerät übermitteln können. Auf diese Weise kann der Weg der Ware überall nachvollzogen werden.

RAID: redundant array of inexpensive/independent disks. Organisiert mehrere Festplatten in einem Computer unter der Erhöhung von Betriebssicherheit, Leistung und Kapazität.

Rechenzentrum: (1) Räumlichkeiten, in denen die Rechner eines Rechenzentrums untergebracht sind. (2) Organisation, die sich um diese Computer kümmert.

Reduced Instruction Set Computing (RISC): Prozessor mit eingeschränktem Befehlssatz. Jeder einzelne Befehl kann nur einfache Operationen ausführen. Diese Beschränkung erlaubt dem Prozessor jedoch, Einzelbefehle schneller auszuführen als die komplexen Befehle in CISC-Prozessoren.

Redundant: lat. redundare = im Überfluss vorhanden sein. Bezeichnung für die mehrfache Existenz gleicher Ressourcen, um die Ausfallsicherheit eines Systems zu steigern.

Relaisrechner: Veraltete Rechnertechnologie, die technisch auf Umschalter (Relais) basiert. In den schrankgroßen Systeme musste jede Funktion direkt verdrahtet werden, weswegen die Rechner weniger Leistung als ein heutiger Taschenrechner boten. Zu den Erfindern der ersten Relais-Rechner zählt Konrad Zuse mit seinen legendären Z1, Z2 und Z3.

Remote Access: Bezeichnung für den Fernzugriff auf Geräte wie beispielsweise Computer.

Remote Method Invocation (RMI): Aufruf einer Funktion eines entfernten Java-Objekts.

Remote: Fernzugriff auf Computer, Geräte etc.

Repository: engl. Aufbewahrungsort. Bezeichnung für einen Ort, an dem Daten aufbewahrt werden.

Ressourcen-Sharing: Organisationseinheit, die regelt, wie die Ressourcen unterschiedlicher Rechner gekoppelt werden.

Return on Investment: Bezeichnung für den Zeitpunkt, an dem sich eine Investition refinanziert hat.

RFID: (siehe Radio Frequency ID).

RFID-Tags: Funkchip und Antenne für Waren.

Router: „Lotse"; Vermittlungsrechner im Netzwerk, der Datenpakete zwischen zwei Netzwerken weiterleitet. Die Information, wohin ein Datenpaket geliefert werden soll, befindet sich im Kopf („Header") einer solchen Datei.

Schreib-/Lesekopf: Teil von Laufwerken, die Daten magnetisch aufzeichnen. Beim Schreiben lassen elektrische Impulse, die den zu speichernden Daten entsprechen, ein Magnetfeld entstehen. Das Lesen der Daten erfolgt umgekehrt.

Screenphone: Kombination von Telefon und Webzugang.

Server: Computer in einem Netzwerk, der bestimmte Dienste wie Dateizugriff, Drucker, Modemzugang, Datenbanken oder Internet-Dienste bereitstellt.

Server-Farm: organischer Zusammenschluss mehrerer Server.

Server-Konsolidierung: Hardware-Plattformen mit Host-ähnlichen Funktionalitäten.

Seti@Home: Projekt der Universität Berkeley, das sich mit der Suche nach außerirdischem Leben beschäftigt.

Set-Top-Box: Gerät zur Umwandlung der digitalen Programme und zur Verarbeitung von Zuschauereingaben bei interaktivem oder digitalem Fernsehen. Heißt so, weil es meist auf (Top) dem Fernseher (TV-Set) steht.

Seymour Cray: Pionier in der Entwicklung der Supercomputer Anfang der 60er Jahre. Seinen ersten Supercomputer lieferte Cray 1976 mit dem Cray-1, einem Rechner mit der Leistung von 160 Megaflops. Das derzeit leistungsfähigste System ist der Cray X1.

Simple Access Protocol (SOAP): Standard für die zuverlässige Übermittlung elektronischer Nachrichten zwischen Business-Applikationen über das Internet. SOAP wurde von IBM, Lotus und Microsoft entwickelt.

Simultaneous Multi-Threading (SMT): Bezeichnung für das quasi simultane Ausführen von mehreren Aufgaben auf einem Prozessor.

Skalierbarkeit: freie und dynamische Zuordnung von Bandbreiten und Übertragungsgeschwindigkeiten an den tatsächlichen Bedarf.

Smart Card: „intelligente" Plastikkarte mit einem Mikrochip, die Daten speichern und Operationen ausführen kann. Zum Einsatz kommen Smart Cards beispielsweise bei EC-Karten mit Bargeldfunktion oder Krankenversichertenkarten.

SMP-Architekturen: Symmetrisches Multiprocessing (SMP) ist eine Multiprozessor-Architektur, bei der die laufenden Prozesse auf alle Prozessoren verteilt werden können.

Storage Area Network (SAN): Hochgeschwindigkeits-Netzwerk zur Massenspeicherung von Daten.

Supercomputer: Die Königsklasse aller Rechner erreicht durch die Kopplung von mehreren Teilrechnern und parallele Datenverarbeitung hohe virtuelle Rechengeschwindigkeiten. Den ersten Supercomputer entwickelte die Firma Cray in den 70er Jahren des 20. Jahrhunderts. Mittlerweile wurde Cray von Silicon Graphics übernommen und an Tera Bytes weitergegeben.

Supercomputing on Demand: Angebot von IBM, bei dem Geschäftskunden gewünschte Rechenleistungen auf Abruf beziehen können. Sie müssen die auf Power- oder Intel-Prozessoren basierende Rechner-Cluster nicht kaufen, sondern bezahlen lediglich für die benötigte Kapazität und Dauer der Rechnerleistung.

Supply Chain Management (SCM): Software-Lösung, die den Informations-, Waren- und Geldfluss zwischen Lieferant und Kunde optimieren soll.

System-Management: Steuerung von unternehmerischen Abläufen und geschäftlichen Transaktionen zwischen Lieferanten, Kunden und Mitarbeitern.

Tablet-PC: Bezeichnung für Computer, die über einen Stift bedient werden können. Den Standard etablierte der Computer-Riese Microsoft.

Taktrate: Bezeichnung für die Prozessor-Geschwindigkeit, die danach berechnet wird, wie schnell ein Prozessorquartz pro Sekunde schwingt. Je höher die Taktrate, desto höher die Leistung eines Computers.

Tape: metallbeschichtetes Band zur Datenspeicherung.

Task: engl. Aufgabe.

Telematik: Verknüpfung der Technologiebereiche Telekommunikation und Informatik.

Terabyte: Maßeinheit zur Größenbeschreibung von Computer-Daten. 1 Terabyte = 1024 Gigabyte.

Teraflops: Tera Floating Point Operations per Second. Die Maßeinheit zur Bezeichnung der Fließkomma-Operationen pro Sekunde gibt Aufschluss über das Arbeitstempo eines Computers.

Tim Berners-Lee: der 1955 geborene Engländer gilt als Erfinder des World Wide Web.

TPC-Benchmarktest: Transaction Processing Council: Modell, das die Leistungsfähigkeit von Rechnern über Herstellergrenzen hinaus vergleichbar macht.

Treiber: Steuerprogramm für ein Hardwaregerät, zum Beispiel für den Drucker oder die Grafikkarte.

Universal Mobile Telecommunications System (UMTS): weltweit gültiger Mobilfunkstandard mit deutlich höherer Übertragungsgeschwindigkeit, der das mobile Surfen im Netz schnell und günstig machen soll.

Unix: „Uniplexed information and computing system". Multitasking/Multiuser-Betriebssystem für Workstations.

Upgrade: Aktualisierung und Verbesserung von Software-Programmen.

Vektorrechner: Rechner mit hoher Verarbeitungsgeschwindigkeit. Der Rechner fasst große Mengen von Daten zu sogenannten Vektoren, d.h. eindimensionalen Zahlenkörpern aus einer Reihe von Einzelwerten, zusammen und verarbeitet diese dann sehr schnell in speziellen Vektorregistern.

Verteiltes Computing: Aufteilung einer Applikation nicht auf verschiedene Prozesse, sondern auf verschiedene Rechner.

Virtualisierung: digitale Nachbildung von realen Abläufen oder Produkten.

WAP: Standard für die Darstellung von Internet-Seiten und Diensten auf Mobiltelefonen.

Web-Konferenz: Virtuelles Meeting von Angestellten über das Internet.

Web-Services: kleine Einzelmodule ("Services"), die sich selber beschreiben und auffinden können und über das Internet miteinander kommunizieren und Daten austauschen.

Windows NT: Betriebssystem von Microsoft

Windows: grafisches Betriebssystem von Microsoft.

Workflow: engl. Arbeitsablauf.

Workload: engl. Arbeitsaufwand.

Workload-Management: Organisations-Programm, das den Arbeitsaufwand von Servern verteilt, regelt und optimiert.

World Wide Web (WWW): Multimedia-Dienst im Internet. Verteiltes Hypertext-Informationssystem auf Client/Server-Architektur über HTTP-Protokoll.

XML: „Extensible Markup Language"; Programmiersprache zum Plattform- und Software-unabhängigen Austausch von Daten.

Literaturverzeichnis

Berlecon Research: Basisreport Integration mit Web Services, Berlin 2004-08-27

Borscheid, Peter: Das Tempo-Virus. Eine Kulturgeschichte der Beschleunigung, Frankfurt am Main, 2004

Brooks, Frederick: The Mythical Man-Month, Addison-Wesley1975

Burmeister, Klaus; Neef, Andreas; Schulz-Montag, Beate; Steinmüller, Karlheinz: Deutschland und Europa im Jahr 2020. Ein Zukunfts-Szenario, Z_Punkt Büro für Zukunftsforschung, Essen 2004

Csikszentmihaly, Mihaly: Flow im Beruf, Stuttgart 2004

Deckstein, Dagmar: Endlich intelligent! Die Wissensökonomie entdeckt eine neue Utopie. Der Mensch steht jetzt im Mittelpunkt, in: ChangeX.de, 15.05.03 (www.changex.de)

Eco, Umberto: Der Name der Rose, München 1982

Englisch, Gundula: Das Ende der Sesshaftigkeit, in: ChangeX.de, 26.3.2004 (www.changex.de)

Englisch, Gundula: Jobnomaden, Frankfurt am Main, 2001

Foster, Ian; Kesselmann, Carl et al.: The Anatomy of the Grid, Enabling Scalable Virtual Organization, in: J. Supercomputer Applications 2001; 15 (3).

Gartner Group: System Integration User Survey, Stamford 2003

Geißler, Karlheinz: Zeit lässt sich nicht managen, in: Frankfurter Allgemeine Zeitung, 10. Juli 2001

Himanen, Pekka: The Hacker Ethic and the Spirit of the Information Age, New York, Random House 2001

IDC: Western Europe Web Services Market Analysis, 2002 – 2007, London 2003

Klippstätter, Kriemhilde: Aus den IBM-Labors: Speicher der Zukunft, in: Computerwoche Online am 16.01.2004

Kurzweil, Raymond: The Law of Accelerating Returns, KurzweilAI.net, 2001 (www.kurzweilai.net)

Küstenmacher, Werner Tiki; Seiwert, Lothar J.: Simplify your Life, Frankfurt am Main 2004

Lepper, M.R.; Greene, D.; Nisbett, R.E.: Undermining children's intrinsic interest with extrinsic reward: A test of the overjustification hypothesis, in: Journal of Personal and Social Psychology 28, 1973

Lotter, Wolf: Die Blechtrommler, in: Brand Eins 3/2003

Lotter, Wolf: Immer mehr, in: Brand Eins 5/2004

Lucius Annaeus Seneca: Vom glückseligen Leben und andere Schriften, Stuttgart 1987

Luhmann, Niklas: Soziale Systeme. Grundriss einer allgemeinen Theorie, Frankfurt am Main, 54. Aufl., 1984

Lyman, Peter, Varian, Hal R. et al.: How much Information 2003, Berkeley 2003 (http://www.sims.berkeley.edu/research/projects/how-much-info-2003/index.htm)

Meta Group: Web Services – Mythos oder Realität?, Ismaning 2001

Patterson, David; Fox, Armando: Self-Repairing Computers, By embracing the inevitability of system failures, recovery-oriented computing returns service faster, in: Scientific American, Juni 2003

Platon: Sämtliche Werke Bd.2: Lysis, Symposion, Phaidon, Kleitophon, Politeia, Phaidros, Reinbek bei Hamburg, 1994

Polanyi, Michael: Implizites Wissen, Frankfurt am Main 1985

Powers, Richard: Der Klang der Zeit, Frankfurt am Main 2004

Russell, Bertrand: Lob des Müßiggangs, München 2002

Sander Duivestein: Web Services and Workflow. Organizing Web Services, in: Web Services Architect, Chicago 2001 (www.webservicesarchitect.com)

Schmitz, Andreas: Grid Technologie, Keine Hexerei, in CIO 3.11.2003

Schumpeter, Joseph A.: Kapitalismus, Sozialismus und Demokratie, Stuttgart, 2000

Soreon Research: The market for open source software in Germany, Kreuzlingen 2003, zitiert nach: Ist Open Source eine juristische Zeitbombe?, in: Silicon.de, 3.7.2003

Torvalds, Linux: Just for Fun. Wie ein Freak die Computerwelt veränderte, München 2001

Vogel, Michael: Alle rechnen für einen, in: Computer Zeitung 45/2003

Waldrop, Mitchell: Autonomic Computing. The Technology of Self-Management, Washington 2004 (http://www.thefutureofcomputing.org)

Weber, Karsten: Philosophische Grundlagen und mögliche Entwicklungen der Open-Source- und Free-Software-Bewegung, in: Open-Source-Jahrbuch, Berlin 2004

Weber, Max: Die protestantische Ethik und der Geist des Kapitalismus, in: Ders: Gesammelte Aufsätze zur Religionssoziologie, Band 1, Tübingen, Mohr, 1920

GPSR Compliance

The European Union's (EU) General Product Safety Regulation (GPSR) is a set of rules that requires consumer products to be safe and our obligations to ensure this.

If you have any concerns about our products, you can contact us on

ProductSafety@springernature.com

In case Publisher is established outside the EU, the EU authorized representative is:

Springer Nature Customer Service Center GmbH
Europaplatz 3
69115 Heidelberg, Germany